项目资助：淮南师范学院 2024 年度学术专著出版

跨越语言的桥梁

外语教师的身份建构与专业发展

ACROSS THE BRIDGE OF LANGUAGE

IDENTITY CONSTRUCTION AND PROFESSION DEVELOPMENT OF
FOREIGN LANGUAGE TEACHERS

贾艳丽◎著

新华出版社

图书在版编目（CIP）数据

跨越语言的桥梁：外语教师的身份建构与专业发展 / 贾艳丽著 .
-- 北京 : 新华出版社 , 2024. 12.
-- ISBN 978-7-5166-7788-9

Ⅰ . H09；G451.2

中国国家版本馆 CIP 数据核字第 20249L2Q27 号

跨越语言的桥梁：外语教师的身份建构与专业发展

作者：贾艳丽
出版发行：新华出版社有限责任公司
　　　　　（北京市石景山区京原路 8 号　邮编：100040）
印刷：捷鹰印刷 (天津) 有限公司

成品尺寸：185mm×260mm　1/16　　印张：16.5　字数：220 千字
版次：2025 年 5 月第 1 版　　　　印次：2025 年 5 月第 1 次印刷
书号：ISBN 978-7-5166-7788-9　　定价：82.00 元

微店　　视频号小店　　抖店　　京东旗舰店

微信公众号　喜马拉雅　　小红书　淘宝旗舰店　扫码添加专属客服

前　言

　　随着全球化和多元文化交流的深入发展，外语教育在各国教育体系中扮演着日益重要的角色。外语教师作为外语教育的核心组成部分，承担着培养学生语言能力和跨文化交际能力的重要任务。然而，随着社会的不断变革和教育理念的更新，外语教师的身份认同和专业发展面临着新的挑战和机遇。本书围绕这个主题，探讨外语教师在现代社会中的身份建构和专业发展路径。通过对外语教师身份建构的理论框架和实践案例的深入分析，我们将探讨外语教师角色定位和职业发展方向。

　　在这个信息爆炸的时代，外语教师需要不断更新自己的知识和技能，适应新文科背景下的教学环境。本书将关注技术创新和教学方法给外语教师带来的挑战与机遇，为外语教师提供实用的指导和建议。通过对外语教师职业发展的深入探讨，我们将分析政策、制度和社会环境对外语教师的影响，探讨外语教师面临的困境和发展的方向。本书的一个显著特色是通过案例分析和实证研究，展示外语教师身份建构与专业发展之间的联系和互动，为外语教师的成长提供借鉴和启示。

　　在这个全球化和多元化的时代，外语教师的身份认同和专业发展显得尤为重要。我们希望通过本书的阐述和讨论，能够引领外语教师实现自身的成长和发展，为学生的语言学习和跨文化交际能力培养贡献自己的力量。

愿本书成为外语教师们的助力和指南，激励广大外语教师在教学岗位上不断前行，跨越语言的边界，开拓更广阔的视野。

作者 敬上

2025 年 1 月

目 录

CONTENTS

第二部分　外语教师的身份建构

绪论

0.1 主要内容

身份的本质问题近年来引起了广泛的关注，涌现了一批相关研究成果。身份现在已成为会议、研究生课程和研讨会中的常见术语，也是应用语言学领域中学者们广泛关注的主题。本书审视目前对教师身份的概念化和研究，以及它对应用语言学和第二语言/外语教师[①]教育的意义。本书主要探讨三个问题：1）身份与语言教师；2）外语教师的身份建构；3）我国当前外语教育语境下教师身份建构与专业发展。

0.1.1 身份与语言教师

教师身份被定义为"个体对作为一名教师以及作为特定类型教师（例如城市教师、初级教师、优秀教师、英语教师等）的信念、价值观和承诺"（Hsieh，2010）。在专业培训过程中，教师将获得一系列核心知识、原则、信念和实践，这些将影响教师对语言教学的理解，以及对自己作为语言教师的身份和角色的认知。教师的知识基础可能在整个教师职业生涯中得到巩固和保持，或者在后续经历和专业发展机会中得以调整甚至替换。

对于外语教师来说，外语既是教学手段，也是学习对象，语言能力

---

① 本书中，第二语言教师与外语教师两个概念通用。

一直被视为教师职业身份的核心要素。然而，对英语作为国际语言角色的认识使得许多教师对于非英语母语教师（non-native English-speaking teachers，简称 NNESTs）是否需要以母语为目标语言以及他们是否需要将自己的身份定位为多能力语言使用者（Zacharias，2010）而不是第二语言学习者产生了质疑。

其他身份特征与教师对自己作为一名教师的认知和定义密切相关。这些包括奉献、自尊、主观能动性和自我效能等因素。奉献是指教师对教学的个人投入程度，以及教师对职业的认同感、对学校目标和教学实践的支持，并愿意投入个人时间和精力来追求卓越的教学。自尊指的是个体对自己的态度以及个体认为自己成功、有能力和对他人有价值程度的态度。积极的自尊有助于提升教师的社会能力，使教师能够有效地与学生和同事沟通，并在解决教学中的冲突和重要事件中发挥作用。主观能动性指教师能够积极地为自己的教学和职业发展付出努力并加以自我管理的程度。主观能动性体现在教师能够主动承担营造学习环境的责任，设定目标、制定课程、发起教学改革并做出影响教学工作及其条件的决策。自我效能指教师对自己有效性的看法，即作为外语教师表现良好的能力，实现自己目标的潜力，坚守教学承诺，即使面临困难也能够为学生的学习提供多方面的支持。

0.1.2 外语教师的身份建构

成为一名语言教师的过程涉及语言教师身份的建立，这种身份是通过教学经验、课程学习、阅读以及与其他教师和导师的交流所塑造的，同时也受到通过微格教学、实习以及观察经验丰富的教师所获得的教学经验的影响。

在英语国家的教师培训项目中，参与者往往是经验丰富的语言教师，他们可能会发现，随着他们担任学生导师，他们的知识和经验不得不被搁置，因此他们会以语言能力为基础建构他们的专业身份，而非以他们的专业知识和经验为基础。在这种情境下，这些教师面临的挑战是要么接受对NNESTs 的批评，要么否认它，并转换自己作为语言教学专业人士的身份。

在语言学习中，自主、能动性和动机的重要组成部分是"想象的未来自我"（Norton，2000）。在教师教育中，无论是职前教师还是在职教师，在多大程度上期待自己作为语言教师或语言教学专业人士的想象，未来专业自我的态度可能会因此而有所不同，他们如何看待未来的自我构成了他们作为教师学习者身份的重要部分。

对于新手教师来说，教学实习通常是一次充满情感体验的经历，情绪的处理方式可能会对塑造教师身份发挥一定作用。教师在教学实习中的情感经历可能会对他们正在形成的教师身份产生深远影响。很多研究者发现，由于课堂管理问题而产生的负面情绪体验有时会导致教师对自己作为一名教师的能力或潜力产生怀疑。

教师教育中的一个重要过程是让教师有机会反思他们对专业身份的理解、他们专业身份的来源、他们是否及如何认为自己的身份随时间变化，以及他们的身份如何影响他们的教学方法、专业发展和与同事的互动。承认身份在我们教学工作环境中的作用，为我们对语言教学和教师教育本质的理解拓展了重要的观察维度。

随着全球化和多元文化交流的深入发展，外语教育在各国教育体系中扮演着日益重要的角色。外语教师作为外语教育的核心组成部分，承担着培养学生语言能力和跨文化交际能力的重要任务。然而，随着社会的不断变革和教育理念的更新，外语教师的身份认同和专业发展面临着新的挑战和机遇。

过去，外语教师的角色主要集中在语言传授和文化介绍上，但随着社会的转型和教育需求的变化，外语教师需要具备更多的跨文化交际能力、技术创新意识和教学方法。因此，研究外语教师身份认同和专业发展具有重要的现实意义，有助于指导外语教师更好地适应新的教育环境，提升教学效果和质量。

0.1.3 我国当前外语教育语境下教师身份建构与专业发展

在当前我国的外语教育语境下，教师身份建构与专业发展是一个备受关注的重要议题。我国外语教育领域的快速发展和改革给教师身份建构带来了新的挑战和机遇。传统的教师角色模式逐渐受到挑战，现代外语教育要求教师具备多元化、创新性和专业化的身份。教师需要面对来自学生、家长、学校管理者以及社会大众的多样化期待和评价，这对于他们的身份认同和建构提出了挑战。

教师个体的学历、培训和专业发展历程对其身份建构具有重要影响。教师在实际教学中的经验积累和反思也是塑造其身份认同的重要因素。此外教师的社会背景、文化背景以及所处的教育环境对其身份建构也具有深远影响。

因此，教师需要不断地接受专业培训、学习最新的教育理论和教学方法，以适应外语教育领域的发展。教师的身份认同直接影响其教学风格、教学态度和教学效果，教师可以通过实践中的反思和经验总结，不断地提升自身的教学能力和专业水平，还可以通过参加学术会议、发表论文、申请教育教学课题等方式，拓展自己的专业领域、提升影响力。

教师在实践中的身份建构是一个动态的过程，需要不断地与学生、同事以及社会互动中的反馈和挑战进行对话和调整。教师的专业发展和教学实践应该是相互促进的，应通过专业发展来提升教学实践的质量和效果，同时通过教学实践来验证和完善教师的专业发展。

综上所述，当前我国外语教育语境下教师身份建构与专业发展是一个复杂而重要的议题，需要教育部门、学校管理者以及教师个体共同努力，促进教师身份认同的健康发展，提升外语教育的质量和水平。

0.2 写作目的

本书的研究动机主要源于对外语教师身份建构和专业发展的关注和思考。我们希望通过深入研究外语教师的身份建构过程和专业发展路径，揭示外语教师在教学实践、研究领域和社会服务中的角色定位和职业发展方向，探讨外语教师身份建构与专业发展之间的联系和互动，为外语教师的成长和教学实践提供借鉴和启示，推动外语教育领域的发展和进步。

同时，本书旨在探讨外语教师在我国当前外语教育背景下的挑战与机遇，关注外语教师在跨文化交际能力培养、技术创新和教学方法上的发展需求。我们希望通过本书的研究和讨论，为外语教师的成长和发展提供理论支持和实践指导，促进外语教师身份建构和专业发展的持续完善。

0.3 目标读者

外语教师：这是本书最主要的目标读者。外语教师可以是在学校从事外语教学工作的教师，也可以是在其他机构或组织从事外语教育相关工作的专业人士。本书旨在为外语教师提供关于身份建构和专业发展的理论框架、研究成果和实践经验，帮助他们更好地理解自己的角色定位，提升教学能力，推动个人和行业的进步。

教育管理者和政策制定者：教育管理者和政策制定者对外语教育的发展和改革具有重要的决策权和指导作用。本书通过探讨外语教师身份建构和专业发展的问题，为教育管理者和政策制定者提供有关外语教师培训、教学评估、专业发展支持等方面的参考和指导，帮助他们更好地制定政策和采取措施，促进外语教育质量的提高。

外语教育研究者和学者：外语教育领域的研究者和学者对深入理解外语教师身份和专业发展具有重要的学术关注点。本书提供了关于外语教师身份建构和专业发展路径的研究成果和理论框架，为研究者和学者提供了一个探讨和扩展现有知识的平台，促进学术交流和学科发展。

外语教育相关从业人员和学生：除了外语教师和教育管理者外，本书还适合外语教育相关从业人员和学生阅读。例如，外语教材编写人员、教育咨询师、教育培训机构的工作人员等，可以通过本书了解外语教师身份建构和专业发展的理论与实践，为自己的工作和学习助益。

通过满足不同读者的需求和关注点，本书旨在为外语教学领域的发展和提升做出贡献。

0.4 本书结构

除了前言、引言和后记部分，本书的主体内容分为三个部分。第一部分关注教师身份的理论与发展，包括第一章至第三章。第一章聚焦"身份"这个概念的由来和发展以及目前身份研究中存在的问题。第二章探讨外语教师的身份问题，主要梳理教师身份和外语教师身份研究现状，目的是发现外语教师身份研究的趋势，为本书接下来的分析做好理论和实践方面的准备。此外，在梳理前期相关研究的基础上，本章还提出了在当前全球经济背景下，外语教师的身份建构和专业发展方向。第三章聚焦社会文化视角下的语言教师身份与外语教师教育。同时，结合本书的研究目的，我们着重关注社会互动理论及其对外语教师身份建构的启示。本章介绍了社会语言学和社会文化理论与外语教师身份建构，提出了社会文化理论对外语教师教育的启示。第二部分由第四章至第九章构成，主要探讨外语教师学科教学中的身份建构与专业发展。第四章关注外语教师的学科教学专业知识在教学实践中的重要性、外语教师学科教学知识的构成及其在培养外语教师核心素养方面的意义。第五章至第九章通过案例分析，分别探讨了外语教师的多重身份建构以及新入职外语教师、职前外语教师和外语专业师范生的身份建构和专业发展，努力从外语教师的各个阶段来审视其身份建构和职业发展，为广大外语教师的专业提升和职业规划提供借鉴。第三部分包括第十章至第十二章，主要探讨我国当前外语教育环境下外语教师如何提升自身的核心素养与学科教学水平，包括信息时代以及课程思政背景下外语教师的身份建构和专业发展。

第一部分

教师身份：理论与发展

第一章
身份的概念

1.1 引言

1976 年，雷蒙德·威廉斯（Raymond Williams）的著作《关键词：文化与社会的词汇》（*Keywords: A vocabulary of culture and society*）首次出版，这本书概述了社会科学、文化研究和人文学科中的重要术语，有力地证明了身份作为一个相对较新的理论概念出现在相关领域的研究中，但是并没有使用"身份"一词。因此，我们应该通过身份的历史发展过程，揭示其演变历程，同时可以尝试开辟一个理论空间来探讨和利用这一概念。斯坦利·霍尔（Granville Stanley Hall）（1996）的研究其实是一个很好的起点，他所坚持的后结构主义取向在当代应用语言学和第二语言教师教育领域的身份探究中具有极大的影响力（Norton，2000；Pavlenko，2003；Block，2005、2007；Hall et al.，2010）。戴维·布洛克（David Block）（2007）指出诸如主体性、自我和自我意识等相关术语已经在心理学、社会学和哲学等多个学科中得到确立。

1.2 身份概念的发展

在关于"身份"这个主题的一些关键论述中，霍尔（1996）提出了一个历史观，认为身份是从 18 世纪启蒙时期的含义演变到 20 世纪早期的社会学理论，再到 20 世纪末的后现代主义或后结构主义的概念化。从 18 世纪开始，霍尔隐含地将身份与个体的出现联系起来，这个个体被威廉斯（2001）描述为"一种绝对存在，没有直接参照他所属的团体"。威廉斯认为：

The growth of capitalism, and the great social changes associated with it, encouraged certain men to see 'the individual' as a source of economic activity, by his 'free enterprise'. It was less a matter of performing a certain function within a fixed order than of initiating certain kinds of activity, choosing particular directions. The social and geographical mobility to which in some cases these changes gave rise led to a redefinition of the individual – 'what I am' – by extension to 'what I want to be' and 'what by my own efforts I have become'.

霍尔将他的三个演进阶段中的第一个阶段解释为经典的笛卡尔（Descartes）主体，拥有他所称的"本质中心"或"身份"。笛卡尔著名的哲学命题"Cogito, ergo sum"（我思故我在）为这个理想化的人物提供了一个恒久不变的准则，成为一种同样持久的对人类主体的看法（这里的主体指的是作为有意识和理性思考能力的人类）。正如哈兹米格·科西彦（Razming Keucheyan）（2013）所指出的，"一个主权主体，对自己透明且理性的观念，是现代性的基础之一"。反过来，社会学将这种非常个体化的身份概念与形成和定位它的社会背景联系起来。霍尔（1992）认为：

According to this view [...] identity is formed in thee 'interaction' between self and society. The subject still has an inner core or essence that is 'the real me', but this is formed and modified in a continuous dialogue with the cultural worldse 'outside' and the identities which they offer [...] The fact that we project ourselves into these cultural identities, at the same time internalizing their meanings and values, making theme 'part of us', helps to align our subjective feelings with the objective place we occupy in the social and cultural world.

霍尔认为，到了 20 世纪末，个体和社会都正在经历转型过程，这对身份的概念产生了重要影响。霍尔所称的由马克斯（Marks）、弗洛伊德（Freud）、索绪尔（Saussure）、福克（Foucault）和女性主义引发的"五大去中心化"的影响，再加上全球化所带来的结构性变化，意味着笛卡尔／社会学主体已经结束。以各种方式进行的这些"去中心化"代表了来自完全不同的理论视角的尝试，以引起对个体行动可能受制于社会阶级或父权性别关系等因素的关注；以及理性思考主体可能远非透明，并受到无意识和非理性的驱动和欲望的影响；或者，每个人内心假定的"本质"并没有本体论基础，仅仅是启蒙时代的虚构。霍尔（1992）写道："先前被认为具有统一和稳定身份的'主体'正在变得支离破碎，由若干个、有时是相互矛盾或未确认的身份所组成。"这种一般被称为反本质主义的观点采取了一种多元化、过程化和社会建构的身份观。

布洛克（2007）在他对身份作为一个理论构建崛起的不太系统化的描述中，将其框定为从结构主义到后结构主义对主体和社会观的转变。从结构主义的角度看，布洛克（2007）认为：

The self is seen as the product of the social conditions in and under which it has developed. Traditionally, this has meant that individuals are determined by their membership in social categories based on social class, religion, education, family, peer groups and so on. In a broader sense, it has also meant that they are shaped and formed by their culture, understood to be the relatively fixed worldview, modes of behaviour and artefacts of a particular group of people.

一方面，结构主义也可以被视为试图将焦点从个体作为一个具有独特本质的独立实体转移到个体所处结构的前景。从这个观点来看，主体被看作一个元素，只能通过它与结构内其他元素的关系来理解。这种观点意味着对行动主体笛卡尔或社会学主体的攻击，后者具有独特的本质。另一方面，后结构主义虽然也拒绝本质的概念，但可以被视为试图恢复某种能动性，这种能动性在结构主义对个体及其与社会关系的理解中被认为已经消失。正如布洛克（2007）所指出的，虽然大多数后结构主义者在他们的研究中继续承认结构的作用，但他们更注重能动性。这在霍尔（1996）中得到了明显的证明。他认为身份是：

...temporary attachment to the subject positions which discursive practices con struct for us [...]. They are the result of a successful articulation or 'chaining' of the subject into the flow of discourse [...]. The notion that an effective suturing of the subject to a subject−position requires not only that the subject is 'hailed', but that the subject invests in the position, means that suturing has to be thought of as an articulation, rather than a one−sided process, and that in turn places identifica tion, if not identities, firmly on the theoretical agenda.

从这个角度来看，身份是关于对已经可用的主体位置进行投入或认同的高度能动性行为。例如，我们可以想象一下一位新手教师如何在初始教师教育课程中遇到并认同教师作为反思实践者或批判性教育者的模式。这种认同（可能是与实际的课程导师，或者仅仅是通过接受反思实践或批判性教育作为教学方式）可能会导致对一种非常特殊的专业身份的兴趣，对新手教师如何构想和对待教学实践可能会产生重大影响。

阿内塔·帕夫连科（Aneat Pavlenko）（2003）提供了一个很好的例子，涉及母语与非母语说话者的二元对立，在该领域引发了许多争论，并且在某些情境下被认为使"非母语"英语教师处于不利地位。她认为：

One powerful discourse that informs preservice and in−service teachers' views of themselves and of their students is that of standard language and native speaker ness. In the case of English education, the discourse portrays standard

English as the only legitimate form of the language and monolingual native speakers – who are also implicitly White and middle–class–as its only legitimate speakers and 'owners'.

帕夫连科进行了一项研究，研究对象是来自各种国际背景的职前教师，这些职前教师在美国给母语为非英语的人教授英语。她声称，这一举措使一些新手教师重新构想了他们的"非母语"说话者身份，"将自己和未来的学生看作合法的第二语言使用者，而不是目标语言的失败的母语使用者"（Pavlenko，2003）。帕夫连科认为，通过多能力的反叙事，为一些受访者打开了话语空间，从而取代了她所称的"母语者话语"（将英语的单语使用者视为可接受性、语法准确性和发音的最终权威，这种说法在世界许多地方仍被视为评价最佳教师的基础）。

贝珊·本威尔（Bethan Benwell）和伊丽莎白·斯托科（Elizabeth Stokoe)（2010）认为 20 世纪 80 年代是身份研究在一系列学科中决定性地发生"话语转向"的时刻。他们指的是一种将语言视为中心的身份研究方法。然而，他们认为这种方法有两种非常明显的倾向——一种受到各种文化理论（如后结构主义和新马克思主义法兰克福学派批判理论）的影响，另一种受到会话分析的影响。这些倾向与詹姆斯·保罗·吉（James Paul Gee)（1999）对话语和话语的区别相类似，前者指的是历史演变、社会和制度塑造的使用语言、思考、行动和构建社会现实的方式，后者更狭隘地指特定的谈话或书写内容。在进一步讨论之前，有必要更仔细地研究这两种倾向之间的相似之处和不同之处，以及它们对身份研究的影响。

在所有话语传统中工作的大多数研究者都普遍认同身份是多元和动态的、在社会互动中出现（或被构建或表演出来的）、对环境敏感以及关系性的这些观点。正如扬·布鲁马特（Jan Blommaert）（2005）所认为的，他们既赋予又被赋予身份。例如，在杰吉·凯（Jackie Kay）的诗中，诗人感到自己被赋予了外国人的身份,然后选择去承担当地苏格兰人的角色。在这些传统领域中工作的研究者也会赞同阿西夫(Asif)(2006)的观点:"鉴于身份是一种变量现象,我们只能从语义活动的角度来研究它,通过这些语义活动来展示它的变化。"他们的分歧在于对这些符号活动在成为分析数据时的处理方式以及对环境的理解上。例如,在批判性话语分析传统中工作的研究者会从社会的先验理论出发,试图联系话语的微观特征与其发生的更大社会结构。需要指出的是,许多批判性话语分析范式内的研究者虽然接受了福柯(Foucault)赋予语言的角色,但也受马克思在对社会结构理解方面的影响。露丝·沃达克(Ruth Wodak)(2006)关于医生和患者互动的研究就是批判性话语分析方法的一个典型例子,其出发点在于假设医生和患者所处的结构性不平等是既定的。这种方法对环境采取广泛的观点,既包括特定话语事件(或书面文本)的微观环境,也包括其发生的宏观社会历史背景。从事会话分析工作的研究者则坚持更狭隘的环境观,认为环境仅包括互动本身,并且限制自己对"交谈互动"进行更为精细的微观分析,这种分析完全是归纳的,而且避免赋予任何不能被证明存在的元素以重要意义。

这两种方法都受到了批评。例如,批判性话语分析因其政治动机和对被选择性选择的少量数据的依赖而备受争议(Widdowson,1995)。一些批评认为,批判性话语分析将马克思主义和后结构主义结合在一起的方式令人不快(Hammersley,1997),此外,它声称要考虑更广泛的社会背景,但在民族志研究中的不足也饱受诟病(Blommaert,2005)。与此同时,尽管布鲁马特(2005)对其在揭示社会互动微观方面的成就和展示特定身份如何在主体间产生的方式表示赞赏,但他指出,会话分析狭隘地专注于互动本身,将其作为唯一需要考虑的背景,这是一个严重的局限。

事实上,并非所有对会话分析方法持赞同态度的研究人员都局限于其分析规范。坎迪斯·韦斯特（Candice West）和唐·齐默尔曼（Don Zimmerman）（1983）在研究陌生男女之间对话中的打断现象时清楚地展示了这一点。他们将打断理解为"违反说话者会话轮次"的行为，并表明这种现象更普遍地出现在男性讲话中而非女性讲话中。在试图解释研究数据时，参与者在谈话中并未以任何显而易见的方式将注意力集中在自己的性别身份上。韦斯特和齐默尔曼认为，"分布证据促使人推断，性别类别在互动中是显著的，并且在谈话管理中被使用"（1983）。他们得出结论，这种打断行为是在面对面交流中"实施权力"的一种方式。其他学者，如从事互动社会语言学和语言民族志研究的学者，也乐于利用会话分析的方法，同时保留以会话分析分析员认为不合理的方式解释数据的权利。这种做法被本·拉姆普顿（Ben Rampton）（2006）称为"不纯净"方法，但是他并未阐明其负面影响。

因此，我们可以看到，尽管身份在当代思想中占据重要地位，它的概念确实存在一些问题，不仅在于如何进行分析，还在于它所需完成的概念界定性工作。例如，身份如何被理解为涉及对主体位置的暂时附着，同时又被用来讨论与性别、种族和阶级相关的更持久的自我感觉？在概述我们自己的观点之前，有必要再重新审视、探讨并尝试解决一些与身份相关的问题。

1.3 身份研究存在的问题

我们在前面提到过，身份已经成为一个概括性术语，涵盖了我们定位自己为某种类型的人以及我们定位他人的所有活动方式。对于一些学者，如罗杰斯·布鲁贝克（Rogens Brubaker）和弗雷德里克·库珀（Frederidk Cooper）（2000），这种对身份理解所涵盖的活动范围预设了一个语义负荷，这个术语最终无法承载这种负荷。"身份"一词被用来指代相对持久的自我感觉，比如性别化、种族化、阶级化等，同时也被用来指代与角色或在互动中采取的立场相关的更短暂的身份，比如埃莉诺·奥克斯（Elinor Ochs）和泰勒（Taylor, J.）（1995）提出的"问题化者""恶作剧电话骚扰者"（Zimmerman，1998）或"投诉人"（Stokoe，2003），这意味着对于布鲁贝克和库珀来说，这个术语可能具有的任何分析潜力都受到了严重损害。在他们的调查中，他们从跨学科的视角对身份进行研究，并指出了他们认为使用这个术语时存在的整体理论上的不可比较性。同时，他们也指出，即使在理论家们对身份的本质达成一致观点的情况下，如今许多社会科学中最普遍的社会建构、非本质化观点通常也存在矛盾。

因此，女权主义学者可能认为，性别和性取向身份是社会建构的（因此在文化上具有相对性），而不是始终在各个时空中都相同。同时，他们主张妇女权利及女同性恋、男同性恋等群体的权利时，往往隐含着性别与性取向身份在本体论层面具有天然稳固性的预设，而实际上他们认为这些身份并非如此，同时又相信在一个后性别的未来中，这些身份可能会消失。这不是一个理论问题，而是一个政治问题—这一点被查克拉沃蒂·斯皮瓦克（Chakravorty Spivak）（1999）认可，她创造了"战略本质主义"这个术语来描述将本质主义作为权利主张与身份认同政治诉求之组成部分的实践。

作为摆脱所有这些困境的一种方法，布鲁贝克和库珀建议放弃"身份"这个术语，转而专注于身份包含的各种意义群，如"认同和分类""自我理解和社会定位"以及"共同性、联系和群体性"。认同被视为比身份更可取，因为它暗示了一个过程而非一种状态，这意味着说话者可以将自己识别为某种类型的人，并与之产生认同感，从而避免了他们所描述的身份政治中的"可怕的单一性"（Brubaker & Cooper，2000）。正如我们之前看到的，霍尔（1996）也认识到专注于认同的有用性，正是出于同样的原因—尽管这并没有导致他放弃"身份"作为一个可行的概念。关于第二个意义群，布鲁贝克和库珀（2000）表示，自我理解是"一个指示可能被称为'情境主观性'的性向术语：关于一个人是谁，关于一个人的社会定位，以及关于他/她如何准备采取行动的感知"。他们补充说，作为"一种性向术语，它属于皮埃尔·布尔迪厄（Pierre Bourdieu）所称的实践感领域，即人们对自己和他们的社会世界的实际感知，既是认知的，又是情感的"。因此，他们间接指出了惯态的重要性—布尔迪厄用其来指代在心灵和身体中沉淀的社会习得的倾向范围，这些倾向来自个体形成的几种结构，并告知个体如何在实际行动中获得实际感知。最后，他们认为，共同性、联系和群体性概括了目前包含在"身份"概念中的其余含义。他们认为，这种区分含义的做法最终将有助于摆脱他们认为"充斥着模棱两可、裂痕重重的相互矛盾的含义，并负担着实在化的内涵"的术语，澄清讨论和分析的内容。

其他学者认为建构主义者/后结构主义者对身份的理解有时也可能是不足的（Bendle , 2002; Block , 2006; du Gay , 2007）。默文·本德尔（Mervyn Bendle）（2002）认为，忽视心理学和精神分析的启示的身份描述"往往假定自我的极端可塑性，从而消解了任何真实存在一个持续的核心或底层人格的概念"，尽管他承认这种思维方式是一种优势。

本德尔得出结论，呼吁学界要用跨学科的视角来思考身份问题，认为在做到这一点之前，其关于身份的理论基本上是肤浅的。布洛克赞同本德尔对某些建构主义者/后结构主义者思维的批评以及他对基于身份的研究需要更充分地与心理学学科接触的建议，同时承认后结构主义对个人的概念中可能存在被忽视的内在核心，并且需要注意心灵深处的潜意识如何影响一个人的自我意识和身份感。然而，他也认识到这些学科可能对互动中产生的许多流动身份之一没有太多启示，特别是精神分析可能不适合作为身份研究的理论来源。

保罗·杜盖（Paul Du Gay）（2007）之前的观点曾与上述霍尔的观点密切相关，后来他采取了略有区别的角度，认为现在是将身份研究重新引向更多基于经验、社会学和人类学的理解的时候，"这种理解关注个体因沉浸于或受特定规范和技术行为体制支配而获得的'人格'具体形式"。在这一点上，他受到布鲁诺·拉图尔（Bruno Latour）（2004）的影响很大，拉图尔认为许多所谓的批判理论已经变得无关紧要甚至无效，如果批判性思维要自我更新，唯一的途径将是通过"培育一种顽固的现实主义态度"。在杜盖看来，这意味着重新考虑结构在身份形成中的作用。

1.4 小结

身份是一个复杂且多维度的概念，它指的是个体或群体在社会、文化、心理等层面所具有的独特标识和定位。身份不仅关乎个人的自我认知，也涉及他人对个体的看法和期望。目前身份研究特别是教师身份研究存在一些问题。首先，研究视角分散，尚未形成体系，研究内容分散且缺乏系统性。其次，部分研究采用的方法（如量化研究）难以深入揭示教师身份认同的复杂内涵。例如，小学科学教师身份认同研究中，虽然采用混合式研究方法，但质性研究的深度和广度仍需加强，以更全面地阐释影响因素的作用机制。再次，影响因素复杂，研究深度不足。教师身份认同受多重因素影响，包括专业背景、教学任务、学科地位、政策环境等。最后，实践指导意义有限。现有研究多侧重描述性分析，对教师身份认同危机的干预机制研究不足。

第二章
外语教师的身份

2.1 引言

在过去的十年左右，语言教师身份已成为语言教师教育领域以及第二语言教育（包括 TESOL）领域的一个蓬勃发展的研究领域。考虑到整体教学效果和教师的课堂实践部分依赖于教师对自己个人和专业身份的理解，深入探讨教师身份的建构、发展和塑造方式，以及它如何与其他教师特征相互作用，最近引起了大量的研究关注。本章首先将外语教师身份置于更广泛的外语教师教育背景之中，回顾有关该主题的部分最新研究成果。

外语教师教育是应用语言学和语言教学领域中一个已经确立的学科（Richards & Burns，2009）。第一本关于第二语言教师教育的专著是《第二语言教师教育》（*Second Language Teacher Education*），剑桥大学出版社出版。这本书由享誉国际的第二语言教学专家、应用语言学家和教育家理查兹（Richards，J.C.) 和大卫·纽南（David Nunan）（1990）编纂。此后，越来越多涉及第二语言教师教育的论文出现在各种学术期刊上。该书的作者在多个国家和地区的长期教学与研究经验为其在第二语言教师教育领域的研究提供了深厚的理论基础和实践经验。这本书集结了作者在其学术生涯中的经典文章，书中的文章所涉及的研究时间跨度超过 20 年，凝聚了作者对于语言教学与教师教育领域的深刻思考和丰富经验，涵盖了教师身份认同、教育信念、教学技能以及教学实践等方面的研究内容，深入阐释了这些要素之间的相互关系。此外，书中还详细探讨了教师教育对于教师专业发展的促进作用。该书为教育工作者、研究人员以及教师教育者提供了宝贵的学术资源和参考资料。

由于第二语言教师教育书籍涵盖了诸多分支领域（如第二语言教师教育的知识体系、第二语言教师教育的标准、语言教师教育中的技术应用、反思实践、行动研究、教师动机、教师认知、教师主体性、教师身份等），而同一本书往往无法充分涉及这些重要问题，因此人们对专门探讨这些问题的作者著作和编辑合集有很高的需求，以研究第二语言教师职业生活中这些方面的复杂和纷繁的性质。在本书中，我们在最广泛的意义上使用"外语"这个术语，作为一个总称，涵盖英语和其他外语或现代语言，这些语言在不同的语境中被教授和学习，在有些语境下外语是在课堂外使用的（比如在一个以英语为主要语言的国家教授 / 学习英语作为附加语言），而在有些语境下仅在教学环境中使用，范围有限（比如在英国的语言中心学习波斯语、库尔德语或土耳其语）。此外，"外语"并不意味着按照学习的次序排列；一种第二语言可能是一个人学习 / 教授的第三种、第四种或第 n 种语言。

第二语言教师的重要方面之一是他们的身份（他们是谁，以及他们做什么）。了解第二语言教师的身份是如何形成、发展和塑造的，对于了解教师为什么会在其职业中取得成功或者疲惫不堪至关重要。最近（特别是在过去的十年左右）对于理解第二语言教师身份的本质的兴趣不断增长，这个话题已经引起了越来越多第二语言教师教育、第二语言教育和 TESOL 领域的研究人员的关注。这一概念需要进一步研究，包括在非英语环境中教授的英语作为第二语言（ESL）、英语作为外语（EFL）、英语作为附加语言（EAL）、现代语言和其他外语，因为教师的身份可以影响他们的职业生活，包括他们与学生、管理人员和同行的互动，以及他们的课堂实践和教学生活的其他方面。因此，理解这些身份及其如何发展和塑造可以极大地帮助第二语言教师成为更有效的语言学习促进者，这也是第二语言教学事业的最终目标。因此，本章旨在汇集国际上不同地区对第二语言教师身份的当前理论研究和实践观点，以试图更好地理解第二语言教师发展何种身份，这些身份是如何塑造和改变的，以及教师身份与一系列影响身份形成和受其影响的教学、学习、课堂、教育和社会变量之间的各种联系。

2.2 教师身份研究综述

我们回顾一下近些年有关教师身份的研究。尽管教师和教师教育的研究已流行了数十年，但研究教师身份的历史并不长，在 2000 年之前关注教师身份问题的研究非常有限。与其他第二语言教师教育主题相比，关于语言教师身份的研究较少，尤其是在涉及第二语言教师方面更是如此。例如，在 Google 学术搜索中，以"教师身份"为关键词可以找到 900 多条记录，但在 1980 年至 2000 年间只有 6 条关于"语言教师身份"的结果。在 2001 年至 2010 年间，"语言教师身份"有 170 余篇文献，"教师身份"有 6630 篇文献，而在 2011 年至 2023 年间，"语言教师身份"的文献增长到 2750 余篇，而"教师身份"的文献增长到 22500 多篇。这些简单的数字表明，对教师身份的研究数量正在稳步增长，尤其是在过去的十余年中，以至于在 2023 年，"语言教师身份"已经发表了 520 多篇文章，"教师身份"有 4200 余篇文章。这些数据说明两个问题，首先，对教师身份的研究每年都在吸引研究人员的兴趣；其次，对"语言教师身份"的研究正在增加，以至于在 1980 年至 2000 年期间，对"教师身份"的研究数量超过对"语言教师身份"的研究数量的 150 倍，而在 2001 年至 2010 年间，这个比例降低到不到 40 倍，在 2023 年，对后者的研究有了很大的飞跃，几乎达到了前者研究量的 1/10。尽管对语言教师身份的研究兴趣激长，但专注于第二语言教师身份的研究数量仍然很少（2021 年有 11 篇，在本书撰写接近尾声时，即 2023 年 12 月，2011 年至 2023 年间有 92 篇）。尽管最近十多年对第二语言教师身份的研究逐步增加，然而，在本章的有限空间中，我们将以时间顺序简要介绍一些在 2010 年之后发表的具有影响力的著作和论文。

自 2010 年以来，最早一本专门研究第二语言教师身份的著作是基尔南（Kiernan）（2010）的专著，作者采访了在日本的英语教师，通过分析教师讲述的故事，探索了第二语言教师身份（叙事身份）的多维性。在对第二语言教师角色身份的研究中，托马斯·法雷尔（Thomas Farrell)（2011）研究了加拿大 3 名 ESL 大学教师，并确定了 16 个主要角色身份，分为 3 个主要类别：教师作为管理者、教师作为专业人士和教师作为文化适应者，结论认为教师作为文化适应者的角色是 ESL 教师所特有的。在博尼·诺顿（Bonny Norton）（2013）的开创性经典著作《认同和语言学习：对话的延伸》（*Identity and Language Learning: Extending the Conversation*）的第二版（最初于 2000 年出版）聚焦于第二语言学习和学习者，提供了一个引人入胜的描述，弥合了身份研究和实践之间的差距，考虑了社会结构与人类能动性之间的关系，提供了关于第二语言习得（SLA）、身份和社会正义之间联系的见解，并简要概述了未来身份研究不仅关注第二语言学习，还关注第二语言教学和教师。

尹玲·张（YinLing Cheung）（2015）所著的《语言教师身份研究的前言》（*Advances and Current Trends in Language Teacher Identity Research*）是另一部关于第二语言教师身份关键问题的重要著作，涵盖的主题包括实习对新入职教师身份的影响，教师在构建自己专业身份时面临的挑战，初入职和实习教师的教师身份发展，以及非母语英语教师专业身份中情感的作用等。黛安·霍利·长友（Diane Hawleg Nagatomo）（2012）关注性别和身份，调查了在日本居住和教学的西方女性教师（有日本配偶）的个人和专业教师身份的发展。葆拉·卡拉亚（Paula Kalaja）等人（2015）的《外语学习与教学中的信念、能动性与身份的研究》（*Beliefs, Agency and Identity in Teaching and Learning English as a Foreign Language*）深刻探讨了该书标题中的关键概念即信念、能动性和身份在第二语言和外语教学与学习背景下的关系。

在加里·巴古泽恩（Gary Barkhuizen）（2017）的《语言教师身份研究反思》（*Reflections on Language Teacher Identity Research*）之后，第二语言教师身份研究掀起了一股热潮。该文集由40多位该领域最知名的学者所贡献，从各种视角以叙事和引导性反思的形式，全面概述了语言教师身份，并为语言教师身份的方法论和未来研究设定了基调。该书涵盖的一些主题包括教师自主权、教师能动性、教师教育工作者身份、多语身份、投入度、自我争议、留学经历、研究者身份、伦理、批判性教师身份、种族和性别等。2018年出版了几本关于（语言）教师身份的书籍，这清楚地表明对这个新兴领域的兴趣正在增长。贝德雷丁·雅赞（Bedrettin Yazan）和纳撒内尔·鲁道夫（Nathanael Rudolph）（2018）的《英语教学中的批判性、教师身份与（不）公平》（*Criticality, Teacher Identity and (In) equity in English Teaching*）、保罗·舒茨（Paul A. Schutz）（2018）的《教师身份研究：挑战与创新》（*Research on Teacher Identity: Mapping Challenges and Creativity*）、丹妮丝·米斯福德（Denise Misfud）（2018）《职前教师教育中的专业身份》（*Professional Identity in Initial Teacher Education*）是教师身份研究扩展的三个典型例子。第一卷为读者提供了一个空间，通过超越（接近）母语英语教师（NSETs）与非母语英语教师（NNSETs）等二元对立，探索身份、（不）公平和互动（课堂内外）的批判性实践方法。《教师身份研究：挑战与创新》这本书有21章，提供了国际背景下关于教师身份各个方面的综合视角，如其社会和情境维度，并确定了教师身份研究的挑战和创新。米斯福德的研究专著利用研究生学生的叙事数据，探讨了初级教师教育中专业身份的感知、建构和表现，包括学校实习、职业选择动机、专业标准等方面。

自 2018 年以来，对教师身份研究的兴趣，特别是对语言教师（第二语言、外语和现代语言）的兴趣一直在稳步增长。例如，马克·冯·滕（Mark Feng Teng）和马蒂尔德·加拉多（Matilde Gallardo）（2019）分别出版了《外语教学与学习中的自主性、能动性与身份认同研究》（*Autonomy, Agency and Identity in Teaching and Learning English as a Foreign Language*）和《现代外语教学中的身份协商》（*Negotiating Identity in Modern Foreign Language Teaching*）这两本书为语言教师的身份研究提供了框架，将自治、能动性和身份这三个关键概念联系起来，以便让他们更深入地了解英语作为外语教学与学习中的挑战。第二本书是一本编辑合集，探讨了现代外语教师在英国高等教育机构背景下的身份建构，并为本书作者们提供了关于身份、能动性、态度、关系和情感的一系列复杂而动态的观点。

最近，贝德雷丁·雅赞（Bedrettin Yazan）和克里斯汀·林达尔（Kristen Lindahl）（2020）以及纳撒内尔·鲁道夫（Nathanael Rudolph）（2020）编辑出版了两部与语言教师身份研究相关的专著。在《TESOL 语言教师身份：教师教育与实践中的身份建构》（*Language Teacher Identity in TESOL:Teacher Education and Practice as Identity*）中，雅赞和林达尔（通过来自欧洲、美国和亚洲等各种背景的 15 篇文章）探讨了语言教师身份与 TESOL 中的专业发展之间的互动，并阐明了教师身份如何作为课堂实践和教师专业和个人成长的框架。《语言教育中的身份与互动复杂性》（*Identity and Interaction Complexity in Language Education*）的研究重点是学习者和教师身份，作者们探讨了诸如巴基斯坦英语教学中的单一语言偏见、教学中的"他者"

身份、法语作为第二语言教学、英语和西班牙语之间的跨语言身份、法语和德语小学教师的跨文化身份、身份转变等问题。

　　除了引言章节，《第二语言教师身份的理论与实践：研究、理论与应用》（*Theory and Practice of Second Language Teacher Identity: Research, Theory and Practice*）(Karim Sadeghi & Farah Ghaderi，2022) 还包括来自悉尼大学的杰克·理查德（Jack Richards）贡献的前言和来自密歇根州立大学的皮特·卡斯特（Peter Kersta）撰写的后记，以及来自知名大学的活跃学者 / 教师教育家关于在职第二语言教师身份发展的各个方面的十九个特邀章节。该书分为以下三个部分：理论立场，职前第二语言教师的身份发展，以及 COVID-19 大流行、技术和在职第二语言教师的身份发展。第一部分致力于对第二语言教师身份研究中的概念和理论考虑进行回顾，包括对第二语言教师身份的系统回顾，以及关于全球化时代的本地教师身份、身份形成、应用语言学家对教师身份反思的综合、语言教师能动性以及在跨文化交际背景下的教师身份叙事。第二部分和第三部分更具实践性，涉及在不同背景下进行的关于第二语言教师身份的研究报告，第二部分主要关注职前教师，第三部分关注在职教师以及 COVID-19 大流行期间信息技术在塑造第二语言教师身份中的作用。

　　第二部分的章节致力于探讨职前第二语言教师身份的话语建构、共同建构职前 TESOL 教师的跨文化身份、职前教师对自己职业的投入、研究者—教师的意识形态、身份协商以及中国第二语言职前教师的身份建构。该书的最后一部分（第三部分）的八个章节涉及从 COVID-19 大流行病到技术整合再到性别和种族以及动机对第二语言教师身份发展的贡献等一系列问题，包括 COVID-19 大流行期间教师身份的变化，技术整合与汉语作为第二语言教师身份之间的联系，在日本背景下种族、性别和第二语言教师身份之间的关系，英国背景下现代语言教师的终身旅程，机构和教师身份之间的相互作用，情感在教师身份发展中的作用，以及视野形成在第二语言教师身份建构中的作用的研究。

2.3 外语教师身份研究综述

鉴于"第二语言 / 外语教师构建的身份的复杂性"（Kayi-Aydar et al., 2019）和身份在教师职业生活中的作用，本章系统地回顾过去十年左右相关研究，以确定第二语言教师身份研究和实践的趋势，对个人和职业身份发展问题进行反思。这个回顾的理由是我们可以进一步了解第二语言教师身份关注的问题，如职业影响、语言意识形态、教学选择和实践等。为此，我们系统回顾了 2010 年至 2023 年间 69 篇被 Q1 Scopus 和 SSCI 索引的期刊文章。从教学角度来看，该研究结果可以为寻求更好理解第二语言教学背景（如社会、政治和文化）以及身份类型（叙述身份、实践中的身份、未来自我、性别身份、社会文化身份）的从业者提供信息，以增强他们在教学交互中的职业身份建构。从理论上看，研究结果展示了研究范式由规定范式转向解释范式，并介绍了在回顾的研究中采用的主流理论框架（社会身份理论、后结构主义方法、批判理论、定位理论、社会文化理论、巴赫金理论框架和实践社区）。作为外语以及外语教学的研究者和从业者，我们将本次回顾限制在英语作为第二语言或外语教师身份上，并在本章中排除了有关现代外语的研究，尽管这些研究结果对其他外语、世界语言或现代语言的教师身份发展具有深远影响。

第二语言教师身份指的是第二语言教师对其作为语言教师的专业角色的认知，这种认知因时间和背景而异，因人而异。不同的学者从不同的角度探讨了第二语言教师身份，并提出了不同的定义。例如，伊丽莎白·米勒（Elizabeth Miller）（2009）强调了第二语言教师身份的各个方面，如对工作环境的理解、对教学的感知、教育角色、个人价值观和背景经历等组成部分对身份的发展。一些其他学者则从种族身份的角度探讨了第二语言教师身份（Lee，2013；Holliday，2009）。在这一研究路径的拓展下，一些其他研究详细阐述了白人英语教师身份以及它是如何对非母语教师的第二语言教师身份产生负面影响的（Song & Kim，2016；Ruecker，2011）。第二语言教师身份不再局限于英语教师身份，随着全球范围内中国学习者的迅速增长，我们期待在专业教师身份建构中受到社会经济和社会政治因素影响下的新视角。

研究第二语言教师身份在面授和在线学习环境中的作用已经证实了第二语言教师身份在第二语言教学过程中的重要性（Barkhuizen，2017；Cheung et al.，2022；Darvin & Norton，2015；Thorne & May，2017）。康纳·雅子（Yasuko Kanno) 和克里斯蒂安·斯图尔特（Christian Stuart）（2011）在分析教师身份时，将对第二语言教师身份的认知优先于对语言教学的认知，以强调第二语言教师身份的重要性。但是，第二语言教师身份的认知是教师培训中的一个复杂问题，它受各种因素的影响（例如职业资格、学术资格等）而动态变化，需要对其进行研究以进一步了解其性质和构建。本研究旨在系统地回顾 2010 年至 2023 年间关于第二语言教师身份的研究，以确定它们的研究焦点和理论框架、采用的方法以及提供的启示。

在后现代主义和后文化运动的影响下，第二语言教师身份经历了各种变化，持续的变化吸引了一批学者的关注，他们深入研究跨文化和跨语言身份相关的协商，并超越了简单的二元对立观点，如本族和非本族身份的二元对立。例如，诺顿（2000）将学习者身份的构建描述为教师和学生之间权力话语的协商结果。在此基础上，诺顿（2013）提供了一个详细的身份构建过程，探讨了在权力和意识形态影响下身份如何发生变化，以及这些重要概念如何导致专业身份的改变。叙事研究使第二语言教师身份研究者能够深入了解第二语言教师身份的不同方面，包括意识形态问题（May，2014）、教师主体性和教师实践（Murata et al.，2015；Rivers，2014）。

李雯迪（Wendy Li）（2020）在探索教师身份动态变化时，运用叙事研究来审视情感、身份和信念之间的相互关系，采用综合框架能够从不同角度探讨教师身份，并全面理解教师身份涉及的专业和私人因素。先前的研究已经证实了语言教师身份的不同方面（例如将教学视为职业的认知、背景经验、个人价值观和对社会文化角色的态度）在发展他们的个人、教育和专业身份中的重要性（Benesch，2012；Burns，2015；Farrell，2015；Golombek，2017；Kayi-Aydar，2019；Kubanyiova & Crookes，2016）。

桑媛（Yuan Sang）（2022）回顾了关于第二语言教师身份的研究，并提出在社会化过程的影响下，教师学习的情境性质作为研究的主流趋势。桑媛强调有必要在社会化过程中进一步研究职前第二语言教师身份发展，与先前的研究（Freeman，2016）观点一致。该研究突出了社会化过程在身份发展中的作用，通过为教师创造机会来协商他们的期望和认知，并重新考虑他们的信念和身份，以被允许融入专业教师。

杨洪志（2021）从综合的视角探讨了英语作为外语教师的情感与身份之间的关系。为了提供对第二语言教师身份的细致理解，他们还探讨了其他影响因素（如情境调节和时间维度）之间的关系。以生态学方法进行综述，专注于行动研究对第二语言教师身份的影响，艾伦·马利（Alan Maley）（2019）确认了行动研究对教师专业身份发展的有效性。巴古泽恩（2021）开展了关于对话聚会对职前教师教育的影响的研究，并确认了知识对话建构对教师身份发展过程的有效性。在对话聚会中，参与者交换了有关学术研究结果的观点，这些讨论扩充了他们的专业知识。研究人员认为，这些共同活动增强了参与者对自己作为教师身份的批判性评估。

语言教师身份已经从各种角度进行了研究（例如社会文化、社会政治等）。然而，现有文献中缺乏系统的综述性文章来综合报告研究结果，这仍然是一个空白。为了填补这一空白，我们进行了一项系统综述，以综合和详细阐述 2010 年至 2023 年关于第二语言教师身份的研究结果，从而了解这一领域的主流研究趋势和未来方向。几项研究证实，构建坚实的教师身份可以更好地处理身份紧张，并使其更深入地投入教学中（Hanna et al.，2019； Pillen et al.，2013）。然而，有关主导类型的第二语言教师身份的文献仍存在空白。

在后结构主义和后现代主义的影响下，第二语言教师身份研究已经摆脱了过于简化的方法（例如以母语者为中心与非母语者为中心的对立），转向超文化和跨语言身份，这些身份不局限于静态范畴（Yazan & Rudolp，2018）。因此，我们非常有必要追踪当前研究趋势，以便于了解第二语言教师身份研究是否朝着全球化的身份话语发展。一种包容、非种族歧视、非刻板印象、全球和动态的身份话语，允许重新考虑和重新概念化不同范畴的第二语言教师身份类型在每个特定的时间和背景（Rudolph et al.，2020）。

除了上述主要关注英语作为第二语言的研究外，还有其他关于现代外语教师身份的研究。特别值得关注的是以下几项研究：理查德·多纳托（Richard Donato）和达文·乔丹（Davin Jordon）（2018）突出了本体发展（即个体在一生中的身份发展）在教师身份发展中的中介因素的作用，这可以归因于个体过去经验中的各种因素。基于实践和思想数据来源，多纳托和达文·乔丹（2018）分析了教师的话语实践，并报告了外部因素在连接个体过去经验和现在身份形成中的重要作用。达文·乔丹等人（2017）建议反思榜样的作用是教师专业身份发展向教学进步的概念化的有效途径，符合以往的研究发现（Miller et al.，2015； Motha，2014）。

学者们已经从各种角度对第二语言教师身份进行了研究，以期找出影响第二语言教师发展的因素（例如社会、文化、个人）与条件（例如职业位置、培训设施）。本章梳理了迄今为止该领域取得的研究成果，并指出今后关键的研究方向。

鉴于第二语言教师身份的复杂性和采用的多种分析方法，我们的分析侧重于研究方法、教师身份分析、理论框架以及报道的理论和教学意义的文章，阐明其发展的不同方面，以回应以下研究问题：在 2010 年至 2023 年的第二语言教师身份研究中，学者们分析了哪些是主要身份和哪些是次要身份？主要使用了哪些研究方法和理论框架？他们的研究成果为外语教学提供了哪些启示？

为填补文献中的空白，我们识别了早期研究中报告的不同第二语言教师身份，并对其相应的理论框架、研究方法 / 数据收集工具以及报道的教学和理论意义进行编码，以提供对经常采用的第二语言教师身份类型的详细描述。我们在 Scopus 和 SSCI 索引期刊中搜索了关于第二语言教师身份的文章，这是在两个电子学术文献数据库 Scopus 和 Web of Science 中进行的。我们的第一组关键词是"language teacher identity"，第二组关键词涵盖更具体的标题，包括"second language teacher identity""foreign language teacher identity""English as foreign language teacher identity"和"English as a second language teacher identity"。我们希望将分析范围限制在英语作为第二语言和作为外语，我们的搜索词中没有将"现代（外国）语言教师身份"包括在内，除非这些研究被自动识别为我们的"second language teacher identity"关键词短语的一部分，例如当找到的论文发表在《现代语言杂志》（*The Modern Language Journal*）时。最后，我们得到了 141 篇文章。

本研究包括 2010 年至 2023 年间发表的经同行评审的关于第二语言教师身份的结果的文章。选择这个日期范围是为了确保所包含的文章的充分性，并覆盖与技术辅助语言学习融入传统面对面语言教学相关的文献。综述文章、书评、书籍章节、会议报告和论文被排除在外，因为与报告研究结果的期刊文章相比，它们在发表之前没有经过严格的审查程序。根据纳入 / 排除标准，共有 61 篇文章经过系统审查，可以用来回答提出的研究问题。

在 2010 年至 2023 年间，被分析的文章中，发表频率最高的是 2017年（11 篇文章中的 18.03%），而发表频率最低的是 2019 年（2 篇文章中的 3.27%）。与研究中包括的其他期刊相比，《TESOL 季刊》（*TESOL Quarterly*）（16 篇文章）和《现代语言杂志》（14 篇文章）从 2010 年至 2023 年发表了更多关于教师身份的文章。其余包括的文章分别发表在以下期刊中：*Teaching and Teacher Education*（共 8 篇），*Language Teaching Research*（共 7 篇），*System*（共 5 篇），*Critical Inquiry in Language Studies*（共 2 篇），*Computers & Education*（共 1 篇），*Canadian Modern Language Review*（共 1 篇），*Foreign Language Annals*（共 1 篇），*Journal of Education for Teaching*（共 1 篇），*The Urban Review*（共 1 篇），*International Journal of Bilingual Education and Bilingualism*（共 1 篇），*Journal of Second Language Writing*（共 1 篇），*Language and Intercultural Communication*（共 1 篇）以及 *International Journal of Educational Research*（共 1 篇）。

大多数研究的主要目标都集中在第二语言教师身份的建构或发展上，这符合我们的预期，因为这是用作搜索项目的关键词短语。许多研究集中探讨了与专业角色身份、双语 / 多语 / 跨语言和语言身份、非母语者以及未来、指示和性别身份等相关概念。

研究结果显示，身份建构或发展（频率 20，有效百分比 32.8%）、专业身份（频率 10，有效百分比 16.4%）和多重身份（频率 8，有效百分比 13.1%）是研究的主要焦点。其次观察到的研究方面包括实践中的身份（8.1%）和非母语者身份（4.7%）。可以看到，几乎所有研究的主要焦点都是第二语言教师身份的建构；然而，不同研究对这一概念的处理略有不同。研究结果还显示，自我形象（频率12，有效百分比19.7%）、教学实践和背景经验（频率8，有效百分比13.1%）以及社会文化身份（种族、民族和文化）（频率7，有效百分比11.5%）是研究中最常见的次要关注点。在这些研究中，另外一个经常观察到的第二语言教师身份方面是能动性（频率5，有效百分比8.2%）和情感需求/协商（频率5，有效百分比8.2%）。

在这些研究中，对于研究方法的理解有一些含混不清，例如，一些研究将访谈称为研究方法，而其他人则将其视为数据收集工具。无论如何，访谈在几乎所有研究中都占据重要地位，这就是为什么叙事调查在近1/3的研究中成为研究第二语言教师身份的主导方法。显然，几乎所有第二语言教师身份研究都遵循定性范式。研究结果显示，叙事调查（频率20，有效百分比32.8%）、混合方法（频率13，有效百分比21.3%）和访谈（频率9，有效百分比14.8%）是研究中最常采用的研究方法或数据收集技术，其次是访谈和问卷调查（频率4，有效百分比6.6%）以及访谈和观察（频率3，有效百分比4.9%）。

虽然研究中采用了各种方法论框架——从多语言到游戏理论再到批判话语分析，但明显的趋势是从主要基于认知的模型转向更注重社会框架，并越来越多地借鉴后结构主义、社会文化理论。这些模型共同表明，第二语言教师首先是人类，他们的身份在其实践社区中是社会共同建构的。研究结果显示，在这些研究中，社会文化理论（频率18，有效百分比29.5%）、话语和实践中的身份（频率7，有效百分比11.5%）以及身份的概念化（频率4，有效百分比6.6%）是使用最频繁的理论框架。其次是列夫·维果茨基（Lev Vygotsky）社会文化理论（频率4，有效百分比6.6%）和实践社区（频率4，有效百分比6.6%）。

研究中出现的主题不仅主要集中在诸如第二语言教师身份发展与各种个人、专业和社会文化变量之间的联系，这些变量塑造并受到身份建构的影响；还关注课堂实践与第二语言教师身份建构之间的相互关系，特别是系统性审查记录了第二语言教师的信念和情感、他们的感知、个人语言、教育、职业和文化背景、承诺、元认知、主体性、母语/非母语、多语能力、性别、工作场所、全球想象等因素对身份建构和课堂教学实践的影响。此外，大多数研究指出，身份建构是一个多层次、复杂、持续且不断变化的过程，对其正确理解需要进一步深入研究。

文献综述发现，在第二语言教师的身份形成、感知和表达过程中，有几个因素发挥着作用。支持这一观点的证据之一是这些研究采用了多样的理论框架，突显了关于教师身份这一复杂概念特别是第二语言教师身份的各种观点。确认第二语言教师身份中影响因素的复杂性的另一个证据是研究中关于第二语言教师身份的研究焦点的广泛范围。

研究结果还显示，这些文章的主要焦点并不局限于教师身份的特定方面，如学术资格。事实上，我们观察到了三个主要研究焦点，即身份发展/建构、专业身份和多元/复合身份。这些发现与安东尼·史密斯（Anthony Smith）（2020）所报告的结果一致，他们认为身份建构中的影响因素不仅局限于学术技能和语言资格。他们认为，教师的种族是决定性因素，这使一名教师的身份（如白种人）在韩国英语教学环境中优先于其他种族群体。

研究的下一个发现是情感因素在第二语言教师身份建构中的重要性。这一发现凸显了先前研究调查教师信念和情感的结果（Varghese，2017；Sayer，2012；Reeves，2009）。其中，科贾巴斯-盖迪克和奥尔塔克泰佩·哈特（2021）进行了一项研究，探讨了情感劳动对教师身份形成的影响。他们从 EFL 环境中的两名新手母语使用者那里收集了数据，并报告了教师身份和情感劳动之间的显著关系。情感因素可以影响教师在教学过程中的决策，教师在承担教学责任之前需要接受关于情感因素的良好培训。

研究综述还显示，社会文化因素在第二语言教师身份建构中起着重要作用（Mendieta & Barkhuizen，2020）。因此，英语专业师范生需要接受处理社会文化冲突的培训。例如，新手教师需要接触潜在冲突的教学经验，以增强他们在真实教学环境中之前的适应/调解能力。雅赞（2019）认为，语言教师身份的形成不仅受到新手教师个体特征的影响，还受到他们的社会文化互动和关系的影响。他认为教师需要发展情感能力作为其身份的关键方面，以便在教学过程中维持情感管理。

从综述研究中得出的最重要的主题是，第二语言教师身份在理解、塑造及重塑方面并不是一个简单明了的概念。在处理这一构想中采用的多种观点以及对第二语言教师身份性质和其生命周期的多种观察清楚地表明教师身份是一个多方面和复杂的现象。综述研究还表明，第二语言教师身份的发展是一个持续的、动态的过程，受到一系列个人、教育、机构、社会、经济、政治和其他背景因素的影响。

这实质上表明，教师以及他们在专业上的发展像其他人群，一样难以理解，因为他们适应并受到周围各种因素的影响。这种观察的推论之一是，尽管他们可能通过正式学习获得了相似的学术资格，但具有不同家庭背景并生活和工作在不同教育、经济、社会和政治环境中的第二语言教师将会呈现不同的教师身份发展。这样理解的一个重要结果是，第二语言教师（指的是任何第二语言、外语、现代语言和世界语言）应该得到支持，以发展和保持能够使他们尽可能最好地履行责任（即促进语言学习）的教师身份，虽然路径是因人而异、因环境而异的。通过这种方式，他们可以被帮助共同构建可持续的身份，从而防止他们感到精疲力竭，解决方法不是自我关怀，而是彼此关怀。

　　我们的文献梳理在教学上为寻求更好地理解第二语言教学背景（如社会、政治和文化）以及身份类型（叙事身份、实践中的身份、未来自我、性别身份、社会文化身份等）的从业者提供了指导，以加强他们在教学互动中的专业身份建构。教师培训课程需要告知新手教师其教育背景的重要性，如果他们要在一个不常使用所教语言的环境中教学，还需要具备当地语言的能力，并且需要在专业环境中获得支持性的对话。教师培训机构应鼓励教师向教学行业内外的人表达他们的情感关切。根据他们的个性类型，教师需要通过讨论无法独自解决的情感问题，来表达他们的思想和感受，并满足他们的情感需求。

　　根据研究结果，一个规定范式向解释性范式的研究轨迹在转变，并且主流理论框架（社会文化理论、话语和实践中的身份、身份概念化）在这些研究中被采用。该研究的下一个理论启示是需要从多元文化视角来探讨第二语言教师的身份，并找出解决在英语为外语（EFL）和英语为第二语言（ESL）环境中普遍存在的有关种族偏见的教师身份问题的解决方案（Kubanyiova，2021）。此外，似乎存在着一个研究中的空白，即研究考察影响英语学术用途（EAP）课程中以内容为基础教学的语言教师身份的因素。对于除现代语言以外的其他外语和传统语言（不论是一般用途还是学术用途），也需要进一步的研究关注。

　　因此，未来的研究建议将隐喻分析纳入对学术环境中教师身份发展的分析中（无论是英语还是其他现代外语），以克服教师身份发展面临的动态挑战。未来的研究也需要探讨与教师身份相关的问题，如教师的声音、专业纪律以及教师与他人对话，作为朝向学科内容和教学法而非朝向母语者模式的教师身份发展的一部分。未来关于第二语言教师身份的研究趋势似乎正在从基本的二元对立（例如母语/非母语、单语/多语、特权/边缘化等）转向反映第二语言教师身份复杂性、非线性和动态性的理论框架

（例如动态系统理论、复杂动态系统等）。这样全面的理论框架使得可能将第二语言教师身份的研究拓展到有限的理论视角之外，如母语者主义、边缘化身份和特权身份。

我们通过整理 2010 年至 2023 年间研究成果，探讨外语教师身份研究，可以得出以下结论：第一，身份建构和发展、职业身份和多元或多重身份目前是研究的主要关注点。第二，自我形象、教学实践和背景经验以及社会文化身份是次要关注点。第三，叙事研究、混合方法和访谈是这些研究中最常采用的研究方法。第四，社会文化理论、话语与实践中的身份以及身份概念化是这些研究中最常采用的理论框架。第五，教师对自身身份的感知、教师的社会文化身份以及教师的信仰和情感对第二语言教师身份的发展具有重要意义。当前研究的一个局限性是将现代语言（包括世界语言、传统语言等）排除在第二语言的定义之外，希望未来的研究能够改进这一点。

2.4 全球经济背景下的外语教师身份

在许多国家，英语是国家教育体系中的第一外语，英语教师处于最前线，因为政府试图提高学生的语言能力，表面上是为了满足全球经济的需求。他们承受着多重压力，并在学生在英语方面未能实现改善的目标时经常受到公开批评，尽管他们缺乏足够的准备和支持，而且课程期望在所处的背景下是不切实际的。本节将探讨泰国的英语教师对自己角色和身份的感知，泰国是一个传统上将教师视为国家语言和文化传播者的国家，这种传播是通过正规教育进行的。泰国社会被认为是等级分明的，教师的既定角色是无可置疑的知识提供者。这种角色与英语课程对教师的期望相矛盾，英语课程期望教师应该是学生学习的促进者和支持者。这一小节讨论的主题可能会响应其他类似背景下的教师的经验。

目前，世界各国政府普遍宣称，英语能力对于在全球商品、服务和知识资本市场中的国家经济竞争力至关重要，并且对于学习者来说，掌握这门语言极大地增强了其生存机会。这一点对任何经济发展水平的国家都适用。例如，伊丽莎白·厄尔林（Elizabeth Erling）（2017）分析了英语与欠发达经济体意识形态之间的关系，并指出"英语通常与高社会、文化和经济资本相关联，在低收入背景下，英语语言技能通常被定位为促进经济增长和增加个人机会的手段"。同样，在高度发达的韩国经济中，前总统李明博曾直言不讳地表示，"英语能力是个人和国家的竞争力"。全球数百万学生将英语视为经济机会语言的承诺的后果是：

For the first time in foreign language teaching history, national governments and individuals worldwide seem to see teaching a language (English) to all learners in state schools as an important means of increasing the human capital on which future national economic development and political power depends (Conteh & Meier，2014).

尽管在许多情境中，学校儿童的家长明显将英语视为一种令人向往的语言（Motteram & Dawson，2019），但流利英语到底对个人和国家经济发展是否具有"万灵药"的作用仍存在争议。劳动力市场的数据表明，当英语与特定可市场化技能（如信息技术或工程）的高水平教育联系在一起时，英语是就业的资本，但单靠英语本身并不能保证经济进步（Pereira，Lopes & Marta，2015）。正如米克·卢嫩伯格（Mieke Lunenberg）等人（2018）总结的那样，"全球范围内英语的角色和效用是一些人、一些经济部门，主要是知识经济的一种载体，但通常与绝大多数全球劳动力的社会经济流动性无关"。

然而，各国政府继续在整个教育系统中扩大英语教学的范围，尽管以实际产生期望水平的流利程度为目标所面临的挑战被严重低估。值得注意的是，将英语引入学校课程的决定通常在确保有充足的能够胜任这门语言的教师并经过适当的语言教学培训以能够为整个教育系统中的所有学生提供教学之前就已经形成（Hayes，2017）。因此，在向英语教学投入大量物质和人力资源的情况下，许多国家的成果并不理想。在教育系统中学生英语成绩普遍较低的情况下，英语学习成绩突出的例外通常出现在来自较高社会经济群体的儿童中，他们就读于城市地区享有盛誉且资源充足的著名学校，那里教学质量较高，家庭也有经济条件给孩子私人补习。与这些享有盛誉的学校相比，在泰国的贫困城市和农村地区的学校中，学校教学质量和资源配置要差得多，即使在考虑到提供英语教学之前，这些学校的学习成果也显著不均。在泰国，约翰·加里（John Gray) 和汤姆·莫顿 (Tom Morton）（2018）观察到：

In terms of location, the disadvantaged and poorer-performing students are clearly concentrated in rural village schools [and] the performance gap between students in village schools and those in large city schools have also expanded over the 2003-2012 period. The difference in the average learning outcome between the two groups in 2012 is estimated to be around 1.8 years of formal schooling.

这种"表现差距"在英语课程中不可避免地被复制，而且越来越多的迹象表明，英语似乎在加剧教育不平等方面起到了推波助澜的作用（Hayes，2011）。

这份资料指出，在国家层面上，英语所带来的经济价值并不被现有数据支持，也不能证明英语对于持续发展是必要的。克莱尔·克拉姆施（Claire Kramsch）（2013）认为，像英语这样的主导语言的广泛运用，与国民经济发展水平并无关联，尤其是当国民经济发展以人均国内生产总值（GDP）作为最常见的衡量标准时。这一结论在泰国的数据中得到了体现，尽管泰国在全国范围内学生英语语言能力被认为存在不足，但近几十年来该国

的经济扩张率相当可观。从 1994 年至 2019 年，泰国的 GDP 增长平均为
3.73%，这一时期包括了 1997 年亚洲金融危机和 2008 年全球金融危机，
以及 2006 年、2010 年和 2013—2014 年（政治动荡对经济造成的负面影响）。
这些经济和政治事件直接影响了泰国 GDP 增长率，而并非由国家的学生
英语语言能力水平所导致。例如，2013—2014 年间，泰国发生了暴力政
治抗议活动，造成 28 人死亡、800 多人受伤，并引发了军事政变，导致
GDP 增长率从 2012 年的 6.5% 下降至 2014 年的 0.8%，政变后在 2015 年
恢复增长至 2.9%，到 2018 年达到 4.1%（亚洲开发银行，2019）。与此
同时，泰国在 EF 英语能力指数（EPI）中的表现一直处于排名靠后的位置。
2019 年，泰国在 EPI 中排名第 74 位，2020 年排名第 89 位。在区域范围内，
它在 2020 年的 24 个国家中排名第 20 位，被评为"英语能力很低"，这
一评级从 2011 年排名开始一直持续至今，除了 2017 年和 2018 年被评为"英
语能力较低"（English First，2020）。因此，这份资料显示出经济和政
治危机与 GDP 下降之间存在明显的相关性，但泰国的 GDP 增长率与其在
EF、EPI 排名中的位置之间并没有明显的联系。

泰国在 EF、EPI 排名中的表现低于其地区邻国一直是一个特别令泰
国国内担忧的问题，尤其自 2015 年东盟经济共同体（ASEAN Economic
Community，AEC）成立以来。AEC 将英语确定为工作语言，因此人们
普遍担心泰国的中学毕业生和大学毕业生将无法与英语水平较高的东盟
国家的同龄人竞争工作（Canagarajah，2017）。人们普遍认为旅游业是
一个例外，尽管英语在与许多游客的互动中被广泛使用，但这通常并不
超出基本熟练程度；而且，在任何情况下，近年来前往泰国的游客中人
数最多的是来自中国的游客，在新冠肺炎疫情大规模爆发以前，2019 年
有 1100 万人次，对他们来说，显然更偏好使用汉语而不是英语。因此，
泰国的英语语言使用现实情况似乎与人们对其对该国的重要性的看法不

一致。这种不匹配对政府和学校的英语教学以及被要求教授这门语言的教师的身份都产生了实质性的后果。

2.5 小结

在过去的十年左右，语言教师身份已成为语言教师教育领域以及第二语言教育领域（包括 TESOL）的一个蓬勃发展的研究领域。考虑到整体教学效果和教师的课堂实践部分依赖于教师对自己个人和专业身份的理解，深入探讨教师身份的构建、发展和塑造方式，以及它如何与其他教师特征相互作用，最近引起了大量的研究关注。本章首先将第二语言 / 外语教师身份置于更广泛的第二语言 / 外语教师教育背景之中，回顾有关该主题的部分最新研究。

第三章

社会文化视角下的语言教师身份与外语教师教育

3.1 引言

近十年来，关于语言教师身份的研究一直受到语言学、社会学、教育学等领域的关注，《TESOL 季刊》（*TESOL Quarterly*）和《现代语言杂志》（*Modern Language Journal*）分别在 2016 年和 2017 年开设了语言教师身份的专题讨论。为了探讨英语教师的职业生活和实践中身份和主动性的作用，我们需要将社会互动视为身份产生的原始场所。然而，正如对身份的性质存在不同观点一样，关于社会互动在身份认同中的作用也存在一系列不同的观点。在本章中，我们将审视身份、能动性和社会互动之间的关系的一系列观点。为了从社会互动的角度看待身份和能动性，在社会科学与教育领域的身份研究中，当我们需要同时关注宏观层面的理论框架与互动情境中话语实践的具体细节时，必须构建起连接二者的概念桥梁。换句话说，我们需要将注意力从主导话语和社会结构中固有的身份转移到这些身份可能被采纳、改变或抵制的实时历史过程中。

在本章中，我们认为，当前研究者提倡的任何身份研究理论与方法都需要考虑到身份和话语产生的动态性和共同建构的过程中所处的互动环境。我们将回顾最近研究成果中与语言教师身份相关的一些关键问题，继续阐述社会互动理论如何有助于当前研究者推进未来研究主题，同时，我们还会提出一些方法论问题，探讨有关语言教师身份的研究结果如何对语言教师教育和职业发展产生影响。

3.2 社会语言学与身份

在本章中，我们要超越纯粹的会话分析视角，探讨持续互动的"微观"层面与身份作为社会、文化和历史现象之间的联系。正如布鲁马特（2005）所主张的，会话分析使用了一种相当狭隘的背景概念，将其限制在即时、经验可见的证据范围内。尽管这种学科在揭示会话互动的顺序组织方面取得了巨大的成就（Schegloff，2007），但它将焦点限制在布鲁马特（2005）所描述的独特性、一次性、具体互动性的局部性上。因此，他认为这并不能让我们理解到更高层次的情境。为此，我们需要拓宽视角，将互动细节的微观分析与身份放在教育和外语教育领域更广泛的范围中去讨论。

伊曼纽尔·谢格洛夫（Emanuel Schegloff）列举了学术领域中可能属于角色或职位的例子，如"要求严格的教师"或"积极进取的学生"。如果我们将焦点转移到领域的第二个方面，我们需要考察这些职位是如何（或者是否）在诸如研讨会讨论、评分和评估等社会情境活动中被承担的。这为我们提供了一种将"微观"与"宏观"联系起来的方式，或者说认识到身份需要通过社会互动来进行探讨。例如，正如我们在上一章中谈及的，外语教育领域是一种社会组织形式，其中存在特定的社会角色配置、代理人（或身份）位置。然而，为了理解该领域如何不断再生产，我们需要探究参与情境活动的行动者是如何在社会互动中占据这些位置的。从这个观点来看，社会互动不仅是外语教育领域中再生产的原始场所，也是每个个体生活方式发展的地方，也就是个体的性情和行事方式以及看待世界的方式。正如理查德·詹金斯（Richard Jenkins)（2008）所言，身份既是个体的又是集体的概念。尽管布尔迪厄（1993）认为个体生活方式的发展是通过与领域的互动发生的，但很容易看出这种发展需要通过在参与构成不同领域的情境活动中进行。这将为我们对身份的研究焦点放在社会互动的情境活动中提供有力的理由，因为这些场所不仅是外语教育等领域再生产的地方，也是参与其中的人的身份再生产的地方。

然而，虽然布尔迪厄提出的"领域"和"生活方式"的概念有助于我们看到社会实践再生产的两个方面，但并没有为我们提供资源来研究身份形成是如何在特定社会情境活动中通过意义建构活动进行的。当行动者在互动中承担和调整身份时，他们会使用一系列符号资源，包括语言、手势、微笑、笑声、动作和可能随手可得的工具等。从这个意义上说，身份可以被重新构想为符号资源的集合，行动者在持续的互动中抵制或坚持立场时会动用这些资源。在这个观点中，身份可以被看作布鲁马特（2005）所描述的"符号潜力"，他认为，反过来这需要"对人们如何实际上识别自己和他人以及他们如何通过利用手头上的任何手段来做到这一点进行细致分析"（Blommaert，2005）。正如布鲁玛特指出的那样，这使我们摆脱了将身份简化为静态、预先建立的范畴的透视，而转向人们在互动中所做的实际身份工作。

然而，布鲁玛特反复强调，个体在社会互动中并不拥有平等的资源。在任何社会或活动领域中，符号资源都会被不均等地分配，分析不应该从所有人能够平等参与的假设开始。权力始终是与身份和行动能力有关的问题。因此，在任何谈话片段之前或之后，身份都可能会变得相关，因为对资源的不平等获取可能会决定人们是否首先以及如何参与某些活动，而人们如何参与可能会被他人在事件发生后以身份相关方式接受和解释。

在搭建关于身份和行动更宏观关注点与本书聚焦社会互动之间的桥梁时，我们进行了两个关键转变。首先，我们运用了布尔迪厄的场域和惯习的概念，将注意力从社会结构中固有的社会地位和角色转移到它们在"互动过程"如何被协商、接受和可能被抵制的互动中。其次，我们从将身份视为固定、预先设立的实体转变为将其视为不均匀分布的符号潜力形式，其部署需要通过对实际情境互动的细致分析来审视。接下来的一步是建立一个概念结构，使这样的细致分析能够揭示有关身份和行动相关的更大社会、文化、政治和历史现象是如何在社会互动中指向或被索引的。为此，我们转向"指示性"（indexicality）（Silverstein，2003）的构建。

　　"指示性"这一概念使分析者能够在实时的语言和互动实践与更广泛的文化和社会现象之间建立联系。说话者在任何互动事件中带来的符号资源都可以以不同方式信号，从而可以被视为情境特征，进而为其他人对他们是谁以及他们在做什么的解释提供了基础（Gumperz，1982）。因此，符号资源可以指向或索引更广泛的宏观级别现象。在语言教学领域，我们有持久存在的宏观级别身份，如"非母语教师""教师培训师 / 教育工作者"或"实习生"。在特定社会情境互动中的任何时刻，任何一小部分的符号材料，如使用特定术语、设计对话转折、一个眼神或点头、微笑或笑声，可能都在发挥作用，信号传达与参与者如何认同自己和 / 或他人相关的更广泛背景的某些方面。这反过来可能会限制或促使不同类型的行动。换句话说，将自己或他人确定为特定类型的人可能会对在互动的即时情境以及当前和未来的专业实践的更广泛背景中所能做的事情产生重要影响。指示性不仅在互动中传递更广泛的宏观社会学类别的层面上发挥作用，正如玛丽·巴克赫兹（Mary Bucholtz) 和霍尔（2005）所指出的，将身份视为一种互动现象意味着从将身份的概念仅与更广泛的社会类别（如阶级、种族、性别等）相关联的观念转变过来。这一原则扩展并丰富了我们对社会互动中身份建构的观点。举个在语言教学领域的例子，一位教师可能通过互动中使用的符号资源，指示自己属于更广泛社会类别中所教授语言的非母语人士，是一名在当地知名语言教学机构工作的专业人士，并在描述课堂事件或评估已发表的教学材料时采取评估立场。

在与其专业活动相关的社会互动中，语言教师可能通过明确地将自己或他人描述为"母语人士"，或将某些特征归因于学习者与其国家身份相关联（如"日本学生害羞"），来调用可传递的身份。或者，他们可能通过更间接的信号传达身份类别，让听众来解读他们的话，例如将自己定位为相对无权力的课程传授者，而不是具有创新能力的行动者。根据巴克赫兹和霍尔提出的身份指示过程，教师可能设计他们在互动中的贡献，以展示对话的任何特征或自己对该特征的（缺乏）知识的积极或消极评估。举个例子，教师可能建构关于自己实践中事件的叙述，展示对行动和参与者的积极或消极评价，并可能展示不同程度的认识获取，即对参与者动机等特征的特权知识。在互动角色或地位方面，与英语专业师范生互动的培训师可能会从关于方法论的知识权威转变为支持实习生所做决定的同行教师的位置。教师可能使用与语言教学领域相关的语言或其他符号资源，例如当培训中的教师开始通过在事件的描述中使用这些术语(如"热身活动""反馈""控制性练习"）来挪用特定术语。通过这样的做法，他们可能指示自己属于语言教学领域，或者渴望成为该领域的一员，尽管此类行动的互动效果需要作为持续的对话序列的一部分来分析。

人们使用符号资源来指示意义系统，这些系统通常是有秩序和分层的。任何符号的使用都可能指示出更有力的身份，如果这些身份很有力量，它们可能与迈克尔·西尔弗斯坦（Michael Silverstein）（2005）所描述的"中心机构"相关联。这样的有力机构可以强加指示性，使其他人感到被迫去适应。在教育领域的更广泛范围内，特别是在外语教育领域，诸如教育部、颁发教学资格的机构或大型出版社等中心机构可能会加强指示性，使个体语言教师感到至少在公开场合别无选择。比如，我们作为外语教师可能会感受到采用交际式语言教学版本的压力，因为它们出现在不同国家的课程标准和指南中。这可能导致教师与其工作的教育机构之间发生紧张和冲突的关系，对个体语言教师的专业身份的形成和维护产生严重后果。然而，更权威的中心机构并不是西尔弗斯坦（2003）所称的"指示性秩序"中唯一的中心。分配指示性的中心机构存在各种不同层次，从全球和国家系统到更为局部的中心，如同行群体或实践社区（Wenge，1998）。因此，通过在互动中使用他们的符号资源，任何个体可能指示出不仅有秩序和分层，而且是多中心的，"并非所有的说话方式都具有相等的价值"（Blommaert，2005），对于本书对语言教师身份和社会互动的处理方法具有重要意义。教师可能会迎合由权威中心机构归因的身份，但他们也可能会迎合与其当地背景相关的其他指示性中心，并通过这些中心走向并不总是符合预期的身份类别。

　　学者如西尔弗斯坦（2003）和布鲁马特（2005）提出的指示性框架构成了我们所借鉴的社会互动和语言教师身份方法的背景。虽然在分析中并不一定明确提及这一概念，但我们明确地将我们详细探讨的互动现象与影响英语教师的职业乃至个人生活的更广泛问题联系起来，这些问题已受到相关学者的关注。我们的目标不是单纯地审视互动的细节和顺序组织，而是为已经进行的有关语言教师身份研究增添丰富而富有成效的维度。因此，我们采用了一系列方法来分析社会互动中英语教师身份。这些方法使我们能够详细研究涉及各种环境中的英语教师的情境互动的逐步展开，同时集中关注外语教育文献中感兴趣的与身份相关的主题。

3.3 社会文化视角下的外语教师身份

　　在当代，社会文化视角对于理解语言教师学习具有重要意义，因为它将情境和个人问题的复杂性置于研究的核心。在这种认识论转变中，教师认知文献至关重要，它揭示了教师过去的经验、信念、期望、知识以及教学背景在塑造他们的实践中所具有的重要影响。本章还涉及专业经验方面的文献，这是教师学习的一个重要领域。基于此，本章强调了越来越普遍的学习共同体模式的专业经验的应用，其中实习教师在其专业经验中有机会与同行和学校导师建立互惠学习伙伴关系，以及其潜在的社会文化视角。

3.3.1 外语教师教育中的社会文化转向

行为主义和实证主义视角强调在语言教师教育中应用模型技能，但它们并未意识到第二语言教学与学习的复杂性和多维性，其中个人和环境因素交织在一起塑造这一过程。人本主义理论因其专注于个体内在资源，特别是自主性和个体需求而受到认可，但这种理论忽视了众多其他个人和环境因素的影响以及它们之间的相互作用。因此，该领域一直在寻求一种认识论，以满足对更全面理解第二语言教师学习需求的要求。

针对上述问题，第二语言教师教育领域的一个重要认识论转变是朝向社会建构主义观点（Crandall，2000）。建构主义基于这样一个假设，即知识是社会建构的，它源自人们参与的社会实践和环境（Brandt，2006；Chiang，2008；Crandall，2000；Johnson，2009）。在对建构主义理论的解释中，乔恩·罗伯茨（Jon Roberts）（1998）认为"每个人的发展都是在与他们的社会环境不断交流中发生的，即他们的直接工作关系、学校氛围以及影响他们的更广泛的社会力量"。

根据大卫·弗里曼（David Freeman）和凯斯·约翰逊（Keith Johnson）（1998）的说法，在主流教育领域中的研究已经促成了摆脱行为主义观点的转变，因为该领域的研究者已经意识到：教师不是等待被填充理论和教学技能的空容器；相反，他们是独立的个体，进入教师教育项目时具有先前的经验、个人价值观和信念，这些经验塑造了他们关于教学的知识，并影响他们在课堂上的实践。

弗里曼和约翰逊（1998）进一步指出，学习如何教并不仅仅是实证主义在第二语言教师教育中持有的观点，即简单地累积研究成果的看法。相反，它是"一个长期的、复杂的、发展性的过程，通过参与同学习和教学相关的社会实践和环境来进行"（Freeman & Johnson，1998）。基于建构主义观点的第二语言教师教育研究旨在揭示"教师如何参与并建构他们的专业世界"（Johnson，2009），强调了教师学习的社会文化方面的重要作用，建构主义观点也克服了人本主义观点对第二语言教师教育中内在资源的过分强调。

这种向建构主义的认识论转变意味着第二语言教师教育研究方法上的变化，从仅仅是描述性的观察性研究向对教师实践的描述和解释转变。在建构主义范式中，教师实践的个人和环境在塑造教师学习和工作方式方面具有强大的作用，因此对于理解教师的学习和实践非常重要。

在《TESOL 季刊》专门讨论第二语言教师教育的特刊中，弗里曼和约翰逊（1998）提出了一种将该领域知识基础重新概念化的必要性，并提出了一个重新概念化知识基础的建议。在这份提案中，弗里曼和约翰逊（1998）对当前第二语言教师教育实践提出了两项重大批评，并以此主张迫切需要重新构建第二语言教师教育的知识基础。首先，他们声称目前的第二语言教师教育课程未能充分考虑到我们对教师学习过程的了解。他们还认为，"该领域必须更好地记录和理解教师学习，以使教师教育更加有效"。其次，他们声称目前第二语言教师教育的知识基础普遍与在真实学校和教室中进行教学活动的社会背景脱节。

通过提出这些不足，弗里曼和约翰逊（1998）主张第二语言教师教育向社会文化视角转变。他们强调将社会文化理论的见解纳入第二语言教师教育，以更好地符合教学和学习的复杂性和动态性。第二语言教师教育知识基础的这种重新概念化旨在促进人们对教师学习和实践在教育的更广泛社会文化背景中的更深入理解。

为了克服上述提到的不足，弗里曼和约翰逊（1998）提出了一种重新概念化的语言教师教育知识基础，涉及三个主要问题：1）教师作为教学的学习者；2）教学和学习的活动；3）教学活动的背景（学校）。研究人员解释称，重新概念化的知识基础是一个关注教学活动本身的认识论框架，即谁在做、何地做以及如何做。我们的目标是重新定义语言教师教育的核心是什么。因此，我们认为，为了培养教师，任何关于第二语言习得的理论、任何课堂方法论、任何对英语作为内容的描述都必须考虑教师的专业背景和工作环境。（Freeman & Johnson，1998）

弗里曼和约翰逊（1998）的提议成为一个具有影响力的框架，涵盖了教师学习者、背景和教学过程等方面，这与新兴的社会文化方法相一致，后者将这三个方面的相互作用视为理解教师学习的关键因素。在该提议提出将近二十年后，对弗里曼和约翰逊重新概念化的第二语言教师教育知识基础的影响在一项研究中被总结为"虽然弗里曼和约翰逊的重新概念化研究成果引发了一些初期争议，但其提议已经获得了更广泛的认可，并随着时间的推移逐渐靠近第二语言教师教育的中心。第二语言教师教育领域对两位学者观点的强力支持进一步将其凸显为语言教学专业实践的经典文章"（Lee，Murphy & Baker，2015）。根据凯伦·约翰逊和葆拉.戈伦贝克 (Paula R.Colombek)（2018）的说法，与弗里曼和约翰逊在 1998 年提出的三个领域相比，如今二十年后，这两位作者在不同的论文中认为，当今第二语言教师教育的知识基础的重点已经发生了转变和扩展。约翰逊和戈伦贝克认为，第二语言教师教育的教学法必须处于知识基础的核心位置："二十年后，我们认为，关于语言教师教育知识基础的框架必须更加关注语言教师教育教学法，换句话说，就是在他们的活动和互动中教师教育者所做和所说的事情，以及这些活动和互动背后的推理。而且这种关注必须是全面的……这对于满足当前和未来英语教师在一个日益多样化、流动性强、不平等和全球化的世界中的需求至关重要。"

弗里曼（2018）在其观点中也认同这一观点，他表示，第二语言教师教育知识基础需要解决教师教育如何通过实践来准备和支持教师。他进一步补充说，在知识基础中必须强调英语教学的内容。正如我们在前面提到的，当今世界越来越多地期望英语教师将语言教学与内容教学结合起来，并且他们所教授的语言也在发生变化。

3.3.2 职前外语教师的专业经验

有丰富的证据表明，实习是教师教育中最重要和最有影响力的部分之一（Chiang，2008；Faez & Valeo，2012；Farrell，2001，2008；Phairee et al.，2008）。根据法雷尔（2001）的说法，外语教育实习是"在职前教师教育课程中最大的影响力之一"。法雷尔（2008）进一步强调，外语教育实习是"在语言教师培训计划期间对未来教师教育最重要的方面之一"。此外，法拉赫纳兹·法伊兹（Farahnaz Faez）和安东内拉·瓦莱奥（Antonella Valeo）（2012）对 115 名实习教师进行了调查，来探索外语教育项目中最有影响力和有用的方面，发现其中大多数人提到了实习，并且许多人建议延长实际教学期限。

大多数职前教师教育项目，包括第二语言教学教育，都围绕着大学课程和专业经验（也称为教学实践、实习、校内实习或学校实习）进行组织。教师教育项目的这一结构特征为职前教师提供了学习与教学相关的理论知识和技能的机会，并让他们通过教学实践来学习。根据凯瑟琳·格雷夫斯（Kathleen Graves）（2009）的观点，实习允许职前教师以两种相关方式进行实践：参与课堂实践和参与社区实践。首先，通过参与课堂实践，职前教师有机会观察经验丰富的教师和同行，从而制订自己的计划和实施教学，并对其进行反思。其次，通过参与社区实践，他们沉浸在教学所处的复杂社会、文化和政治背景中。这些背景"是一群人的社区,扎根于根据内隐和显性规范、等级制度和价值观运作的社会系统,其中一些可能彼此冲突"(Graves,2009)。参与这些社区实践需要职前教师学会在这些背景中定位自己,需协商化解冲突话语,以便有效参与其中(Graves,2009)。

实习的具体好处在越来越多的关于外语教育实习的实证研究中得到了证明。首先,实习为职前教师提供了融入真实课堂的机会,了解学生、学校和课堂的实际情况(Chiang,2008;Faez & Valeo,2012)。参与实习使职前教师能够在自然环境中"观察或者与真实课堂中的教师和学生一起工作"(Huling,1998)。同样,安娜·玛丽亚·维莱加斯(Ana María Villegas)和塔玛拉·卢卡斯(Tamara Lucas)(2002)强调田野经验"为未来教师提供了唯一的机会,通过让他们走出大学课堂,走进学校和社区,构建文化响应式教学的理论话语体系"。

其次,实习为职前教师提供了积累实践经验、提升实际技能和扩展必要知识以顺利过渡到这一职业的机会。通过美国外语教育实习中一位职前教师的陈述,约翰逊(1996)发现,该教师能够制定策略来应对实习中的紧张情绪,并加深对自己作为教师、第二语言教学和实习的理解。同样,霍莉·彭斯(Holly M. Pence)和伊恩·麦吉利夫雷(Ian K. Macgillivray)(2008)描述了在意大利进行的国际实地经验,发现美国的职前教师们在实习的过程中增强了信心,同时也更加欣赏和尊重个人和文化差异。研究还发现,通过实习,职前教师开始重视反馈和反思在个人和专业发展中的重要性。这一发现与蒋闵勋(Min-Hsun Chiang)(2008)、法伊兹、瓦莱奥(2012)的研究结果一致,即实习有助于英语专业师范生反思他们个人教学方法的优势和劣势,并提升他们的教学效果。此外,根据彭斯和麦吉利夫雷(2008)的研究,"走出自己的舒适区并反思自己的教学实践行为"为职前教师提供了其他专业发展的机会。在澳大利亚的一项研究中，珍妮·汤姆塞特（Janeen Thomsett）、布里奇特·莱格特（Bridget Leggett）和莎伦·安斯沃思（Sharon Ainsworth）（2011）发现，设计良好的实习带来了许多积极成果。例如，职前教师参与者报告称实习为他们提供了与学生建立关系的机会，增强了教授英语的信心，并加深了教学理解，提升了教学技能。

实习或实践教学在教师教育领域内是一个重要的研究领域。这些研究旨在理解职前外语教师如何通过在真实课堂环境中的实际经验来提升他们的教学技能、扩充知识储备和增强身份认同。以下是这一领域研究的一些关键主题和发现。

反思与批判性探究：许多研究强调专业经验期间反思实践的重要性。职前教师对自身的教学实践、学生互动和课堂结果进行反思。通过批判性探究，他们审视自己的信念、假设和偏见，从而获得更深入的理解和专业成长。

合作与指导：与导师、同行和大学督导的合作经验在外语教师学习中起着至关重要的作用。合作对话、观察、反馈和共同规划为职前教师提供了与经验丰富的从业人员和同行学习的机会，同时帮助他们将理论融入实践。

环境因素：研究强调了环境因素（如学校文化、课堂人数和机构支持）对外语教师学习的影响。职前教师在这些复杂的环境中航行，调整自己的教学方法以满足学生的多样化需求，并探索自己的专业身份。

语言能力发展：专业经验为职前外语教师提供了同时发展语言能力和提升教学技能的机会。置身于真实的语言环境中，与不同学习者的互动以及有针对性的语言教学经验有助于语言能力的增长和教学技能的提高。

挑战与机遇：研究还探讨了职前外语教师在专业经验中遇到的挑战和

机遇。挑战可能包括管理课堂动态、应对语言和文化多样性以及平衡教学责任。然而，这些挑战通常伴随着反思、创新和增强韧性的机会。

持续专业发展：专业经验被视为持续专业发展的起点，而不是终点。研究强调了在初始教师教育项目之外提供持续支持和学习的重要性，包括导师制度、专业学习社区和反思实践团体。

总的来说，关于专业经验中外语教师学习的研究突显了教学准备的动态和多层面性，强调了整合理论与实践、促进反思探究，并支持在不同教育环境中持续的专业成长的重要性。

自从弗里曼和约翰逊（1998）提出了对第二语言教学教育领域的知识基础进行重新构想的提议，将教学活动本身置于新知识基础的核心位置后，该领域的实证研究更多地关注了三个方面：1）教师作为教学者的学习；2）教学活动的背景；3）教学活动。我们发现弗里曼和约翰逊（1998）的框架对组织外语教育实习研究非常全面和有用，因为文献综述显示，关于外语教育实习的研究可以归入这三个领域中的一个或多个。因此，我们将这一框架作为指导原则，来梳理本节中的文献综述。学习教学的这三个方面相互关联，并相互依存，正如弗里曼和约翰逊（1998）所指出的，"教学作为一种活动无法脱离教师作为学习者的个人、进行教学的学校和教育环境"。在研究学习教学的过程时，理解其背景和执行学习活动的人是至关重要的。因此，下面一小节的综述分为两部分：1）探讨职前教师作为教学者的学习以及个人因素如何影响职前教师的学习经验；2）思考外语教育实习中教师学习的背景及其对学习教学经验的影响。

3.4 教师作为教学的学习者

根据约翰逊（2009）的观点，从社会文化角度看，第二语言教师被视为教学的学习者。他们在专业学习的社会情境中所带来的东西以及他们在这些情境中的功能，在他们的认知发展和理解以及对这种学习的支持方面至关重要。这种教师—学习者的社会文化观点认识到"教师是谁以及教师希望成为谁"（Johnson & Golombek，2018）。理解教师作为一个整体、一个具有文化和历史背景的人，涉及认识与他们的过去、现在和未来相关的各种个人问题。

教师的个人经历已经在许多关于第二语言教师认知的研究中受到了关注。例如，文化背景被认为是对第二语言教师的个人历史的重要方面，对他们的学习经验和结果产生巨大影响（Gan，2013；Gao & Benson，2012；Miller，2007；Nguyen，2017）。教师的个人经历的另一个有影响力的方面是他们之前的教育和职业经验（Nguyen & Brown，2016）。教师的信念也被视为塑造和受到教师实践塑造的因素（Le，2014；Nguyen，2017）。然而，理查德·多纳托（Richard Donato) 和达文·乔丹（Davin Jordon）（2018）认为第二语言教师的个人经历在对教师学习和课堂表现的分析中"值得社会文化文献更多关注"。

教师作为学习者的过去、现在和未来与教师身份基本上是相关联的（Johnson & Golombek，2018）。为了了解第二语言教师是谁以及他们的角色定位，研究人员分析了第二语言教师如何理解自己及其在文化和历史情境中的工作角色，以及他们如何选择在这些情境中行动（Callaghan，2006；Canagarajah，2013；Golombek & Doran，2014；Nguyen，2017）。越来越多的文献记录了教师情感经验在他们的专业学习和身份建构中扮演的角色（Golombek & Doran，2014；Golombek & Johnson，2004；Nguyen，2018）。

詹姆斯·卡拉汉（James Callaghan）认为，在第二语言教师的身份和活动之间存在着明显的辩证关系。此外，在第二语言教师学习的社会文化视角中强调了人类的主观能动性（Johnson，2009；

Lasky，2005）。这是因为教师学习是从根据个体和情境需求构建和重构现有知识、信念和实践中出现的，而不是将理论、方法或材料传授给教师（Golombek，2011；Johnson & Golombek，2011；Singh & Richards，2006；Waters，2005）。凯伦·约翰逊（Karen E. Johnson)和葆拉·戈伦贝克 (Paula R. Golombek）（2018）基于维果茨基社会文化理论提出了"人类心智的转变模型"，认识到教师—学习者作为行动者，受到并影响着他们认知发展的社会情境。他们主动利用个人和情境资源来调节自己的学习，并根据个人和情境需求将这些资源用于学习（Yang，2015）。基于以上原因，将第二语言教师视为教学的学习者是关于他们学习和发展的研究的一个基本部分。

3.4.1 职前外语教师作为教学的学习者

在第二语言教学教育的大部分历史发展进程中，作为学习教学对象的职前教师一直没有受到应有的重视。对第二语言教学教育的重新概念化导致了对了解教师学习者及其学习教学经验的关注，以便在这个过程中更好地支持他们（Johnson，2009）。现在的研究越来越多地关注各种因素，如职前教师的个人经历、信念、观念和情感，以及他们在专业经验中带来或发展的这些因素，还考察了职前教师在外语专业经验中与这些因素相关的表现。

关于职前教师的个人经历，外语专业经验方面的文献揭示了三个主要的影响因素，包括非英语母语背景、教师教育经验和先前的教学经验。首先，非英语母语背景受到很多研究者的关注，与职前教师在英语教学实习中的经验有关（Benson，2012；Gan，2013；Gao & Benson，2012；Miller，2007；Nguyen，2017；Phairee et al.，2008）。所有这些研究都发现了与非英语母语职前教师身份相关的挑战，如语言能力和教学能力方面的焦虑和自我效能感较低。其次，教师教育经验是另一个因素，一些研究在分析外语教育实习时考虑了这一点（Gan，2013； Premier & Miller，2010）。这两项研究发现，职前英语教师面临许多挑战，因为他们觉得自己没有为英语教学的复杂性做好充分准备。最后，先前的教学经验也被发现影响职前教师的实习经验。在一项关于在主流课堂上有教学经验的职前外语教师实习经验的研究中，德·库西（M.De Courcy）（2011）发现，参与者在意识到他们所发展的主流教学策略不能轻易转移到英语作为第二语言的课堂时，经历了一个困难的转变。

教师信念也是第二语言教学教育研究的重点之一。越来越多的关于外语教育实习的学术研究表明，职前外语教师的信念会在他们专业经验的不同方面的影响下发生变化（Engin，2013；Nguyen & Parr，2018；Yuan & Lee 2014）。虽然人们已经广泛关注外语教育实习如何塑造职前教师信念及其今后的发展，但他们带入实习的先前信念以及这些信念如何影响他们的专业学习经验仍未得到充分探讨。鉴于教师信念在他们对自己作为教师的概念化和对实践的解释中起着重要作用（Johnson，1999），有必要填补这一空白。从第二语言教学教育的社会文化视角出发（Johnson，2006、2009；Johnson & Golombek，2011），理解职前外语师在实习期间的专业学习，将他们的先前信念视为其整体人格的一部分至关重要。

实际上，教师的信念在塑造他们在第二语言教学教育中的专业发展和实践方面发挥着至关重要的作用。虽然许多研究已经调查了外语教学实习期间的经验如何影响职前教师的信念，但也需要考虑他们带入实习的信念以及这些信念如何影响他们的学习经历。

第二语言教育领域的研究日益重视理解职前教师原有信念对其专业发展的重要性。穆斯塔法·恩金（Mustafa Engin）（2013）、约翰逊和戈伦贝克（2011）以及袁睿和李哲熙（2014）等学者已经探讨了专业经验是如何在各个方面塑造职前教师的信念的。然而，在探讨职前教师的先前信念如何影响他们在实习期间的学习经历方面仍存在研究空白。

从社会文化的角度来看，强调个体与其社会文化背景之间的互动在塑造学习和发展过程中的重要性（Johnson，2006、2009；Johnson & Golombek，2011），将职前外语教师的先前信念视为其整体身份的一部分至关重要。通过了解这些信念对他们在实习期间的专业学习的影响，教育者和研究人员可以更好地支持职前教师的发展。

职前教师在专业经验中的情感经历是一个新兴的研究领域。许多学者强调了理解第二语言教师认知的情感维度的必要性（Dang，2013；Golombek & Doran，2014；Golombek & Johnson，2004；Nguyen，2018）。一方面，研究已发现积极情绪在多种方式上有利于专业经验中的外语教师学习（Dang，2013；Golombek & Doran，2014）。另一方面，大多数现有研究表明，负面情感经历对专业经验中的外语教师学习产生了破坏性后果（Atay，2007；Brandt，2006；Farrell，2008；Nguyen，2014；Trent，2013）。许多研究探讨了职前外语教师情感的来源，并发现了其影响因素，如职前教师的个人背景（Gao & Benson，2012；Miller，2007）、与指导教师的冲突（Brandt，2006；Farrell，2008；Nguyen，2010）、学习者的特征（Benson，2012；de Courcy，2011；Le，2014）以及在实习学校中严格的规则体系阻碍了创新教学方法和实验性学习的应用（Atay，2007）。

与研究情感作为外语教师专业经验中学习的一个维度类似，教育研究领域对职前教师在实习情境中的身份建构过程也表现出持续关注，相关探讨热度呈上升趋势。这需要认识到教师作为学习者的身份，因为学习怎样去教学就是学习像一名教师一样思考、知道和感受（Feiman-Nemser，2008）。社会文化视角下的第二语言教师教育也将外语教师身份视为教师发展的核心（Benson，2012；Johnson & Golombek，2018）。一些第二语言教师教育领域的研究人员探讨了职前教师的身份与其个人背景以及个人视角的关系（Haniford，2010；Miller，2007）。还有一些研究者在考察职前教师身份构建时采用了社会文化视角，其中包括在英语教学实习中职前教师与实习学校以及指导教师之间的互动（Dang，2013；Nguyen & Loughland，2018；Nguyen，2017；Trent，2013）。文献显示，职前教师的个人经历和社会关系是理解其职业发展（包括身份形成）的基本要素。然而，该领域仍缺乏将英语教学实习视为身份建构的复杂且多维度背景的实证研究。

3.4.2 职前外语教师学习的环境

许多研究者提出了在研究教师学习时考虑背景的重要性（Freeman & Johnson，1998；Golombek，2011；Johnson，2009；Singh & Richards，2006；Waters，2005）。然而，在外语教育实习研究领域中，针对职前教师学习环境的相关探讨仍属少数，该分支方向的研究尚未形成充分积累。十多年前，有少量研究关注了外语教育实习的背景，其中涉及课堂实际情况、导师的支持、实习学校的规则制度以及学校考试制度等因素（Farrell，2001；Johnson，1996）。直到过去十年，近年来，外语教育实习研究领域逐渐涌现出聚焦实习背景多维探索的学术成果，如实习机构、规则和政策等。然而，在这一学术成果中，关于背景属性的认知差异，学界至今尚未形成统一观点。

实习机构作为影响职前教师实习体验的关键变量，在其外语教育实习过程中被视为重要的情境性影响因素。在教学实践中，职前教师与实习机构的成员互动，从学生的角色过渡到教师的角色。外语教育实习文献中已记录的主要群体包括指导教师、英语学习者、同行职前教师以及机构的其他成员。

学校指导教师通常是大多数外语教育实习模型中职前教师的主要联系人。大多数研究探讨了学校指导教师对职前教师专业学习的综合影响。这些研究表明，指导教师可能对职前教师的专业学习产生积极或消极的影响。积极影响表现在职前教师与他们的指导教师之间的互动中。职前教师通过观察和感知指导教师的实践来学习和成长。另外，有研究证据表明，指导教师在外语教育实习期间对职前教师学习经验的影响也有可能是负面的。

英语学习者是实习背景中另一个具有影响力的组成部分，职前外语教育教师在这里学习如何成为专业教师。一些研究人员指出，职前教师最初会遇到与他们所教学生相关的一系列问题，但随后会制定策略来处理这些问题并在专业上成长。有些研究发现，与英语学习者相关的问题对职前教师的实习经验产生了负面影响。

一些研究发现，同行的职前教师对职前教师的外语教育实习经验产生影响。例如，何氏梅（Hoa Thi Mai Nguyen）及其同事进行了一系列基于越南的外语教育实习研究（Nguyen，2013；Nguyen & Hudson，2012），结果显示，采用同行辅导实习模式的职前教师提供了宝贵的支持，如教学支持和心理支持。具体而言，接受同行辅导的职前教师被发现其表现优于非同行安排的教师，并在许多领域表现出专业成长。高雪松（Xuesong Gao）和菲尔·本森（Phil Benson）（2012）也报告了同行职前教师之间在学生管理、培养更好的适应能力和教学技能方面的有益支持。另外，邓氏金英（Dang Thi Kim Anh）（2013）也发现了职前教师与其指导教师之间的一些冲突，例如与多重身份相关的冲突、对职前教学的观念、对协同工作的观念、在协同工作中的责任分配，等等。然而，通过合作实践，职前教师与其指导教师积极地解决了大部分冲突，并构建了他们的教学身份。邓氏金英（2013）和甘正东（Zhengdong Gan）（2014）还发现职前教师群体之间偶尔也会发生冲突。然而，与邓氏金英（2013）的研究中冲突对职前教师的专业发展起到激励作用不同，甘正东的研究发现冲突对参与者的关系、合作以及实习期间的表现产生了不利影响。

大学里的指导教师在职前教师和学校之间是一个重要的纽带，在其从校园到职场的过渡阶段发挥着重要的情境中介作用。然而，迄今为止，当前学术界针对英语专业师范生群体在外语教育实践中的学习关联性研究尚不充分。在这些研究中，何氏梅（2010）发现大学里的指导教师在学生实习期间提供了有限的专业和情感支持。指导教师的支持包括对课程的反馈以及解决实习生在教学中遇到的问题。职前教师常常提到来自指导教师的情感支持，而不是专业支持，并且这种支持对他们在实习期间处理工作压力很有帮助。然而，该研究没有进一步发现指导教师提供的这类支持如何影响职前教师的实习经验。甘正东（2014）对指导教师在学生实习期间的支持有不同的研究发现，他认为，实习的学生与指导教师之间的互动对实习生很有帮助，这种互动促进了职前教师成长的学习经验的积累，并引发了职前教师在态度上的积极变化，但有时指导教师的这些努力对一部分实习生的影响甚微，因为实习生没有从指导教师那里得到有效的评价和建议。

文献还显示，还有一些成员，虽然不是职前教师实习的主要参与者，但对职前教师积累教学经验有着强大的影响力。罗伯特·里斯基（Robert Riesky）（2013）发现，职前教师遇到了一些挑战，如缺乏指导、长时间的教学工作以及缺乏选择教学材料的权利。研究发现，当职前教师就这些困难咨询实习机构的其他教师时，其他教师给出的建议是让他们在教学决策中更加独立。同样的，根据甘正东（2014）的研究，学校工作人员似乎为职前教师提供了一个积极的学习环境，增强了他们的自我意识和归属感。相反，法雷尔（2001）揭示了英语专业师范生在学校未能获得足够的支持，同时校长和教职员工之间的沟通效果不佳且关系紧张。由于这样的经历，他感到在实习开始时就完全"被排除在外"。职前教师的情绪反应非常强烈，这使他对从事英语教学工作感到沮丧。同样，高雪松和本森（2012）的研究发现，英语专业师范生与实习机构里的学校工作人员关系疏远，并缺乏与同事的互动，导致他们向教师角色的过渡并不顺利。

除此之外，规则和政策构成了教师学习环境的重要组成部分（Gao & Benson，2012）。有的研究调查了个别学校的规则制度和政策对实习教师产生影响的社会化过程。还有的研究揭示了一些规则对实习教师在英语教学实习期间的学习产生不利影响。例如，德林·阿塔伊（Derin Atay）（2007）发现，学校对课堂噪声和更改座位安排的政策使得实习教师在课堂上使用小组活动作为课堂教学方法变得具有挑战性，这一结果让他们倍感失望，更让他们丧失了施展教学知识、理解与技能的机会。同样，由于学校只允许将某些教学设备用于特定的课程，这限制了实习教师对英语教学资源的主动权。此外，实习教师未被安排与实习机构的教师使用同一间休息室，导致他们缺乏与同事的互动，学习机会就非常有限。所有这些规则对实习教师在实习期间的教学效果和对未来的职业展望产生了负面影响。

恩金（2014）发现，在土耳其大学的英语语言教学实习环境中，教师学习背景中对规则系统的共同理解为实习教师的专业学习提供了支持。这些规则包括有效教学实践以及教师教育背景中的其他惯例和规范。研究结果显示，对良好和合法教学的共同理念引导着实习教师在计划和准备教学、反思实践以及在与导师的教学对话中理解自己的角色和关系。然而，该研究中有一位实习教师称并不清楚他的导师对他的期望，因此，他不知如何反思自己在实习中的不足之处。总之，恩金的研究强调了在教师学习环境中对规则和期望的共同理解的重要性，以促进实习教师的专业成长和有效的导师指导。

3.4.3 专业经验中教师学习的复杂性

准教师在实习过程中会受到诸多个人因素的影响，这些因素相互作用，并与环境因素相互影响，从而影响他们的实习教学经历。上述研究文献中已经考虑了各种个人因素，然而，每一项研究只关注背景的某一个或某几个方面，都没有全面审视准教师作为教学的学习者。同样，教学实习的背景是复杂的，涉及多种因素，不仅与准教师及其学习活动互动，而且还相互作用，塑造了准教师学习教学的方式。上述研究提供了实习背景的不同方面以及它们如何影响准教师的专业学习的见解。

由于上述每项研究中准教师个人的碎片化问题既体现在其专业素养构成上，又反映在其学习背景的断裂性特征之中，因此这一研究领域仍然缺乏关于外语教育实习问题的全貌。从社会文化的角度来看，京华·安（Kyunghwa Ahn）（2011）分析了"在实习中存在的各种个人、社会和社会文化因素，以及它们如何影响准教师的实习体验"。该研究揭示了塑造准教师教学经历的多种背景因素，例如，课堂规则和一个包括学生、导师、同行和父母在内的相关人员。该研究运用活动理论作为分析框架，阐明了背景因素之间的矛盾以及这些矛盾如何影响准教师的教学活动。

从社会文化的角度来看，邓氏金英及其同事进行的多项研究（Dang，2013；Dang & Marginson，2013；Dang，Nguyen & Le，2013）探讨了越南英语教师教育实习生在实习期间的经验。这些研究考察了地方、机构、国家和全球层面的背景对实习教师专业学习的影响，诸人员和组织的跨境活动、丰富的网络英语教学材料、互联网技术工具的可用性、世界共享文化、英语作为教学语言的普及、全球知识流动和国家语言政策等因素是影响越南英语实习教师实习经验的最重要的背景因素。总的来说，在社会文化框架的支持下，安（2011）和邓氏金英及其同事的研究（Dang，2013；Dang & Marginson，2013；Dang et al.，2013）展示了对外语教育实习教师经验在个人和复杂的背景因素方面更全面的理解。

3.5 教师教育的社会文化溯源

社会文化视角是支持研究英语教学专业经验中准教师学习的强大理论框架。我们在前面首先批判性地探讨了社会文化理论的相关原则，然后讨论了社会文化理论框架对英语教师认知研究的影响，强调了社会文化理论凸显了社会互动在学习和发展中的重要性，以及需要以全面系统的方式考虑个人和环境问题。根据对国际教师教育研究的全面评估，许多研究人员认为需要一个连贯的共享学习理论，作为理解教师学习的共同视角。对教师教育的实证研究（Borko，Liston & Whitcomb，2007）指出，解释性教育研究的主要局限在于"缺乏共享的概念框架和设计，这使得汇总研究结果并比较这些研究成果方面面临挑战"。

第二语言教师教育领域的研究人员也持有这种观点。在一篇关于研究第二语言教师教育的社论中，巴古泽恩和西蒙·博格（Simon Borg）（2010）指出，尽管第二语言教师教育取得了显著进展，但它仍然是一个新兴的研究领域，尚未具有明确定义的研究议程和研究方法。同样，约翰逊和戈伦贝克（2003）认为尽管已经有了越来越多的研究来描述教师学习的内容，但仍然需要采纳一个旨在增强关于教师学习内部认知过程的共同理解。

同样，约翰·伯顿（John Burton）（1998）认为，在第二语言教师教育研究中仍然存在一个缺失的环节，即缺乏一个共同的反思框架，供研究人员、教师和教师教育者在不同背景下进行理论化和实践。博格（2006）对语言教师学习研究进行了广泛观察，他发现，为了推动该领域向前发展，有必要建立一个更广泛、连贯的概念框架，以梳理我们当前对教师思维、知识和行为的理解。博格认为这有助于避免孤立研究，而孤立研究往往缺乏足够的证据来说明它们与现有工作的关系。基于此，博格提醒研究人员关注语言教师认知研究的关键维度，突出关键主题和概念，推动该领域的研究者更加专注这些问题。

为了推动第二语言教师教育研究领域的共享理论框架，维果茨基社会文化理论框架已成为一种多功能的理论视角，用于检验第二语言教师的学习（Barkhuizen & Borg，2010；Johnson，2018；Johnson & Golombek，2016）。它代表了"一个关于心智的连贯理论，可以启发和改变我们对语言教师教育的概念和行为"（Johnson & Golombek，2018）。

我们概述社会文化理论的基础，旨在构想一个统一的理论框架，以支持对在校实习期间职前教师学习的研究。我们认为，社会文化理论提供了一个有利的视角，可以在其背景中洞察职前外语教师的学习。不同的研究领域对"社会文化"一词有多种用途，因此引起了相当激烈的争论。心理学、语言学和教育学等社会文化领域的研究者（Heath，1983；Schieffelin & Ochs，1986）使用术语"社会文化"，有时也用"社会文化"来指代个体活动的社会和文化背景。20 世纪 80 年代中期，威廉·弗劳利（William Frawley）和詹姆斯·兰托尔夫（James P. Lantolf）开始研究社会文化理论在第二语言习得中的应用，他们认为"社会文化"这个术语是用来指代维果茨基有关心理功能和发展的理论。从那时起，尽管已经提出了几个术语来指代与维果茨基相关的研究，比如"文化心理学"或"社会历史心理学"（Ratner，1991），但"社会文化"理论仍然是第二语言教学研究人员最熟悉和常用的术语（Lantolf，2006）。

"社会文化"一词在第二语言教育和第二语言教师教育领域的研究中具有影响力（Frawley & Lantolf，1985；Hawkins，2004；Johnson，2009；Lantolf，2006；Lantolf & Poehner，2008）。卡尔·拉特纳（Carl

Ratner) 定义了维果茨基提出的社会文化理论，称之为"文化心理学"，是一个关于"研究社会构建和共享的心理现象的内容、运作方式和相互关系，并根植于其他社会产物"的领域。根据兰托尔夫（2004）的说法，尽管该理论被标记为"社会文化"，但它并不是关于人类存在的社会或文化方面的理论。相反，它是一种承认社交互动和文化构建在塑造人类高级心理功能中起着核心作用的思维理论。兰托尔夫（2004）进一步指出，社会文化理论是一种认知理论，认为人类思维是一种在社会文化环境中构建而成的心理过程，而不是仅发生在头脑中的过程。对于第二语言教师学习的社会文化视角已经成为"概念化教师学习的一种方式，它指导教师教育工作者如何理解和支持第二语言教师的专业发展"（Johnson，2009）。第二语言教师学习的社会文化视角将教师视为教学的学习者，并将教师的学习视为源于并受社会文化环境塑造。因此，它提供了一个理论视角来分析语言教师的学习。

社会文化视角将第二语言教师所处的社会文化背景和实践视为对教师认知具有强大影响力。这些因素与教师的个人经历相互作用，塑造他们的学习经验。维果茨基认为个体的高级心理功能源于个体的社会关系。维果茨基（1987）的核心论点是，"所有高级心理功能都是内化的社会关系"。教师的学习产生于多样化的社会情境之中。有丰富的证据表明，第二语言教师与学校（如管理层、同事）的互动对他们的情绪有着重要影响，并且塑造了他们的实践方式以及他们对情绪的反应方式（Nguyen，2018）。特定情境中规范语言教学和学习的规章政策也对教师的实践产生了深远影响（Atay，2007；Nguyen，2018；Gao & Benson，2012）。作为规范第二语言教学情境的重要政策形式，课程和课程改革已成为社会文化研究文献中对第二语言教师认知进行调查的课题（Ahn，2011；Kim，2011；Le & Barnard，2009；Lee，Huang，Law & Wang，2013；

Lee & Yin，2011）。在人类能动性的作用下，第二语言教师经常以对情境和个人情况做出积极响应的方式构建和重构他们的学习（Johnson，2009）。教师教育被视作众多教师唯一能够参与，具备组织性、系统化以及有意识特征，且有利于其专业学习的互动场景。

与高等心理功能及发展的社会起源概念紧密相关的是中介这一概念。维果茨基认为，人类的高等心理功能和发展是通过工具面向对象的。他认为，人类与世界的互动是间接的，工具（如数字、图表、手势）通过与世界的互动来帮助人类掌握更高级的心理功能。尽管维果茨基在其研究中主要关注符号标志作为中介工具，但他所使用的"工具"一词并不仅限于文化符号，例如语言、图表和计数方法，还包括物理工具，如锤子、笔和棍棒，甚至其他人作为中介工具。

中介已成为第二语言教育研究中的一个新兴主题（Dang，2013；Courcy，2011；Johnson & Dellagnelo，2013）。约翰森（2009）提出，教师教育者和教师用于媒介的工具主要包括社会活动、社会关系和教学理念。首先，语言教师的认知发端于他们所参与的社会活动，并受到这些社会活动的中介作用影响。这涉及对外部社会互动形式的内化。根据约翰森（2015）的说法，教师教育中人与人之间发生的社会活动构成了社会互动的外部表现。这观点成为内化的心理工具，这些信息既能指导教师的思考，又能适配于其特定学习者和背景的教学实践。根据约翰森（2009）的说法，"我们可以从社会文化的角度追溯教师学习，方法是从外部社会中介活动到由个体教师控制的内部中介的渐进过程"。

语言教师学习的第二种工具类型与上述工具有关，即社会关系（Johnson，2009）。在第二语言教师的学习过程中，媒介通常通过职前教师与教师教育者或同行之间的互动合作得以运用，并借助各类文化发展工具实现教学能力的提升。教师教育者和职前教师之间社会关系形式的一些媒介工具的例子包括导师反馈（Contijoch，Burns & Candlin，2012；Dang，2013；McNeil，2018）和指导教师话语和问题（Harvey，2011；Newell & Connors，2011）。同样，帕梅拉·戈隆贝克（Pamela Golombek) 和梅丽莎·多兰 (Melissa Doran）（2014）也认为教师教育者可以对职前教师的情绪进行干预。教师教育者首先验证了职前教师所经历的情绪，然后确定其成长点，从而有针对性地进行教师学习的协调。

社会关系的中介作用可以体现为教师—学习者与他们所工作或学习的机构之间的矛盾（Dang，2017；Nguyen，2017）。在教育研究中，矛盾的概念引起了极大的关注，社会文化理论已成为理解第二语言教师如何通过社会关系网络实现专业发展的重要分析框架（Ahn，2011； Beatty & Feldman，2012；Nguyen，2017；Dang，2013；Kim，2011；Yamagata-Lynch & Haudenschild，2009）。从活动理论的角度来看，作为社会文化理论的一个后续理论，恩耶斯特（Engeström）（1987）强调了人类活动中固有的矛盾在塑造活动中的中心作用。教师教育旨在通过相关的学术概念和促进教师对学术和日常概念之间的辩证关系的理解，通过组织教师参与实践活动，促进其深化概念理解与培养思维能力，进而将成果应用于实践教学之中（Johnson & Golombek，2018）。概念性教学工具是第二语言教师学习的典型例子（Arshavskaya，2014；Johnson & Arshavskaya，2011； Johnson & Dellagnelo，2013；Kaur，2015；Tajeddin & Aryaeian，2017）。关于概念在第二语言教师学习中的中介作用，社会文化视角也考虑教师对这些教学工具的吸收（Grossman et al.，1999）。这指的是"一个人采用可用于特定社会环境（例如学校、实习项目）的教学工具，并通过这一过程内化了特定文化实践中特有的思维方式（如使用语音教授阅读）"（Grossman et al.，1999）。这符合维果茨基的观点，即个体会将适用于特定环境和特定目的的东西转化为自己的使用方式（Johnson &

Golombek，2018）。研究英语教师专业学习时，考虑社会活动、社会关系和概念的中介作用是至关重要的。

3.6 社会文化理论对外语教师教育的启示

社会文化理论以人类活动的社会和文化环境为基础，强调人类行为与社会和文化背景之间的密切关联。在外语教师学习方面，社会文化理论提供了以下几方面的启示。

学习环境的重要性：社会文化理论认为学习是社会和文化活动的产物，学习环境对于外语教师学习至关重要。这包括教学机构的文化氛围、师生关系、同事交流等因素。外语教师在积极的社会文化环境中学习，会更有动力和意愿去探索、学习和成长。

合作与交流的重要性：社会文化理论强调学习是社会活动，人们通过与他人的交流和合作来共同构建知识体系和加强相互理解。外语教师学习也需要与同事、学生以及其他教育从业者进行积极的交流和合作，共同分享经验、探讨问题、解决挑战，从而促进个人和集体的成长。

文化背景对理解语言学习的影响：外语教师需要理解学生的文化背景，因为语言学习不仅是语法和词汇的学习，还涉及语言所处的社会和文化环境。教师应该了解学生的文化差异，尊重学生的文化身份，以此来更好地指导他们的语言学习。

社会化过程的重要性：社会文化理论认为，学习是一个社会化的过程，个体通过参与社会实践来逐步获得知识、技能和价值观。对于外语教师来说，他们的专业发展也是一个社会化的过程，需要通过参与教学实践、专业培训、学术研究等活动来不断提升自己的教学水平和专业素养。

反思与改进的重要性：社会文化理论倡导个体对自己的行为和思维

进行反思，并在此基础上进行改进和发展。外语教师在教学实践中应该不断反思自己的教学方法、教学策略以及与学生的互动方式，从而不断提高自己的教学水平和教学效果。

总之，社会文化理论对外语教师学习提供了深刻的启示。首先，学习环境对外语教师学习至关重要，良好的社会文化环境可以激发教师的学习动力和意愿。其次，合作与交流是外语教师学习的重要途径，通过与同事、学生以及其他教育从业者的交流和合作，可以促进知识和理解的共同构建。再者，教师需要理解学生的文化背景，尊重学生的文化身份，以此来更好地指导他们的语言学习。此外，外语教师的专业发展是一个社会化的过程，需要通过参与教学实践、专业培训、学术研究等活动来不断提升自己的教学水平和专业素养。最后，外语教师应该不断反思自己的教学方法和教学策略，以及与学生的互动方式，从而实现自我提升和教学效果的持续改进。综上所述，社会文化理论为外语教师提供了重要的理论指导和实践启示，有助于提高教师的专业水平和教学质量。

因此，社会文化理论对外语教师学习提供了深刻的启示，强调了学习环境、合作与交流、文化背景、社会化过程以及反思与改进等方面的重要性，为外语教师提供了指导和借鉴。

3.7 小结

在这一章中，我们回顾了关于第二语言教学与学习的主要概念，包括传统观念和向社会文化概念化的转变。这一章揭示了传统第二语言教学与学习概念的局限性，以及有必要将第二语言教学与学习作为独立学科领域进行系统性重构。然后，我们讨论了最近对第二语言教学与学习重新概念化的情况，重点关注了向社会建构主义视角的转变、重新定义该领域的知识基础以及从社会文化视角去研究第二语言教学与学习。这一章还确定了外语教育实习在职前教师学习中的重要作用。我们还讨论了专业经验中教师学习的模型，其基础是社会文化理论框架。对外语教育实习的当前研究调查表明，人们越来越关注：1）职前教师作为教学者的学习，以及他们的个人因素如何塑造他们的外语教育专业经验；2）外语教育实习的背景及其对职前教师专业经验的影响。在回顾关于外语教育实习的当代研究时，我们发现了一些研究的不足，对将来的相关研究有如下启示。

首先，本章指出实习是职前教师专业学习的重要组成部分，然而仍然像格雷厄姆·克鲁克斯（Graham Crookes）描述的那样，实习是第二语言教学与学习的"缺乏理论支持和研究不足"的一个方面（Crookes，2003）。外语教育实习之所以研究不足，是因为迄今为止，对这一领域的关注不够（Borg，2011；Thomsett et al.，2011）。它缺乏理论支持，因为外语教育教学实习所涵盖的实践内容尚未实现充分理论建构，其实习活动所处的社会文化背景亦未获得清晰的学术界定。

其次，文献中揭示的一个当前趋势是，该领域正朝着社会文化视角转变，将第二语言教师学习理解为源自教师参与特定上下文中的社会实践，并通过文化构建的工具/物件作为中介（Johnson，2009，2018；Johnson & Golombek，2018）。这种认识论立场要求进行研究，不仅描述准教师如何教学，还要解释"为什么他们以这种方式教学"（Johnson，2009）。为了做到这一点，至关重要的是对职前教师作为教学学习者及其实习教学的社会文化背景进行全面理解，因为这种理解有助于阐明他们的实践（Johnson，2009）。该领域还需要一个广泛的理论框架，能够捕捉实习期间职前教师学习体验的三个要素，即个人、背景和教学实践，并能够解释这种经验。

此外，尽管作为一个专门领域，第二语言教学与教师教育对外语教育实习进行了研究，考察了弗里曼和约翰逊（1998）提出的教师学习的三个方面，包括教学学习背景、职前教师作为教学学习者以及学习教学活动，但个别研究主要集中一个或几个问题上。因此，大多数研究未能提供全面的实习经验见解。在解析职前教师实习期间学习经验的复杂性时，需特别关注其个人背景因素中可能存在的特殊情境（Dang，2012、2013；Dang & Marginson，2013；Danget al.，2013）这些是由社会文化理论框架支撑的。然而，所有这些研究都发生在亚洲的外语教育语境中。此外，党（Dang）及其同事的研究背景是越南的教育实习，该领域需要更多研究，考虑到不同背景下学校为基础的全面实习的特性，为全面、可比较地描述准教师在不同学校环境中的学习状况，需构建包含多维背景变量的标准化分析框架。

最后，职前教师的情绪和身份是外语教育实习经验研究中的两个新兴主题。文献显示，这两个方面是职前教师专业学习的两个组成部分。然而，现有的学术研究对这些问题及它们如何与职前英语教师在实习期间的学习相互作用的考察还很有限。并且，尽管文献强调了职前教师先前信念在塑造他们自己作为教师的定位和对实践的解释方面的重要作用（Johnson，1999），但职前英语教师在准教学中所持的先前信念仍未得到深入研究，需要有更多的研究来探讨这些问题，以便理解职前教师的学习。

外语教师的身份建构

第四章
外语教师的学科教学

4.1 引言

我国外语教师教育的研究起步较晚，但近年来随着教育改革的深入，越来越多的学者和专家意识到必须重视外语教师教育。他们认识到外语教师教育与教学改革密切相关。尽管目前外语教师已经掌握了学科知识，并且具备丰富的教学经验，但他们的教学水平并没有相应提升。在这种情况下，教师专业知识或学科教学知识理论（Pedagogical Content Knowledge）为我们提供了一种新的思路，将学科知识与教育知识融为一体。

在师范教育中的课程设置方面，可以观察到不同时期的变化。在 20世纪 70 年代之前，师范教育更加注重教师的一般知识和专业知识。然而，到了 20 世纪 70 年代以后，教育界开始重视教师的教育学科知识，特别是教学技能方面的培养。随着 20 世纪 80 年代的到来，一些学者开始特别强调学科教学知识，认为它对于提高教学效果和促进学生理解至关重要。在21 世纪的今天，为了促进有效教学并培养高素质的教师队伍，对学科教学知识的研究变得尤为重要。

4.2 学科教学知识概念及其特点与分类

4.2.1 学科教学知识概念

学科教学知识概念是随着学者们意识到美国教师资格认证制度中的缺失提出来的。在美国许多州的教师资格认证制度中存在一个缺失，即往往只注重测试教师的学科知识和一般教学知识。学科知识测试主要考察的是对事实知识的记忆，而教学知识测试则局限于教案准备、评价方法、个别学生差异的识别、课堂管理和教育政策等方面，缺乏对学科本身的深入考察。因此，李·舒尔曼（Lee S Shulman）（1987）提出了学科教学知识的概念，旨在重新强调教师在教学中运用学科知识的重要性。舒尔曼指出，以往的教学研究范式忽略了学科问题，然而学科问题对于教学至关重要。这包括教师对学科的理解如何影响他们的教学质量，教师如何将自己的学科知识转化为学生能够理解的形式，教师如何处理学科课程材料中的问题，以及教师如何运用自己的学科知识进行解释和表达。教师不仅需要具备所教学科的具体知识，包括事实、概念、规律、原理等，还需要具备将这些学科知识转化为易于学生理解的形式的能力。这种能力包括将抽象的学科概念转化为生动、具体的实例、案例或图像，并采用适合学生理解水平的语言和教学方法进行呈现。这样的转化能力有助于提升学生对学科内容的理解和应用能力。

"学科教学知识"这一术语最早出现于1987年舒尔曼教授在美国教育研究协会会刊《教育研究者》（*Education Researcher*）发表的一份研究报告中。该研究项目由斯宾塞基金会资助，针对斯坦福大学一组科学、数学、社会学科和英语专业的职前教师展开。研究主题是探讨教师的学科知识与教学方法发展之间的关系。在这篇文章中舒尔曼（1987）首次提出了学科教学知识的概念，将其定义为教师个人教学经验、教师学科内容知识和教育学的特殊整合。

学科教学知识是教师个人独特的教学经验、对学科内容的深刻理解以及教育学原理的特殊整合。舒尔曼教授的观点强调了学科教学知识作为教师最有用的知识，能够区分教师与学科专家，并且是最有效的类比、阐述、示范和解释的手段。换言之，舒尔曼对学科教学知识的定义实际上将其视为多种知识的综合，包括教师对学生、课程、教学情境和教学方法等方面的知识。学科教学知识可以被理解为一种将专业学科知识与教育学知识的综合运用，以契合学生多样化的兴趣和认知能力差异。帕梅拉·格罗斯曼（Pamela L. Grossman）对学科教学知识的定义包含四个要素：关于学科教学目的的知识、学生对某一主题理解和误解的知识、课程和教材的知识以及特定主题教学策略和呈现知识。这些要素共同构成了教师在特定学科领域的教学能力。

4.2.2 学科教学知识的特点

首先，学科教学知识与学科内容相关。教师的学科教学知识是教师在教学实践中如何将自己所掌握的学科内容转化为学生易于理解的形式，并有效传授给他们的知识。虽然教师的学科教学知识与学科内容不同，但其核心在于将学科内容进行加工、转化、表达和传授，与特定学科及其内容密切相关。换言之，教师的学科教学知识主要关注如何将学科知识转化为能够促进学生理解和学习的形式，使之与特定主题和学科内容密切结合。教师需要深入理解学科内容的本质、结构和重要概念。这包括掌握学科的基本原理、核心概念、关键概念以及不同概念之间的关系。教师对学科内容的理解程度直接影响其教学效果，因为只有深入理解学科内容，教师才能够将其转化为学生易于理解的形式。教师需要将学科内容组织成逻辑清晰、有条理的结构，以便于教学。这涉及将学科内容按照不同的主题、单元或章节进行分类和组织，以便于学生逐步建立知识体系，并理解学科内容的内在逻辑和关联性。学科教学知识强调教师将学科内容转化为学生易于理解的形式的能力。这包括将抽象的学科概念转化为具体的例子、实例或情境，并使用生动、直观的语言和教学资源进行表达。教师需要灵活运用各种教学方法和策略，以最有效的方式呈现学科内容，促进学生的学习理解。教师需要掌握各种教学策略和方法，以适应不同学生的学习需求和能力水平。这包括使用讲授、讨论、实验、示范、案例分析等多种教学方法，根据学科内容的特点和学生的背景进行选择和组合，以提高教学效果。总之，学科教学知识与学科内容密切相关，它涉及教师对学科内容的深入理解、组织和转化，以及灵活运用各种教学方法和策略，促进学生的学习理解和能力发展。教师的学科教学知识水平高低直接影响着教学的质量和效果，因此教师需要不断地加强对学科内容和教学方法的学习和实践，提高自身的学科教学知识水平。

其次，学科教学知识是基于教学经验的反思，具有较强的实践性。教师的学科教学知识是通过实践经验的积累和反思不断发展的。教师在教学实践中不断尝试、观察和反思，从中获得新的见解和策略，并将其转化为更有效的教学方法和技巧。这个过程是一个循环的过程，教师不断地在实践中尝试新的方法，然后通过反思和总结，进一步完善和丰富自己的教学知识体系。教师的学科教学知识是在实践中不断演化和发展的，是教师在教学实践中通过反思和总结所形成的一种知识结构，具有较强的实践性。学科教学知识的形成是基于教师在教学实践中所积累的丰富经验。教师在课堂上面对不同的学生、不同的学习情境，通过实践不断尝试不同的教学方法和策略。在这个过程中，教师会观察学生的反应、评估教学效果，并对自己的教学进行反思。通过对教学过程的反思，教师可以发现问题、总结经验，并不断调整和改进自己的教学方法，从而提高教学效果。教师在教学实践中所获得的经验不是零散的片段，而是逐渐积累并形成了一个完整的知识结构。这个知识结构包括教师对学科内容、学生学习特点、教学方法等方面的深刻理解和认识。通过不断地实践、反思和总结，教师可以对这个知识结构进行重组和深化，使其更加系统和完善。学科教学知识是在教学实践中形成和发展的，因此具有较强的实践性。教师的学科教学知识并不是一成不变的，而是随着教学实践的不断推进和经验的积累而不断演化和发展的。教师通过不断地实践、反思和调整，不断提升自己的教学水平和能力。教师的学科教学知识最终要应用于教学实践中，指导和支持教师有效地开展教学活动。教师通过掌握学科教学知识可以更好地理解学生的学习需求，灵活运用各种教学方法和策略，设计和组织具有针对性和有效性的教学活动，从而更好地促进学生的学习和发展。它是教师在教学实践中不断积累、反思和调整的产物，能指导和支持教师有效地开展教学活动，提高教学效果。

再次，学科教学知识具有个体性。教师个体的学科教学知识是在其所任学科和所在班级的具体情境下不断发展的，它是教师将理论知识与实践经验相结合、不断创新的结果。具体而言，教师需要理解、概括和系统化社会所倡导的学科教学理论这种"公共知识"，并通过与实际教学活动的互动将其内化为个体的知识。这个过程是一个不断重组和学习的过程，由于教师个体的经验和背景不同，导致他们的学科教学知识表现出明显的个体差异。因此，教师的学科教学知识是高度个性化的，不同教师的学科教学知识会因其个体特点而有所不同。不同教师拥有不同的教育背景和教学经验，这些背景和经验会直接影响他们对教学内容的理解和教学方法的选择。例如，一个有着数学专业背景的教师可能会对数学概念有更深入的理解，而一个有着教育学专业背景的教师可能更注重教学方法和教学策略的设计与实施。教师的认知风格和教学风格也会影响其学科教学知识。例如，有些教师更偏向于抽象理论和概念的讲解，而另一些教师更注重实际案例和教学活动的设计。这种认知和教学风格的差异会直接反映在他们对教学内容的理解和教学方法的选择上。教师在教学过程中需要考虑到学生的特点，包括学生的年龄、学习能力、文化背景等。不同的教师可能会根据自己对学生的了解和理解，采取不同的教学策略和方法，这直接涉及他们的学科教学知识。教师的学科教学知识是一个不断学习和发展的过程。随着在教学实践中积累经验、反思和调整教学方法，教师的学科教学知识会不断丰富和深化。因此，即使是同一个教师，在不同阶段也会表现出不同的学科教学知识特点。总之，教师的学科教学知识具有明显的个体性，这种个体性主要体现在教育背景和经验差异、认知风格和教学风格、对学生特点的考虑以及不断学习和发展等方面。这也说明了教师在实际教学中需要根据自身的特点和教学情境来灵活运用和发展自己的学科教学知识，从而更好地指导和支持学生的学习。

此外，学科教学知识具有情境性。教师的学科教学知识具有情境性的特点，意味着教师的教学内容知识不是一成不变的，而是根据具体的教学情境而变化和调整的。教学情境包括学生的特点、学科内容、教学资源、教学环境等各种因素，这些因素会直接影响教师如何组织教学、选择教学方法、设计教学活动等方面。举例来说，一位教师在教授同一门课程时，可能会根据不同的班级特点和学生需求，调整教学内容的深度和广度，采取不同的教学策略和教学方法。在一个班级中，教师可能会更注重基础知识的巩固和学习方法的培养；而在另一个班级中，教师可能会更加注重课程内容的拓展和学生创新能力的培养。这种情境性的学科教学知识使得教师能够根据实际情况对教学决策作出灵活的调整，更好地提升学生的学习效果。因此，教师的学科教学知识不是一成不变的，而是随着教学情境的变化而灵活调整的，体现了教师对教学实践的理解和反思，以及对学生学习需求的关注和应对能力。每个教学场景都具有独特的情境特征，包括学生的年龄、学习水平、兴趣爱好、文化背景等，以及教室的环境、资源条件、课程要求等。这些情境因素会直接影响教学过程中教师的教学决策、教学方法的选择以及教学策略的设计，从而塑造了教师的学科教学知识体系。教师需要根据不同的情境特点，灵活调整教学策略和方法，以更好地满足学生的学习需求。例如，在一个学生水平较高的班级中，教师可能会采用更具挑战性的教学任务和探究性学习活动；而在一个学生水平较低的班级中，教师可能会采用更多的示范性教学和个性化辅导。不同学科的内容特点和教学要求也会影响教师的学科教学知识。例如，对于数学教学，教师需要深入理解数学概念和解题方法，并能够将抽象的数学知识转化为生动、具体的教学案例；而对于语言教学，教师需要注重语言技能的培养和实际运用能力的提升。教师应在教学实践中不断进行反思和调整，以提高自己的教学效果和适应不同的情境。通过反思实践经验，教师可以更加深入地理解教学内容和学生学习过程中的困难与需求，从而不断完善自己的学科教学知识。每个教师都具有独特的教学风格、经验和专业背景，这些因素也会影响他们的学科教学知识。通过专业发展和不断学习，教师可以逐步丰富和完善自己的学科教学知识，提高应对不同情境的能力。因此，教师的学科教学知识具有情境性，这体现在教师需要根据不同的教学情境灵活调整教学策略和方法，以及不断反思和调整自己的教学实践，以更好地满足学生的学习需求和教学目标。

最后，学科教学知识具有整合性。学科教学知识的本质是教师在教学实践中将学科专业知识与教学知识融合而形成的一种整合性知识体系。这种整合性知识体系并不是独立存在的，而是教师在持续的教学实践中，通过不断运用学科专业知识逐步构建形成的。莱德曼和拉茨指出，只有当教师在教学中不断地将个人的学科专业知识与教学实践相结合，才能形成学科教学知识。因此，学科教学知识是学科和教学两种知识的有机融合，是教师在教学过程中不断演化和发展的动态知识体系。学科教学知识是教师将自己所掌握的学科专业知识与教学知识有机结合的产物。这种融合不仅涉及学科内容的深刻理解，还包括如何将这些学科知识有效地传授给学生的教学策略和方法。例如，一位数学教师不仅需要了解数学概念和解题技巧，还需要掌握如何将这些数学概念生动地呈现给学生，并设计相应的教学活动和任务以促进他们的学习。学科教学知识是在教学实践中逐步形成和完善的。教师通过不断的教学实践，将自己的学科知识与实际教学经验相结合，形成了对教学内容的深刻理解和有针对性的教学方法。通过教学实践的反思和总结，教师不断地调整和完善自己的教学策略，从而进一步提高了学科教学知识的整合性和实效性。教师在教学实践中需要考虑学生的个体差异，因此学科教学知识也包括如何根据不同学生的特点和需求进行个性化教学的知识和能力。教师需要将学科知识与教学策略相结合，设计出能够满足不同学生学习需求的教学活动，从而促进所有学生的学习进步。学科教学知识不局限于单一学科，还涉及跨学科的整合。教师可能需要将不同学科的知识相互关联，设计跨学科的教学活动，以促进学生对知识的综合理解和应用能力的提升。通过跨学科的整合，教师能够更好地激发学生的学习兴趣，并培养他们的综合素养和跨学科思维能力。总之，学科教学知识具有整合性，体现在教师将学科专业知识与教学知识整合在一起，根据教学实践，不断地调整和完善自己的教学策略，以促进学生的学习效果和个性化发展。

4.2.3 学科教学知识的类型

学科教学知识主要分为静态学科教学知识和动态学科教学知识。

学者们对学科教学知识的研究虽然角度各有不同，但总体上都强调了学科教学知识的核心要素。例如，舒尔曼指出学科教学知识的两个核心要素是对学科内容的呈现和对学生学习困难的理解；格罗斯曼则将学科教学知识划分为四个元素，包括对学生的知识、媒体教学知识、学科知识和教学安排能力以及教学行为表现。戈兰·博林（Goran Bolin）（2012）强调了教师需要掌握关于学生、媒体教学、学科知识以及教学活动安排等方面的知识。尽管这些学者的研究角度和划分有所不同，但他们都将学科教学知识视为教师必备的静态知识体系。然而，这种观点可能忽视了教师在认知和理解学科和教学知识过程中的主动性。实际上，教师在教学实践中会不断地调整和完善自己的学科教学知识，从而使其更加丰富和灵活。因此，我们可以将学科教学知识看作一种动态的知识体系，它不仅仅是对认知结果的描述，更应该包括教师在教学实践中所形成的经验、洞见和反思。

玛丽莲·科克伦-史密斯（Marilyn Cochran-Smith）（2005）提出了一种新的教学知识理论，将传统的"学科教学知识"概念拓展为"学科教学认识"（Pedagogical Content Knowing，简称 PCKg）。他们认为，这种新的理论能更准确地描述教师在教学实践中所需的知识和能力。具体来说，学生知识包括学生的能力、学习策略、发展水平、态度等方面；而学习情境的知识则指教师对社会、政治、文化等外部环境对教学过程的影响的理解。学科教学认识的四个成分是相互关联、整合在一起的，构成了一个综合体。这种整合过程反映了教师在教学实践中不断发展和完善自己的教学认识的过程。与此同时，学科教学知识也不仅仅是对传统学科教学知识的扩展，更是对教学知识整合和发展的新视角。舒尔曼对学科教学知识的进一步分类也有助于我们更加深入地理解不同领域和话题下的教学知识。总的来说，学科教学知识的提出丰富了对教学知识的理解，强调了教师在教学过程中需要综合考虑学科内容、学生知识和学习情境等多个因素，并不断地整合和发展自己的教学认识。

学科教学知识的重要性在于它不仅仅是教师所掌握的学科知识，更包括对学生的理解以及学习环境的认识。这种综合性的知识能够帮助教师更好地设计教学活动、应对学生的学习困难，并在实践中不断地完善和发展。

学科教学知识的研究不仅为教师的专业发展提供了指导，也为构建教师专业发展模式提供了依据，例如，通过针对性的工作组讨论特定教材内容来强化教师的学科教学知识。因此，教师在教学实践中积累的丰富经验和话题学科教学知识对于其他教师都具有借鉴和学习的重要意义。它在教学中的具体作用主要体现在两个方面。它能够促进有效教学。学科教学知识与学科知识的主要区别在于，它关注的不是学科知识本身，而是如何有效地传授这门学科知识。学科教学知识涉及如何组织、呈现具体内容、问题，以及如何根据不同学习者的兴趣和能力进行调整。它包括了如何选择最合适的教学方法和形式，如何运用类比、图表、例证、解释和证明等手段来呈现学科知识，以确保学生能够理解和掌握。换句话说，学科教学知识是关于如何教授学科知识的知识，它能够促进教学的有效性，提升学生的学习效果。

4.3 外语教师的学科教学知识构成

学科教学知识涵盖教学法知识、学科知识和课程知识。外语教师的学科教学知识主要包括外语学科知识、学生知识、教学情境知识和其他知识四个方面。

4.3.1 学科知识

外语学科知识是核心部分，它可以转化为学科教学知识。对于英语教师而言，语言基础知识和运用技巧是最重要的两个方面。学科内容是语言，教学手段也是语言，因此，英语教师要有扎实的语言功底和灵活运用语言的技巧，这样才能有效地传授课堂内容。

外语教师的外语学科知识是指他们在外语学科领域内所具备的专业知识和技能，包括语言学、语言教学法、语言技能训练等方面的知识。在语言学习方面，具体而言，要了解语音的基本原理、音位的分类和发音规律，能够准确地发音并纠正学生的发音错误；掌握语言的基本句法结构、语法规则和语法现象，能够解释语法现象的形成原因，并在教学中对学生进行语法指导和讲解；熟悉常用词汇的搭配、词义和用法，能够进行词汇教学和词汇拓展；理解词汇和句子的意义构成和意义变化规律，能够帮助学生准确理解和运用语言；了解语言在交际中的使用规范和语用原则，能够指导学生进行语言交际。

在语言教学法方面，外语教师要掌握语言教学法，熟悉不同的教学理论和教学方法，包括传统教学法、交际教学法、任务型教学法等，能够根据教学目标和学生特点选择合适的教学方法；掌握各种教学技巧和教学策略，能够灵活运用教学资源和教学手段，提高教学效果；能够制定有效的评估方法和评价标准，及时对学生的学习情况进行评估和反馈，促进学生的学习进步。在语言技能训练知识方面，外语教师要了解不同类型的听力材料和听力题型，能够设计有效的听力训练活动，提高学生的听力水平；掌握口语表达的基本技巧和口语交际的规范，能够组织各种口语活动和口语练习，提高学生的口语表达能力；熟悉不同类型的阅读材料和阅读策略，能够设计多样化的阅读任务和阅读理解活动，提高学生的阅读理解能力；了解写作的组织结构和写作技巧，能够引导学生进行写作训练，提高学生的写作水平。此外，外语教师还要熟悉跨文化交际知识，了解不同文化背景下的语言和交际习惯，能够帮助学生理解和尊重不同文化，促进跨文化交际能力的培养。综上所述，外语教师需要通过系统的学习和实践，不断提升自己的外语学科知识水平，以更好地完成教学任务，促进学生的语言学习和发展。

4.3.2 学生知识

学生知识包括学生的年龄、学习动机、学习策略等方面。学科知识并不容易被接受，教师的角色是将学科知识转化为学生可以接受的形式进行输出这也是学科教学知识的核心。因此，外语教学需要有针对性地组织教学，考虑学生的需求和特点。

4.3.3 教学情境知识

教学情境知识涵盖广义和狭义两个概念，广义上包括社会各个方面的知识，狭义上则是指学校范围内的环境知识。教师在教学中应该结合周围的情境，将社会和身边的知识融入教学，使学生不仅仅接受书本知识，更需要理解和应用知识。

4.3.4 其他知识

随着社会的发展和变革，外语教学也需要与环境相适应，教学目标应与社会发展相一致，不能过于单一。学科教学知识不仅包括学科知识，还包括为有效传授学科知识所需的其他知识，如教育理论、教学手段等。外语教学体现了语言知识传授和语言技能形成两个过程，教师需要运用多种手段确保知识易于被学生接受，例如使用 PowerPoint、视频等工具。

4.4 基于学科教学知识思想培养外语教师的核心素养

通过培养核心素养，外语教师能够更好地应对教学挑战，提升教学效果，促进学生的语言学习和发展。

4.4.1 打破传统教学理念，提升学科专业水平和能力

教学信念是指教师对于教学过程中相关主体概念的看法，如教育、教学、学习和学生等。这些信念影响着教师的教学行为，而教师专业知识体系则将教学中所需的各种知识进行融合。教师的观念和教师专业知识体系相互影响，教师形成独特的思维方式，从而提高教学效率。教师的信念影响课堂教学活动，教师需要通过学习教育学以及心理学中的相关原理，将信念转变为系统、显性的信念。在外语教学中，学科知识是关键，教师应不断提高自身的学科知识水平，了解语言背景文化，以便为学生营造良好

的学习环境。提高个人知识水平和能力是高效进行外语教学的前提。

　　打破传统教学理念是一种积极的行为，可以促进教育的创新和发展。引导学生通过自主探索和发现来构建知识，而不是简单地传授知识，可以激发学生的好奇心和探索欲望，提高他们的学习动机和深度。鼓励学生之间的合作与互动，通过小组讨论、合作项目等方式培养学生的团队合作能力和交流技能，有助于培养学生的合作精神和团队意识。根据学生的兴趣、能力和学习风格，量身定制教学内容和方式，使每个学生都能够得到个性化的学习体验，有助于提高学生的学习效果和满意度。结合现代技术手段，如计算机、互联网、多媒体等，创新教学方法和资源，提升教学效果和趣味性，有助于激发学生的学习兴趣和提高他们的数字素养。打破学科之间的界限，促进跨学科知识和技能的整合与应用，培养学生的综合素养和跨学科思维能力，有助于培养学生的综合能力和创新能力。强调实践性教学和实践能力培养，通过实地考察、实验、实习等方式，能使学生将理论知识应用于实际问题解决中，提高他们的实践能力和创新能力。培养学生的批判性思维和反思能力，鼓励他们对所学知识进行深入思考和批判性分析，能促进他们的思维能力和创造性思维。打破传统教学理念需要教师不断学习和尝试新的教学方法和策略，同时也需要学校和教育管理部门的支持和配合，共同推动教育的改革与创新。

4.4.2 加强教育知识学习，构建教师专业知识体系

　　强化学习教育知识，促使教育知识转化成教师专业知识，可以理解为加强教师的专业知识，并将其融合到实际教学实践中去。这意味着教师不仅需要掌握学科内容知识，还需要了解教学方法、学生学习特点、课程设计等教学领域的知识，并将这些知识有机地结合起来，形成适合自己教学实践的教学知识体系。换句话说，强化学习教育知识、促使教育知识转化成教师专业知识体系，可以解释为教师在教学实践中将所学的教育理论和

学科知识结合起来，形成对于如何有效地教授学科内容的一种理解和应用能力。这种教师专业知识体系的形成不仅仅是简单地掌握教学内容和教学方法，更是一种深入理解学生学习需求、课程目标和教学环境的能力，从而能够更好地进行教学设计和教学实施。

在构建教师专业知识体系的过程中，教育知识是至关重要的组成部分。缺乏教育知识的基础，就无法建立有效的教师专业知识体系。因此，加强对教育知识的学习至关重要。通过学习教育知识，教师可以获得教学方法、提高教学技能并掌握教学策略。在外语教学领域，心理学和教育学等外在知识也逐渐发挥作用，引起了重视。运用这些知识可以提高外语教学的效果。

在构建教师专业知识体系时，存在两种不同的视角：从外到内和从内到外。从外到内的视角主要是对教师进行培训，为他们提供相应的知识，教师是知识的接受者。然而，教师的实践活动是主要的，而培训所传授的知识往往是理论性的，缺乏实践性。因此，从内到外的视角注重从教师的实践出发，促进教师专业知识体系的发展，使教师成为知识的建构者。

教师的基础知识应该是由理论知识和在实践中获得的知识共同构成的。理论培训虽然对实践指导较少，但对教师教学问题的探索有指导作用。外语教师应将培训与实践相结合，不断进行自我学习和反复实践，互相补充两种模式。

要提高课堂教学能力，教师就需要将理论知识与教学情境相关联，并进行反复实践和思考。教师专业知识体系的形成需要通过实践和经验积累。教师应具备将理论知识运用于实践的能力，不断调整和反思，以促进教师专业知识体系的真正形成。

4.4.3 学习专业知识体系的构建方式

教师专业知识体系的形成主要通过实践来实现。因此，教师需要不断地进行教学实践，以增长自己的专业知识。教师专业知识体系的形成是一个动态的过程，它的结构会不断扩展，并具有明显的个体特征。教师需要在自己的教学实践中积极探索和构建教师专业知识体系，而教师专业知识体系并没有一成不变的传授方法。

外语教师在促进教师专业知识体系的发展方面发挥着关键作用。他们可以通过提高自身的职业道德水平，全身心投入到外语教学工作中，并不断通过实践来构建教师专业知识体系。在教学过程中，教师应该保持较强的动力，积极发现问题，并改进教学策略。同时，关心学生也是至关重要的。教师需要了解学生的基础知识掌握情况、学习能力水平以及学习需求和困难，然后有针对性地调整教学方案。

教师还应合理利用教材，具有一定的创造性。在教学过程中灵活运用教材内容，不能僵化地照搬教材，而是要根据班级学生的特点和能力进行调整和拓展。此外，教师还应重视经验的积累，并进行深刻反思。通过记录教学中的情况和问题，并进行有效思考，教师可以重新审视自己的教学过程，采取更加有效的教学对策。

教师之间应该进行交流和学习，共同探讨教学中的问题并相互借鉴经验，这有助于提高教学能力。教育机构也应该建立教师专业知识体系资源库，将特殊案例纳入培训内容，以帮助教师通过案例学习提升自己的专业知识体系知识，将学科知识转化为教学能力。

4.5 小结

教师专业知识体系作为外语教师教学能力的基础，直接关系到学生核心素养的培养。教师的核心能力要求精准掌握学科和课程知识，这是教师专业素养的基本要求。首先，教师必须准确掌握专业知识，避免任何知识性错误。同时，教师需要清晰地定位课程框架，确保教学目标明确。在培养文化意识和学习能力方面，这些内容应逐步融入教学过程。特别是对外语教师来说，注重优秀外来文化的传递至关重要。

外语教师在以教师专业知识体系为基础培养学生核心素养能力时，需要注意以下几点：首先，要深入了解教师专业知识体系的构成方式，将理论与实践相结合。其次，不仅要注重课程知识的学习，还要关注学生的知识发展情况。此外，教师需加强教学策略的学习，灵活运用不同的教学方法指导不同阶段的学生。

因此，专业的外语教师，除了需要掌握学科知识外，还需要关注受教育者的各个方面，以促进他们的全面发展。

第五章

外语教师作为外语使用者的身份建构

5.1 引言

　　本章重点讨论的是英语教师身份的一个方面，即马修·彭宁顿（Matthew Pennington）和杰克·理查兹（Jack C. Richards）（2016）所描述的"与语言相关的身份"。这种身份的组成部分包括教师在所教授语言中的熟练程度、他们的母语或非母语说话者身份，以及他们作为该语言学习者的亲身经历。因此，在本章中，我们着重探讨一组非母语英语教师如何看待自己与语言能力、非母语说话者身份以及作为英语学习者的经历之间的关系。我们还将通过他们的谈话分析他们如何在与其语言身份有关的人士的关系中定位自己，如曾经教导过他们的老师、他们的学生等。本章分析的数据来自在中国某城市举行的两次小组讨论，参与者分别是一组小学教师和一组中学教师，使用的数据分析框架是成员范畴化分析（Membership Categorization Analysis），这个分析框架最初由哈维·萨克斯（Harvey Sacks）（1974）提出，并由斯蒂芬·赫斯特（Stephen Hester）、彼得·埃格林（Peter Eglin）（1997）以及斯托科（Stackae）（2012）进行了修订。

　　接下来，我们将从概念上解析教师语言身份的三个维度：作为使用者的身份、作为学习者的身份和作为教师的身份。然后我们将概述成员范畴化分析的关键特点及其适用性。在简要描述数据收集背景和参与者之后，我们将对谈话内容进行分析，来观察教师在谈话中如何基于语言身份的三个核心维度，通过多元路径确立自身专业定位及其相关实践范畴。最后，我们对这一领域的进一步研究和实践提出一些建议。

5.2 外语教师的语言身份

彭宁顿和理查兹（2016）将"语言身份"定位为"语言教师身份的基本能力"之一，其中还包括学科身份、环境身份、自我认识和意识以及与学生相关的身份。从他们的讨论中可以得出（特别是非母语）教师语言身份的三个关键维度：他们如何看待自己作为该语言的使用者；作为该语言学习者的经历；他们作为教师在课堂经验和实践中的参与。这与彼得·塞耶（Peter Sayer）（2012）的观察非常契合，基于对墨西哥三名师开展的民族志田野调查，塞耶在研究中指出了，这些教师以三种主要方式与英语进行互动，同时作为第二语言教师、使用者和学习者。他将这三种互动描述为"多重身份"（Sayer，2012）。然而，塞耶同时指出，这些并不仅仅是教师在这三个维度之间切换的角色或身份，而是便于描述这三位教师与英语互动方式的标签。

5.2.1 教师作为外语使用者

对于那些英语为非母语的教师来说，语言身份中的"用户"维度在很大程度上围绕着"母语者"和"非母语者"这两个类别展开。从社会语言学的角度来看，几十年来，"母语者"这一概念一直受到质疑（Davies，2004；Leung et al.，1997；Rampton，2006），但正如露西·穆苏（Lucie Moussu）和恩里克·柳尔达（Enric Llurda）（2008）所指出的："即使一个二元视角的母语者—非母语者讨论在语言学上似乎并不恰当，但在社会上却普遍存在，因此，在应用语言学研究领域具有潜在意义。" 这种二分法在英语教学实践以及应用语言学研究这两个领域中被视为是有意义的。在前者中，可以看到在使用的方法和材料、教师和学生的态度以及歧视非母语专业人士的机构聘用惯例中存在这种二分法。在后者中，注意力越来越多地放在了两个任务上，第一个任务是揭露罗伯特·菲利普森（Robert Phillipson）（1992）所称的"母语者谬误"（即认为英语的理想教师是母语者的观念）背后的意识形态。第二个任务是提倡和赋权非母语教师，如乔治·布雷恩（George Braine）（2010）所描述的"非母语者运动"。近年来，像詹金斯（2007）、阿德里安·霍利迪（Adrian Holliday）（2015）和巴拉克里希南·库马瓦拉迪韦卢（Balakrishnan Kumaravadivelu）（2016）这样的研究人员进行了批判性应用语言学研究，通过对以英语为母语教师群体在英语教育场域中持续占据主导地位现象的批判性考察，揭示了其背后潜藏的语言意识形态权力结构。

詹金斯（2007）认为，即使在以英语为通用语言的交流中，这种交流主要发生在那些被贴上"非母语者"标签的人之间，仍然存在对母语者规范的尊重。这种尊重并非像过去殖民地时期那样明显，当时人们实际上可能会因偏离标准语言而受到惩罚，是一种"不那么公开、更加微妙的权力，也许更好地描述为潜藏于英语教学大多数方面的意识形态潮流"。在英语教学中，将母语者权力意识形态化的概念被称为"母语者至上主义"。对于持这种观点的人来说，母语者至上主义是一种有害的意识形态，它服务于那些被贴上"母语者"标签的英语教学专业人士，歧视了世界各地大多数被标记为"非母语者"的英语教师，以及他们自己标记为"非母语者"的人。为了克服这种歧视，我们需要的是"文化信念"，即所有英语教师，无论他们的母语是哪种语言，都具有同等的专业价值观念。

这些研究的共同点是批判一种错误的观念，并采取行动来推翻一个不公正的现存秩序。与此同时，人们也可以看到一种希望，即这些区分英语教师身份的术语最终可能会被废除。霍利迪主张消除英语教学中充斥的其他标签，如英语作为第二语言（ESL）、英语作为外语（EFL）、英语作为附加语言（EAL）、英语作为国际语言（ELF 和 EIL），以及布拉杰·卡奇鲁（Braj Kachru）（1985）的内部、外部和扩展圈层，但霍利迪也意识到这样做可能会给那些依靠这些标签获得稳定感的教师带来挑战（2015）。关于这些标签是否提供了稳定感，以及教师们自身是否展现出对"母语者至上主义"意识形态及其假定的权力失衡的任何倾向，是一个值得探讨的问题，就像接下来我们要讨论的一样，通过审视教师在谈论他们的职业生活和实践时在多大程度上使这些观念相关，我们可以看出他们的立场，并针对这些立场来为英语教师的身份定位提供一些积极的建议。

实际上，在全球范围内对非以英语为母语的教师进行的研究中，"母语者"和"非母语者"对他们来说是非常现实的概念，并以非常重要的方式影响着他们自我认知和对他人的看法。这些问题可以归为意识到自己的不熟练（流利度和准确性）、"非母语"口音、自我怀疑和缺乏真实性，以及缺乏专业性等方面。关于非母语教师对语言能力的感受，彭宁顿和理查兹（2016）指出，他们经常对自己的语言技能感到担忧，并将提高自己的语言能力视为职业发展和建立作为胜任专业人士身份的首要任务。有证据表明，语言能力的缺乏或语言知识的不足似乎对非母语教师的负面影响要大于母语教师。穆苏和柳尔达（2008）引用了一些研究，显示对于母语教师来说，偶尔出现失误或缺乏对英语的语言知识并不是一个很大的问题。然而，对于非母语教师来说，当他们犯错误或者表现出知识上的不足时，他们有效教学的能力就会受到怀疑。这与塞耶（2012）的研究发现相吻合，学生经常会对教师进行考验，以查看他们是否能够暴露出知识上的不足，从而挑战他们的专业性。布雷恩（2010）指出，在他所处的环境（中国香港），非母语教师通常似乎对教学方法论和课堂管理有很好的了解，但他们在英语掌握方面存在问题。他提醒说，由语言知识不足的教师教授的学生可能会接受混乱甚至错误的英语版本。洛蕾娜·瓦尔莫里（Lorena Valmori) 和彼得·德科斯塔（Peter . De Costa）（2016）表明，非母语语言教师的语言能力并非一劳永逸的静态构建，而是随着时间的推移对环境因素做出反应，并且与教师所想象的未来自我以及他们参与职业发展活动的机会和意愿密切相关。

语言使用中一个显著的问题是口音，非母语教师普遍认为，要被认可为胜任的英语教师，有必要拥有母语口音，或尽可能接近母语口音。在詹金斯（2007）对十七名非母语教师进行的访谈研究中，许多参与者声称更喜欢母语为英语的人的英语，因为他们认为其更为地道，像英式英语这样的母语者变体被描述为"原始的"或"真实的"，而非母语者变体则被视为"不真实的"或"假的"。这与霍利迪（2015）所描述的"广泛信念"相关，即"英语课程中的'真实性'源自'母语者'的语言和文化内容"。詹金斯的研究中，所有参与者以不同方式表达了母语口音是"好的"，非母语口音是"不好的"的观点。一些教师提到了负面的"口音体验"（即对他们口音的负面评论，或者认为口音存在沟通方面的问题），这对他们的身份和态度产生了深远影响。从这些研究中可以清楚地看出，教师们乐意使用分类并赋予其评价属性。

另一个可能影响教师语言身份的背景因素涉及其所在地区主导的英语变体。詹金斯指出了卡奇鲁（1985）所述的"外围圈"中的讲话者，可能乐于通过他们说的英语变体来表达身份，与"扩展圈"中的讲话者有所不同，后者更倾向于"母语"模型（如美式或英式英语）。因此，詹金斯指出，扩展圈国家的教师、教师培训者和英语教学测试机构中仍存在一种持续的"非母语口音缺陷"模式。参与研究项目的教师可能不认同这种情况，但他们意识到自己的口音与其作为教师的职业前景之间存在着联系，即他们的口音是否"接近母语"会影响他们作为教师的职业前景。

　　尽管大多数参与研究的非母语教师倾向于认为"母语"英语变体更为优越，但其中少数人似乎没有意识到他们实际使用的英语变体，或者可能是某种形式的英语。卢卡·佩德拉齐尼（Luca Pedrazzini）和亚历山德罗·纳瓦（Alessandro Nava）（2011）在意大利对五位以意大利语为母语的英语教师进行的小规模研究中发现，这些教师并没有意识到他们使用的英语代表了任何新兴的通用语模型或变体，而这些教师"坚持认为自己是英语教师，在其专业角色中渴望成为英语的本族语者"。在蒂莫西·扬（Timothy Young）和斯蒂芬·沃尔什（Stephen Walsh）（2010）的研究中，26名参与者中没有一个意识到他们学习了哪种英语变体。回顾他们的学校教育经历，他们觉得所学的英语是一种当地的英语变体，但基于母语者的规范，而在大学里，他们接触到了更多"真实"的母语者变体，如英式或美式英语（Young & Walsh，2010）。

　　这种意识似乎不仅在非母语英语教师中普遍存在，约翰·杜威（John Dewey）（2015）发现，在职前英语教师的培训课程中，教师对ELF的概念了解较少。然而，当向教师介绍EIL或ELF的概念时，有证据表明教师可能会对这些想法感兴趣。杨和沃尔什（2010）的研究中证实了这种情况，研究中大多数参与的教师（26位中的19位）至少在理论上对EIL/ELF的概念感兴趣，但他们表示很难将这些概念运用到自己的课堂实践中。

　　尽管对于EIL或ELF等概念的了解普遍较差，但这并不是对英语变体本身的认识，而是他们控制不同语言中的不同语域。例如，亚当·斯旺（Adam Swan）（2015）在研究中报道了一位越南教师的案例，该教师声称他使用英语比使用越南语更具学术水平，这使他能够帮助学生接触更具学术性质的语言。正如斯旺指出的那样，这位教师能够区分日常使用越南语和使用英语时的专业需求，因此展示了对每种语言的地位以及与该地位相关的必要技能的复杂理解。

总的来说，这些研究表明，世界各地的非母语英语教师仍然认为以英语为母语的变体更具"真实性"，并认为应该朝这个方向努力，即使这可能会导致一些身份冲突。总体而言，他们似乎并没有意识到自己是英语的使用者，也没有多大愿望去教授任何与标准形式（比如英国英语或美国英语）有所偏离的英语版本，比如 EIL 或 ELF。然而，如果教师参与引起这种意识转变，将重点从"标准"或"变体"等稳定形式转移到英语在交流中的使用上，特别是当说话者不以英语作为母语时，这种态度可能会发生多大改变？这正是芭芭拉·赛德霍夫（Barbara Seidlhofer）在强调"需要质疑母语者英语至高无上的固定观念，并首要考虑如何实际运用语言进行交流"时所主张的（2015）。因此，我们的重点应放在非母语使用者如何利用其交际资源上，而不是担心他们在与以母语者为规范时被告知必须做什么、应该做什么。我们在本章的后半部分会讨论这个问题，基于社会语言学视角的成员范畴化分析框架，可揭示教师如何通过赋予不同英语使用者群体差异化的话语属性与情感态度，构建起对非母语使用者语言实践的接纳阈限——这种分类机制既包含对标准语用规范的隐性期待，也折射出教育场景中语言意识形态的包容性边界。

这种关注交际过程而非固定的产品的方式也得到其他研究者的赞同。例如，塞耶（2012）表明，专业性不是一种静态的、预先确定的品质；它不应局限于对标准发音的机械模仿或对语言形式完美掌握的追求，而应被视为在社会互动中持续博弈与重构的动态过程。葆拉·戈伦贝克（Paula R. Golombek）和达文·乔丹（Davin Jordon）在他们 2005 年对两名台湾实习教师的研究中认为，通过将专业性视为一个不固定的构建，而是一种可以通过与他人的互动逐渐发展的东西，语言教师可以获得"在构建他们的教师身份时更大的主动性"。对专业性动态性的关注以及通过互动随时间构建身份的观点也可以应用于"母语性"概念本身，正如贾斯敏·卢克（Jasmine C. M. Luk）和安琪儿·林（Angel M. Y. Lin）所认为的那样，它是"在社会历史上建构的，不断演变和转化的，需要在交谈时实现并重新实现"（2008）。这些作者对交际过程、互动、协商、活力、共同构建和交谈时刻的关注与多模态对话分析及其关注对话中身份的构建和取向非常吻合。

5.2.2 教师作为外语使用者的自我定位

如果外语使用者维度关注教师如何看待自己属于不同英语使用者类别及他们所使用的语言变体，那么学习者维度则聚焦于他们获得目前教授或正在接受培训的语言时的经历和困境。2007 年，艾米·徐（Amy B. M. Tsui）对一位中国的英语教师学习经历进行了生动且有力的叙事研究。这位教师在大学课程中遇到了交际法语言教学（CLT）课程的困难。她所在的大学非常推崇交际法语言教学，但这位教师并不赞同，并且非常清楚地表达了自己学习的偏好，即"能够理解所读和所做的事情，并理清自己不理解的地方"。作为学习者，他对交际法语言教学的局限性非常敏锐并进行了深刻的思考，认为它"不切实际"，因为它没有明确说明语言要点，还因为它要求教师具有极不可能拥有的实用能力，因为它要求学习者以违背中国本土文化的方式行事，例如在课堂上即兴表达观点，等等。这位教师的经历和感受也许有些不同寻常，因为在学校一方看来，他不满交际法教学。而在其他情境中，教师们则抱怨死记硬背和过分强调语法、翻译和背诵词汇。例如，塞耶（2012）研究中的三位墨西哥教师都声称在学校"基本没有学到什么"，因为老师们自己的英语水平有限，依赖使用双语词典翻译教科书的内容。相比之下，这三位教师都能说英语，并且都接受过与交际法教学相关的方法论课程。

在非母语教师的学习经历中接触到的语言变体方面，杨和沃尔什（2010）研究中的大多数教师称，在他们处于较低水平时，他们曾被教授过所谓的地道英语。然而，随着他们在英语学习中的进展，该研究的参与者声称他们对不同变体有了更多的认识，尽管他们默认的变体可能是像英式或美式英语这样的本土模式，这取决于当地环境中使用的教材以及教师们接触过的变体。

除了他们过去学习英语的经历外，非母语教师认为保持和提高英语水平是一项终身任务。正如瓦尔莫里和德科斯塔（2016）指出的，在这方面，教师需要做出两个重要决定：是否参与专业发展活动来实现这一目标；无论是否有支持性项目可依赖，都要保持参与这些活动。洛雷娜·瓦尔莫里（Lorena Valmori）和彼得·德科斯塔（Peter I. De Costa）的工作借鉴了马库斯和努里乌斯（1986）的"潜在自我"理论，以及玛格达莱娜·库班尼奥娃（Magdalena Kubanyiova）（2009）关于"潜在语言教师自我"的概念，以展示未来取向对非母语教师参与学习者身份的重要性。这在塞耶（2012）研究中也表现得非常明显，研究中的墨西哥教师都表现出渴望完善自己的英语的想法，因为这将为他们开拓职业机会，比如在英语教学领域的会议上做报告、在美国深造，或成为教师培训师。

在穆苏和柳尔达（2008）对非母语教师文献的回顾中，他们对教师身份中的教师方面给出了相对积极的描述，他们指出，教学技能可以弥补任何被认为存在的语言能力不足，"专业技能（如对学科的了解、备课、能够设计有趣和富有趣味的课程以及激励学生等）比语言技能更为重要"。令人鼓舞的是，他们还支持这样一种观点，即学生并不会对非母语教师持负面看法，而是认可经验和专业素养胜过母语为英语的优势。然而，学生对母语和非母语教师的看法是一个复杂的问题，穆苏和柳尔达（2008）的研究发现学生在明示和隐含偏好上存在差异，学生在表面上更青睐以英语为母语的教师，但在私下里并没有偏好，而且实际上对非母语教师表达出更多的热情。

关于非母语教师的研究中一个常见的话题是，他们作为学习者的身份可以被视为教学中的一项优势，这建立在他们作为第二语言使用者的"个人经历以及他们在第二语言环境中的教育和交流知识与经验"（Pennington & Richards，2016）的基础之上。他们指出，教学经验、课程准备和满足学生需求方面的专注度可以抵消任何不足，并帮助非母语教师建立强大的专业内部人士身份。从这个意义上讲，更高水平的教师维度可以消除对语言使用者维度的不足的担忧。斯旺（2015）的研究显示，非母语教师自己学习英语的经历可以成为在教学中的优势，可以为学生提供被母语教师忽视的何种学习资源。

在卢克和林（2008）对香港英语课堂的研究中，来自当地背景的非母语教师能够利用学生的母语资源（用于建立融洽关系、处理纪律问题以及促进学习）、他们共同的成长经历以及当地教育系统。这些资源使教师能够解释学生在课堂上的学习风格、态度和问题。从这个意义上讲，本地非母语教师可以非常清楚地意识到自己和以英语为母语的同事各自的优势，而且并不认为自己处于劣势地位。在斯旺（2015）对非母语教师的研究中，她指出，他们的世界充斥着"以英语为母语者"这样的概念，但不一定把非母语者和母语者视为二元对立。实际上，他们能够利用自己的非母语者这个身份，成为英语教学技能以及与英语相关的文化知识的提供者，这是母语者教师所欠缺的方面。

在杨和沃尔什（2010）的研究中，他们发现参与者中没有人对自己的非母语身份感到沮丧，也没有将其视为对其职业身份的威胁。相反，这些教师似乎更关注他们所在地区的实际问题。就他们所教授的语言变体而言，研究中大多数教师最初并不清楚，但经过进一步的探讨，研究者发现他们都在教授一个标准的、以英语为母语者的模型，这在大多数情况下是美式英语。这项研究中的教师们发现 EIL/ELF 在概念上具有吸引力，但对于自己的教学来说并不实用。他们认为自己的教学方法注重意义和相互理解，而不是语音或特定英语变体等方面。这些教师还强调了对于低级别学习者来说清晰性和可理解性的重要性，当被问及哪种语言变体最能满足这些要求时，大多数选择了以英语为母语者的模型（Young & Walsh，2010）。这与杜威（2015）的发现一致，即尽管人们对"世界英语"等术语有越来越多的认识，但这些术语及其代表的概念在现有实践中通常缺乏有意义的实践。

尽管这里的研究没有明确说明非母语教师处于一个次要或次级地位的形象，但实际上人们对母语为非英语的教师存在一定程度的偏见。在西方国家，特别是在某些以英语为母语的国家，很多教师对来自世界不同地区的非母语同事的态度可能存在种族偏见，正如霍利迪和彼得·阿博希哈（Peter J. Aboshiha）（2009）对英国七名英语教师的博士研究报告进行了分析，就发现了几乎相同的结果。在他们的语篇中，他们将来自日本、中国台湾和葡萄牙的非母语同事和学生定位为"在文化上有缺陷"，例如对变革持敌意和抵制情绪，而且过度依赖机械记忆，缺乏学术创新意识，作为教师不愿鼓励学生的创造力，缺乏自主权，害怕因权威受损而失面子，以及缺乏对"真实世界"的了解（Holliday & Aboshiha，2009）。同样，在对中国香港的以英语为母语的英语教师的研究中，詹妮弗·特伦特（Jennifer Trent）（2012）发现这些教师产生了一种对抗性的话语，他们将自己定位为使用互动方法如游戏、活动、歌曲和戏剧的"真正"教师，而将当地的非母语同事定位为使用教科书和听写的"传统"教师，他们的主要关注点是让学生通过考试。

还有证据表明，对符合某些规定的教学方法（如交际法语言教学）的压力可能会对非母语教师的专业性产生削弱和剥夺性的影响。杜威（2015）指出，根据崔泰熙（Tae-Hee Choi）（2013）博士论文的研究结果，使用交际教学方法对教师语言能力水平的提高增加了压力。虽然崔泰熙的研究是来自韩国的英语教育背景，但它同时验证了其他背景下的研究，比如艾米·徐（2007）对中国教师的研究。这些研究表明，被要求采用交际法教学不仅对语言教学方法的专业知识有影响，而且对语言形式和技能的实用和交际操作也有影响，这些是作为语言使用者的教师所掌握的一部分内容。持类似观点的学者还有詹金斯（2007），他观察到，基于母语发音模式的教材可能对非母语教师产生非专业化效应。然而，总体而言，研究表明，非母语教师越深入地参与其与语言身份的"教师"维度，通过发展适合本地条件的方法，他们作为专业人士将更具主动权和专业性。

5.3 外语教师的范畴化

我们用于分析非母语英语教师如何在社会互动中构建其语言身份的方法是多重层面分析，即成员范畴化分析。成员范畴化分析关注人们在会话中如何通过将自己和他人归为某些类别来关联特定身份。成员范畴化分析有三个主要维度或组成部分：成员类别、成员分类手段和类别预测因素（Hester & Eglin，1997）。

成员类别是将人们分类为社会类型的方式，一些相关的分类包括"教师""助教""母语者""非母语者"和"学生"等。赫斯特和埃格林（1997）指出，分类可以扩展到"集体"（如特定机构如学校或大学，或更广泛的集体机构如教育系统）的描述。成员分类机制指的是如何在互动中将成员类别联系在一起以组成更大的类别。当他们在社会互动中使用语言时，一些参与者会听到这些类别结合在一起形成一个集合。比如，成员范畴化"家庭"被视为包括"母亲""父亲""儿子""女儿""叔叔""阿姨"等成员类别（Hester & Eglin，1997）。成员范畴化分类可能采取"标准化关系对"的形式，例如"丈夫—妻子"或"父母—子女"。这些范畴化也可以基于职业角色，例如"老师—学生"或"医生—患者"。类别谓词指的是在社会互动中，参与者可能将某些活动与特定的成员类别联系起来，这些"与类别相关的活动"包括婴儿哭泣或老师评估或纠正学生的话语。除了活动，重要的是要认识到类别谓词还可以包括权利、义务、知识、属性和能力（Hester & Eglin，1997）。

因此，成员范畴化分析关注成员参与互动的方式，即他们如何公开提及某些成员类别，基于这些类别如何组合而做出推断，或将行为、权利、权益、知识或能力与特定类别联系起来。举个例子，参与者可能会将自己或他人称为"母语者"或"非母语者"，并且通过他们的谈话及其组织方式，将某些活动、知识或能力与这些类别联系起来，比如构建"母语者"具有特殊的英语知识，使他们的英语变得"真实"或"地道"。

成员范畴化分析相比于其他定性方法具有一些优势。例如，成员范畴化分析采用经验主义方法，展示了参与者在互动中如何将属性与类别联系起来，而不是通过进行先验的逻辑或概念分析（Schegloff，2007）。逻辑或概念分析以及对文献的研究将为我们提供丰富的关于诸如"母语者"或"非母语者"之类的类别信息。然而，如果我们想要更多地了解人们在自己的本地环境中如何构建实践世界，就有必要研究这些类别在社会互动中是否有关联。成员范畴化分析方法的另一个好处是证明了斯托科（2009）所描述的"基于主题"的研究（即关于身份的主题）可以在不直接询问参与者身份本身的情况下进行。在英语教学领域，已经进行了许多关于多模态对话分析（成员范畴化分析）和相关研究。理查兹（2006）借鉴了话语、定位和可转移身份的概念，采用了与成员范畴化分析相关的方法，分析了在会话中对不同身份的取向（特别是可转移身份）如何与课堂对话模式的变化相关联。克里斯托弗·詹克斯（Christopher Jenks）（2013）也利用成员范畴化分析探索了参与者在会话互动中如何把自己和对话者建构为"非母语者"甚至"外国人"的身份。

即使没有使用成员范畴化分析，也可以清楚地看到它与研究 ELF 互动中的身份相关。安德鲁·贝克（Andrew Baker）（2015）提出："我们对参与 ELF 互动的社会群体感兴趣，他们选择或被分配给这些群体，特别是我们对参与者对各种文化群体的认同感兴趣。"关于那些不将英语作为第一语言或主要语言的人之间的互动是否可以被标记为 ELF，是一个比较微妙的问题。詹克斯（2013）认为，这涉及伦理维度，即研究人员应当注意不要使用研究对象互动中的参与者所不使用的标签，或者至少在使用时要三思而行。为进一步探讨教师的身份定位，我们开展了一项调查。下面将介绍这项调查的数据收集和结果讨论。

5.4 案例分析

5.4.1 实验对象和数据采集

我们这项调查的目的是探索非母语英语教师对自己使用、学习和教授英语的信念。整个调查包括两次讨论，一次是与一组小学教师的讨论，另一次是与一组中学教师的讨论，这两次讨论在中国北方一座二线城市进行。在小学组中有四名教师（三名女性、一名男性），在中学组中有八名教师（四名女性、四名男性）。在中学组中，五名教师教授英语科目，而另外三名用英语作为媒介教授其他科目（历史、地理、艺术），因为这所学校是双语学校，非语言课程的一部分是用英语教授的。虽然目的是进行小组讨论，但两次讨论都围绕着我们希望探索的关键问题或主题展开：参与者认为自己学过哪些英语变体；他们教授的变体；他们想要教授的变体；他们认为他们的学生喜欢的变体；他们认为未来将会占主导地位的变体。讨论持续约 15 分钟（第一组）和 25 分钟（第二组）。

5.4.2 结果分析

本节中呈现的分析是根据上文描述的三种参与类型进行的。这并不意味着讨论中的参与者会将自己的参与划分为三种类型。然而，这三种参与方式中的每一种，都确实体现在参与者所构建的成员身份范畴化过程之中。

（1）教师作为外语使用者

在两次小组讨论中，"英语变体"被视为一个成员范畴化分析，或者说是一个成员范畴的集合，其中包括"英式英语""美式英语"等，这些成员范畴都有与之相关联的属性。有趣的是，参与者将"中式英语"纳入"英语变体"这一成员范畴中，如下所示：

Extract 5.1

(Discussion Group 2) (M = moderator; T1, T2...= individual teachers; TT = unidentified teachers talking in overlap)

33 M   So can you remember what…

34   or what do you think you learned?

35   What variety do you think you learned?

36 T1 British? American?

37   And Chinese variety as well (laughs) .

38 T2 Chinese also.

39 T1 Chinese.

40 M   Chinese (laughs) ,yeah.

41 T2 Chinese(yeah)English.

42 T3 British we (do) learn.

43 T2 We have learned Chinese English.

44 T4 You have native teachers?

45 T2 No, no, not me.

46 M   Yeah.

47   Maybe sometimes British and American.

48　　It was a mix ,yeah.

49　T2　Chinese.

50　M　So it was eh- it was like a local variety.

51　T4　Yeah.

52　T3　Yeah.

53. TT Yeah.

在第 37 行，T1 将"中式英语"作为"英语变体"收入其中。这可以从使用"and"这个词来列举包括"英国"和"美国"在内的内容中看出（第 36 行）。在第 38 行，T2 开始说"Chinese…"，但被 T1 打断并重复，显示了"Chinese English"可能是一种英语变体的想法。T1 回合中的笑声（第 37 行）以及 M 在第 40 行的笑声表明，这个术语被认为是幽默或引人注目的，而不像英式英语或美式英语那样普通。在第 47 行，还有的老师说有时还会学习英式英语和美式英语。

然而，在讨论的后期，出现了一个观点，即"Chinese English"可能不是指一种具体的语言变体，而是指在两种语言之间交替使用的方式。

Extract 5.2

(Discussion Group 1)

183 M　Now you've- you've all said the words 'Chinese English'.

184 TT Yeah (nodding) (laughing).

185 M　Right? What do you mean by that ?

186 T1 Because sometimes you have to explain the words in…

187　　Chinese the meaning of the word.

188 M　So it's…it's when you move from one language to…

189　　another ?

190 T2 Yeah.

191 M Chi, but it's not the…the type of English you're…

192   using. It's this- it's this.

193   What we call 'code-switching'.

194   So you move from English to Chinese and okay.

195   alright.

196 TT (nodding)

在 M 的发言中再次出现了 "Chinese English" 一词（第 183 行），随后群体中传来笑声，再次显示出人们将其视为一种内部幽默或至少对某些引人注目属性的认可。T1 对 M 要求澄清的回应（第 186—187 行）表达了 "Chinese English" 指的是什么，即用汉语解释单词的做法，其结果是汉语和英语的混合。在第 192 行，M 似乎修正了 T1（以及其他人）对于 "Chinese English" 含义的理解，他表示这不是一种英语的类型（变体），而是从一种语言转换到另一种语言的做法。研究人员将社会语言学的术语和范畴引入此次会话中，使用了社会语言学的术语 "code-switching"。老师们似乎接受了 "Chinese English" 的真正含义，他们点头表示同意（第 196 行）。因此，我们在这里可以看到 "Chinese English" 属性的转变是通过互动实现的，结果可能是它现在属于另一个成员范畴，不是英语的一个变体，而是多语言话语。这样的转变也可能对教师的身份产生影响，因为他们现在属于使用不同语言进行不同目的（例如用汉语解释）的多语言者范畴类型，而不是被视为变体 "Chinese English" 的使用者。

在对本土语言变体及其使用者的范畴化和属性归因中，我们可以看到参与者倾向于上述研究中的观点，即真实性与本土性相关联。

Extract 5.3

(Discussion Group 1)

345 M Well that's something, you know…

346　if and when you do the teaching.

347　you could actually use tho- those…

348　experiences, because they'll- you'll be able to say…

349　you know, you remember that teacher from Singapore.

350　Did you like her accent ,what did you of that…

351　and you'll be able to use that.

352　That's quite useful.

353　(silent)

354 T1　Canada.

355 M　Canada,that's fabulous.

356 T5　That's great.Because it's educative for…

357　　for the school and the kids.

358 T2　And each one has a proper pronunciation.

在第 356 行，T5 强调了学校的孩子拥有加拿大英语使用者的老师对他们的发音学习带来的好处，T2 则补充道（第 358 行）这些老师有正确的发音。因此，在这里我们可以看到，以加拿大人为代表的英语"母语者"的属性被认可"能够正确发音"。在第二组讨论中，当 T7 谈论自己作为学习者的经验时，也赞同拥有"母语"教师的好处。

Extract 5.4

(Discussion Group 2)

128 T7　Eh,in secondary school, I was really lucky.

129　Because my teacher once studied and lived in Britain for a very

long time…

130　and I really liked her…

131　and she's the reason actually that I learned English…

132　　and studied English and I became a teacher.

133 M　Now you said lucky there…

134　　that's an interesting word.

135　　You said you were lucky you had such a teacher…

136　　can you say why you think you were lucky?

137 T7　I was lucky because I w- I was exposed to REAL…

138　　English you know.

139 M　Okay now real English…

140　　th- these are just interesting descriptions.

141　　What do you mean by real English?

142 T7　Well I mean she was near a native.

143 M　Okay, yeah.

在第 128—132 行，T7 从一名学生变成英语教师，她把这归功于之前有幸拥有一位曾经长期在英国学习和生活的英语老师。T7 对这位老师的立场非常明确（"我真的很喜欢她"），并且正是因为这位老师，T7 才对英语产生了浓厚的兴趣，继续在英语专业深造并成为教师。然而，在这个阶段，还不清楚这位老师的哪些特质（除了简单的"在英国学习和生活了很长时间"）导致了所有这些积极的关联和结果。在一轮会话中，主持人巧妙地利用了要求澄清"幸运"一词的方法，这使得 T7 对于有一位曾经长期在英国学习和生活的老师的经历持积极的态度并进一步展开会话。在第 137—138 行，T7 将接触"真正的英语"与拥有一位曾经长期在英国学习和生活的老师联系在一起。虽然没有明确说明，但可以推断出"长期在英国学习和生活"具有"真正英语的使用者"的属性。在主持人第 139—141 行的进一步启发之后，T7 明确表达她的老师之所以讲"真正"的英语是因为她是一个接近母语的英语使用者。因此，在这段短暂的互动中，我们可观察到身份范畴、其内在属性及相应社会立场三者间所形成的动态交织与意义协商过程。"长期在英国学习和生活"与"母语者"联系在一起，而"母语者"则具有"真正英语的使用者"的属性。当这种身份与"非母语英语学习者"的身份相联系时，我们可以看到"幸运的人"的类别，然后在这种情况下，与"可能的未来身份'英语老师'"联系在一起。

有趣的是，并不是所有老师都对母语者赋予积极属性的，正如在美国人和英国人对非母语者持有的不同态度中表现的这样：

Extract 5.5

(Discussion Group 1)

128 M Ame- now why do say th- that's interesting?

129   Why do you say American is easier?

130 T1 I don't know .I feel that I don't know.

131   I think the pronunciationit is easier…

132 M to pronounce.

133 T3 Yeah,the pronu- to pronounce, yeah.

134 M Right.

135 T2 And the grammar as well.

136 M Yeah？Do you think so？

137 T1 I don't know. I guess it (always depends).

138 T4 Supposed to be the same grammar…

139   but maybe it's the way we see the British people…

140   (like) British strict and…

141   I don't know, maybe it's a topic.

142 S2 And American, it's like you are saying a mistake.

143   Maybe it's okay.

在这段会话中，我们可以看到"美式英语"被认为具有"更容易"的属性。在被主持人要求详细阐述他这个论断时，T1回答得有些不确定，但他指出发音可能是一个可能的因素，而T2在第135行补充说"语法"。然而，在第139行，T4将焦点从作为语言变体转移到一个集体"英国人"，给予其"严格"的属性。这与集体"美国人"形成对比，后者被归因为非母语者犯错误是可以接受的。因此，在这个互动中，我们构建了两个集体之间在对待非母语者尝试交流方面的容错程度或包容度上的对比。下面这段会话将进一步证明这种对于"英国人"在语言使用方面持有的一种稍微消极的立场：

Extract 5.6

(Discussion Group 2)

338 T4 Yes, when I was in…

339   I was doing a summer course…

340   and I had to repeat everyday I wanted.

341   I drank Coke so…

342   uh can I have a Coke？ Uh,can you repeat please？

343   A Coke-a cook, a 'keowk'.

344   I didn't know how to pronounce it.

345   I spent one month asking for a Coke…

346   and nobody gave it to me I mean…

347   If they had for example thirty…

348   varieties of beverages fine.

349   but they were Coke Fanta and water so.

350   (please can I get my Coke)

　　这个重复的事件最后形成这样一种情形：T4 代表着在意图方面具有明确属性的身份类别，并且我们可以通过推理得出，这些身份类别具有更持久的消极性倾向，比如故意拒绝接纳非母语者的交流尝试。"英国人"（或至少是居住在 T4 所在区域的当地人）被认为具有"不愿容忍外国人的发音"的属性。T4 的叙述方式暗示了当地人实际上是明白她想要的饮料，并且只是出于恶意或者可能是敌意而假装不理解。这是通过提供背景环境（售卖的饮料只有三种）而逐渐建立起来的，从而产生了一个强烈的推断，即任何理智的人都应该能够搞清楚 T4 需要哪种饮料。

　　与以往的研究类似，这些研究发现非母语教师在没有被提示时不会明确提到诸如 ELF 之类的术语，在这两个讨论中也没有提到这些类似的术语。然而，在第二组中，有一个参与者 T5 构建了自己在出国旅行时使用英语作为通用语言的身份：

Extract 5.7

(Discussion Group 2)

607 T5　And for example, I travel a lot…

608　　　and in fact when you are travelling…

609　　　you are not speaking with British people…

610　　　from German from other countries…

611　　　in the hotels in the (counter) the reception.

　　609 行的陈述"you are not speaking with British people"明确地将这位讲话者对英语的使用转向了非母语的变体，并指出其用途是作为一种通用语言，用于与来自各种其他国家的人交流。这是一种证据，虽然有限，但可能存在一种态度的转变，即远离渴望使用母语变体，转向承认英语使用者可能与失败的母语人士具有不同的特征。通过 T5 的讲述，我们可以推测出，这种通用语言交际背景下，负面的口音经历会更少见。

（2）教师作为外语学习者

老师们关于他们学习经历的描述讲述了（大部分是）在小学和中学学习英语的负面经历，以及随后努力和奋斗来获得一定程度的语言沟通能力。中式英语教师经常被赋予负面属性，例如，使用过时的教学方法导致学生一无所获。在第 5.8 这段会话中，通过 T5 的描述，我们很容易推断出他只有通过出国旅行才真正学会了英语。

Extract 5.8

(Discussion Group 2)

101 T5 For me- for me the school was a nightmare.

102   Yeah the English I hated it completely…

103   and um I was supposed to try to memorise…

104   the list of the verbs every year.

105   And afterwards I didn't speak a single sentence…

106   in English and when I finished.

107   Okay, I didn't know anything really…

108   the verbs only this.

109   And later I had to try and improve my English…

110   travelling and looking for a way because it…

111 T9 Travelling where…

112 T5 uh to United States.

113 T9 Okay you chose the United States.

114 T5 Yeah the United States.

这段描述以对学习经历非常负面的客观和主观评价开始——"那是一场噩梦""我完全讨厌它"（第 101—102 行）。他单独指出这种可怕经历的原因，并将其归因于使用了诸如让学生记忆动词之类的明显无意义的方法（第103—104行）。这种负面经历的结果是，当他完成学业时，他"实际上什么都不知道"。这与塞耶（2012）的研究发现吻合，他声称自己在学校"基本上什么都没学到"。从第109行开始，他描绘了自己作为一个具有主观能动性的人，通过出国旅行努力提高自己的英语水平。然而，这也被他描述为一种义务——"我不得不努力提高我的英语"（第109行），这更加表明了他对学校的英语教学很失望，不得不主动采取措施来弥补这些缺陷的心情。

然而，并非所有关于语言学习经历的故事都是负面的。正如我们在第5.4会话中看到的T7的情况，他有幸有一位英语水平接近母语的老师使他的整个英语学习态度变得积极向上。这种经历不仅仅体现在老师作为"真正英语"榜样的属性上，还包括使用更具沟通性的教学方法的属性：

Extract 5.9

(Discussion Group 2)

146 T1 That happened to me with the Canadian one…

147　　　and I mean we were playing games…

148　　　for the first time.

149　　　And we were using English…

150　　　as a language to communicate…

151　　　not just memorising the verbs , you know so.

在这里，我们有"加拿大老师"，这是"英语为母语的老师"的一部分，具有能够在语言课程中使用游戏的属性，鼓励使用英语进行交流，而不是要求学生机械地记忆单词。对"英语为母语的老师"（例如加拿大、英国老师）和"非英语母语老师"分配的属性之间的鲜明对比，不仅与这些老师作为英语学习者的经验相关，还与他们作为英语教师的身份有关。

（3）作为外语教师

在谈论他们的教学实践时，两组老师都表达了他们对所教授的语言变体持灵活态度的想法。他们是这样描述学生接触到的美式和英式变体的：

Extract 5.10

(Discussion Group 1)

296 T4 So they can choose eh…

297   I'm not trying to…to show my preference…

298   for the American one.

299   So th- they're gonna choose…

300   the books are b- based on the British English.

301   So it's up to them.

T4 之前曾表示他偏好美式英语，但在这里他表示不想把自己的偏好强加给学生，而是让学生自由选择要学习哪种变体。因此，这位老师在他的环境中构建了"英语学习者"的身份，赋予其选择的能力和自由。关于教授哪种语言变体比较具有灵活性，也在第二组中 T8 对其教学实践的描述中得到体现：

Extract 5.11

(Discussion Group 2)

279 T8 For instance I write…

280   the American spelling of colour.

281 M Yes.

282 T8 Why,because it's shorter…

283   but my students are used to the British eh…

284   spelling okay?

285 That- that's where I think mine is…

286 the kind of mixed.

287 M Okay.

288 T8 Of many different because ah some words

289 because I draw my vocabulary…

290 from almost everywhere eh…

291 an- and I try to- to make a kind of mix…

292 and I don't pay attention to…

293 what the- the word is English or British English

294 or American English or Australian English.

295 I just use a word because I see that it works.

T8 在这里构建了自己作为一名具有实用主义观念的教师的身份，专注于实际效果（第 295 行）。诸如 colour/color（第 280 行）这样的单词版本并非因为它们属于"美式英语"等严格的主流文化模式，而是因为它们的实用价值——"因为它（color）更短"（第 282 行）。这是整体折中策略的一部分，在这种策略中，词汇来自"几乎任何地方"（第 290 行），没有严格遵循任何一种变体，比如"英式英语""美式英语"或"澳大利亚英语"。

这种实用主义取向也可以在 T6 对语言学习目的在这一背景下的表述中看到：

Extract 5.12

(Discussion Group 2)

582 T6 But anyway our purpose of learning…

583 is to communicate…

584 to make students communicate.

585   So it doesn't matter their- the accent.

586   It's just make them well understand…

587   what they are being said…

588   and the other way round (laughs)…

589   they speak and they understood.

590 T3 Exactly, I agree.

591 T6 So it doesn't matter the variety I think.

在这里，T6明确表示教授英语是为了"让学生进行交流"（第584行），以便他们能够理解和被理解（第586—588行）。只要实现了交流目的，"口音"（第585行）或"变体"（第591行）都不重要。因此，无论是T3还是T6，在与其语言身份中的教学维度的互动中，都淡化了对特定变体教学的严格遵守。在这种情况下，中式英语老师这一身份并不一定具有"强调语法"或"强迫学生拥有英国或美国口音"等属性，而是具有教学焦点的折中实用主义者，专注于实现语言教学的最终目标——"有效的交际方法"。

在构建这样的身份时，我们可以看到一种转变，即更具有交际性的教学实践与"以英语为母语的教师"的身份之间不一定有紧密的联系。我们前面看到，在一位老师描述自己的学习经历时，她倾向于认为"以英语为母语的老师"更具交际性、互动性教学风格的能力属性。然而，这种观点并非没有争议，在下文的第5.13节中，T4将更具交际性的教学实践与方法偏好的变化联系起来，而不是与老师属于"以英语为母语"或"非以英语为母语"教师中的任何一个身份属性联系起来。

Extract 5.13

(Discussion Group 2)

216 T4 But I think that is um…

217　　　it doesn't depend at all on the…

218　　　if the teachers were native or non-native or…

219　　　whatever it's because…

220　　　it's- it depends on how much teaching languages.

221 T2　And how…

222 T4　Have changed…yeah.

223 T2　Because practising grammar and…

224 T5　In China we have an obsession with grammar.

这里存在一个暗示，即与年龄相关的身份属性可能会发挥作用，也就是说，"年轻的英语教师"的成员，无论是否以英语为母语，都可能接触到更具交际性的教学方法，并且可能正在摆脱对语法的"痴迷"。因此，虽然"以英语为母语的英语教师"可以包括一系列被构建为该类别固有的属性，例如使用"真正英语"和具有"正确的发音"，但可以认为这些属性仅与这个"以英语为母语"方面相关联，而不一定与"教师"方面相关。因此，与教学实践相关的属性随着时间的推移是开放性的、动态变化的，这样一个非以英语为母语的教师就像以英语为母语的教师一样可以使用交际方法。如果教师较年轻，并且因此经历了近期语言教学方法的变化，在鼓励学生用英语交际这一点上可能会更加突出。

5.5 小结

在这两次讨论中，参与者构建身份类别、赋予属性并采取态度的方式反映了在关于"英语为非母语教师"领域涌现的主题，该领域通常使用诸如面谈等更典型的定性研究方法。"以英语为母语"和"英语为非母语"，以及它们各自的身份，比如"美式 / 英式英语的使用者"，在教师的交流中非常活跃。将身份归属于以英语为母语者，如认为他们是"真正英语的使用者"或具有"正确的发音"，部分地呼应了霍利迪（2015）对于普遍认为真实性存在于以英语为母语者的语言和文化内容中的研究，部分原因是在这些讨论中并没有证据表明将"文化知识的传承者"这一属性与以英语为母语者联系在一起。这并不意味着个别教师没有这样的信念，但这种信念在他们的交流中从未得以明确体现。

尽管存在着将地道性归属于"以英语为母语"的明显证据，但也有证据显示了一种新的观点，这种观点减弱了在他们的语境中英语学习和教学目标与"以英语为母语"的变体之间的联系。这可以从第 5.7 节会话中一位教师描述自己在旅行中使用英语的方式中看出，他在旅行中使用英语并没有涉及与以英语为母语者的交流。教师们在谈论自己的教学实践时强调了交际的实际目标，而不是专注于特定的语言变体。这表明，虽然"ELF"这一术语并未出现，但看起来这些教师工作的语境可能是一个有利的思考领域，可以反思英语教学应该或不应该与以英语为母语的变体联系在一起，并鼓励教师从 ELF 视角探讨其对教学和学习的影响。

在描述英语为非母语的教师无法提供积极的学习经验时，尤其是当与以英语为母语的教师开设的课程中充满乐趣和游戏的美好描述形成对比时，这些教师验证了霍利迪和阿博希唅（2009）以及特伦特（2012）研究中由以英语为母语的教师发表的负面言论。在这种态度中，被动方将主导方产生的话语视为自己的话语，这些话语有助于让他们处于劣势地位。然而，这可能会因为这些都是关于过去经验的叙述，以及参与讨论的教师可能认为自己在教学方法和鼓励交际语言使用的重要性上更跟得上时代而变得微妙起来。在这里，我们可能会看到一个新的身份属性，即"英语为非母语的英语教师"，具有更实际、务实的语言教学目标观，已经超越了对语法的过度关注或迫使学习者采用任何特定口音或语言变体的需求。这种新型的教师角色展示了一种更注重实际应用、注重交际能力培养的教学理念，不再局限于传统的语法教学或强调特定口音的重要性。这种英语为非母语的英语教师可能会更注重对学生的实际沟通能力和语言运用能力的培养，而不是过分强调形式上的规范性。

在这一章中，我们提供了新的研究视角来探讨成员范畴化分析。成员范畴化分析表明，文献中确定的不同概念和类别通常是教师在他们的交谈中关注的，但这是通过交谈互动中进行身份建构的微妙、变化的方式，而不是通过更静态的主题和类别，这些主题和类别可能是被对探讨这些话题感兴趣的人预先确定的。

第六章

外语教师的多重身份建构

6.1 引言

在过去的二十年中，教师身份已经成为应用语言学家和教育专家关注的重要问题，他们致力于加强对专业发展和教师教育过程的理解（Thomas et al.，2011；Beijaard & Brok，2013；Varghese et al.，2016）。这些研究强调了专业身份在教师信念和日常实践中所起的重要作用（McKeon & Harrison，2010）。尽管人们认识到多重身份的重要性，但很少有研究来探索教师在专业发展过程中如何形成和协商这些多重身份。

本章旨在通过调查大学写作课程中的第二语言写作教师如何通过对课程目标、实践和角色的会话来构建和协商他们的身份，以了解教师的多重身份。为此，我们对七位写作教师进行了访谈，采用定性分析的方法，发现了三个主要身份：1）通用写作教师身份；2）语言教师身份；3）第二语言写作教师身份。这些身份与教师对第二语言写作教学的信念密切相关。

6.2 语言教师的身份研究

首先，教师身份被视为一个动态过程，受个人教育经历和对各种机构环境的不断协商的影响（Beijaard & Brok，2013；Kubota，2013；Varghese et al.，2016）。这种身份也是多方面的，包括多重身份或子身份，有时会导致紧张关系（Gee，2000；Cook，1999；Wenger，1998）。教师还是这些身份建构和维护的积极主体，通过他们的话语和实践（Beijaard & Brok，2013；Gee，2000；Varghese et al.，2016）。先前的研究还强调了教师知识的重要性以及学科知识的发展被视为塑造身份的重要因素（Connelly & Clandinin，1999）。

在专门分析语言教师的研究中，有几项研究聚焦于教师身份形成的动态性，因为教师在协商之前的信念与从教师教育项目和在职教学经验中获得的有关语言学习的新认识会不断塑造自己的身份（Celic & Seltzer，2011；Duff Uchida，1997；Golombek & Doran，2014；Tsui，2007）。例如，艾米·徐（2007）探讨了一个教师的身份最初是如何受他在中国的语言学习经历影响，但随着他从语言学习者过渡到语言教师，他的身份发生了变化。这种变化受到复杂的机构因素的进一步影响，表明了教师身份的高度情境化特性。同样，曼卡·瓦格斯（Manka Varghese）（2004）研究了一群双语教师的专业发展，发现他们的身份也与他们如何学会成为自己专业领域的参与者密切相关。综合来说，这些研究支持了将教师身份定义为动态且高度情境化的观点。

其他研究调查了教学和学科知识如何塑造身份发展（Morris-Suzuki，1997；Beijaard & Brok，2013；Woods & Çakir，2011）。康纳·雅子和斯图尔特（2011）对两位新入职的 ESL 教师的研究显示，他们通过课堂实践发展了通用的教学技能和 ESL 专业知识，从而加强了作为语言教师的身份认同。让·克兰迪宁（Jean Clandinin) 和弗朗西斯·迈克尔·康纳利 (Francis Michael Connelly）（2000）认为，正是通过教师专业知识的发展，教师才能构建与他们所教学科目相关的身份。

李哲熙（2013）对第二语言写作教师的专业发展进行的研究进一步促进理解学科知识和教师身份之间的联系。她的研究结果表明，通过针对第二语言写作的具体课程学习以及在写作课堂中的实践，教师开始从语言教师向写作教师的身份转变。这种身份之间的过渡支持了先前对教师身份的概念化认定，即教师身份是一个动态的组织过程，在这个过程中，教师在专业发展过程中协商多重身份（Mishler，1999）。

法雷尔（2011）也关注了教师如何协商多重身份。在他对三位 ESL 教师的专业身份研究中，确定了三个主要身份："管理者身份的教师""文化适应者身份的教师"和"专业人士身份的教师"。他观察到，在平衡这些多重角色时，基于教育场域中的角色冲突理论，教师常陷入专业角色与管理角色的双重张力：一方面需履行作为语言教育者的专业使命，推动学术性语言发展；另一方面又不得不回应作为教育管理者的现实诉求，在满足学生娱乐化学习期待与维持机构生源数量之间进行策略性平衡。这种角色间的张力实质上反映了教育理念与运营逻辑的深层矛盾。这些研究结果支持了马克·沃克曼（Mark Volkmann）和玛丽亚·安德森 (Maria Anderson)（1998）的研究，他们观察到教师身份涉及管理多重角色，教师们也感到他们被期望执行这些角色。

本章借鉴了保罗·吉（2000）、让·莱夫（Jean Lave) 和艾迪·温格 (Etienne Wenger）（1991）对身份的概念化，将其视为"被认可为'某种人'"（Gee，2000）。莱夫和温格通过描述学习过程是在社群实践中成为"某种人"的过程，将身份与学习联系起来，因此，身份、知识和社群成员资格是紧密相连的。在这方面，教师身份意味着被认可为某种特定类型的教师，具有特定的知识，处于特定的社群实践之中。

本章还借鉴对教师身份的理解，认为它是内嵌在教师实践中的（Wenger，1998），并且是通过对实践的讨论来建构的（Block，2007；Connelly & Clandinin，1999；Freeman，2016；Gee，2000）。瓦格斯等人（2016）认为对实践中的身份和话语中的身份的理解对于研究教师专业身份至关重要。他们对身份的这两个方面进行了对比，前者是可观察的身份，后者是叙述者的身份。

然而，话语中的身份和实践中的身份并不一定是相互排斥的。虽然话语中的身份只存在于话语中，实践中的身份可以通过对实践的直接观察或通过在话语中对这些实践的表述来理解。出于本章的研究目的，基于教育语言学的话语身份互动理论，本研究既聚焦于教师通过课堂话语实践动态建构的身份图式，也深入考察此类身份表征在实际教育场景中的具身化呈现与功能实现（Gee，2000）。基于教育人类学的研究范式，我们虽认可实践维度对理解身份具身化过程的重要价值，但更倾向于从教师生活经验视角切入，深度剖析其在专业发展历程中经历的显著性身份协商与重构机制。因此，本研究侧重于身份的话语建构，其中包括教师的自我识别（如"我是一名语言教师"）以及他们对课堂实践的讨论（如"我提供纠正性反馈以促进学生的语言能力发展"）。

本章以第二外语写作教师为例，主要探讨以下两个问题：1）当第二语言写作教师谈论他们的教学实践时，他们的多重身份是如何体现的？2）哪些因素影响这些教师的身份构建？

6.3 案例分析

6.3.1 实验与数据

本研究调查了在中国一所应用型大学大二写作课程中，面对低水平、多英语学习背景的学生时写作教师所面临的问题。该课程提供了为期两个学期的必修课程，目的是根据中国大学写作课程的要求教学目标来介绍和准备学生进行大学水平的写作。本研究要求学生完成三个写作任务。教师必须采用学校统一规定的教材，尽管教师可以自行设计作业和额外的课程材料。

本研究的参与者包括七位教师（使用化名），其中一位曾经在英国学习和居住过多年，另外六位没有海外学习/居住经历。参与者在写作教学方面的经验从三年到三十年不等。他们对学生的教学经验也各不相同。

数据是通过分别对七名教师进行半结构化面谈收集的。每位教师接受了一次面谈，每次面谈大约持续一个小时，总共收集了七小时的面谈数据。

我们对面谈的文本进行反复分析，首先关注的是教师身份多重性的数据。这些类别包括：1）教师的自我认同（如"我是一名语言学家"）；2）教师对写作课程的概念化（如"这是一门写作课，而不是一门英语课"）；3）任务和作业（如布置演讲任务以提高口语能力）；4）教师对学生的评估。然后，根据这些类别对每份面谈文本进行编码。最后，重新阅读个别面谈文本，以找出教师如何定位自己为某种类型的写作教师的模式。

6.3.2 研究发现

通过分析，我们观察到了以下身份定位：1）一般写作教师身份；2）语言教师身份；3）第二语言写作教师身份。每种身份都以教师对学生需求的理解方式以及他们努力满足这些需求的方式为特征。然而，这些身份的许多元素在本质上是重叠的；一些教师构建了同时代表两个或更多角色的身份。尽管可能存在重叠，但并非所有教师都同时拥有这三种身份，突显了每种身份的独特特征。

（1）一般写作教师身份

由于该研究主要关注写作教学，所有教师都表现出了写作教师身份的特征，但重要的是要理解这个具体身份是如何被表达的，以及它与其他身份的区别。在最基本的层面上，写作教师身份通过对写作概念的共同强调来传达，这些概念包括修辞和论证、目标读者以及对写作过程的理解。例如，当 Fang 评估她的学生在第一次写作任务的最终草稿时，她提到了读者意识作为她评估标准之一：

"我发现，当我阅读他们（学生）的最终稿时，个人叙事能力有了很大的改进，因为他们在作文中包含了许多读者都会问的问题："为什么是这样？""接下来发生了什么？"等。"

与下文讨论的写作教师身份的其他要素形成对比的是，论证、读者和写作过程这些更基本的概念常常被纳入评估和任务创建的讨论中。教师们经常将这些想法隐含地传达给学生，作为他们将来成为写作教师所共有的专业语言知识的一部分。采用这种共享的专业术语是发展和维护自己职业身份的重要元素（Freeman，2016；Hall et al.，2010）。

所有教师的一个核心关注点是为大学级别的写作做准备。这一点在讨论目标时表达得最为明确。例如，Chai（化名）提道："如果我不得不为自己、为我的学生表达想法的话，那就是，要了解学术写作的体裁。不仅仅是为了过上成功的生活，其中很大一部分是要学会如何在学术界进行沟通，这可能包括写论文、写文章。"

Ying（化名）描述了一个特殊的学生，认为他还没有准备好上未来的商务写作课程："这真的让我很担心。但是我们知道，他想要取得好成绩。而我能做到的只是不能让他们顺利通过，特别是因为他们中的大多数人以后可能会用到现在写作课上所学到的知识和技能，而且他们必须修商务英语写作这门课程。我总是听到一些商务写作课程的老师们谈论一些根本行不通的事情。"

在这段摘录中最有趣的是她隐含地将自己与特定领域（商务英语）写作课程的教师们进行比较。作为一名写作老师，她有责任了解学生的写作需求，这是一项她觉得与她那些特定学科的同事不同的责任。

所有教师都强调了批判性思维与写作之间的关系，这一目标在写作课程的教师指南中有明确表述。教师们在讨论目标以及他们的评估标准时都强调了这一点。Ran（化名）描述了一个分配给学生的写作任务以及对学生任务表现的评估，她说："他们必须对指定的阅读任务做大概 300 词篇幅的回应。但这些回应并不是摘要，而是更具分析性的回应。他一直在努力，就像其他那些在写作和抽象思维方面有困难的学生一样，他在理解任务方面也很吃力。我不认为这是语言方面的困难，这并不是他写作能力的表现，只是他的思维水平不够复杂。"

Ran 的观点表达的是一般写作教师身份的特征。然而，这些特征也反映了他们对学科内容的构想，而对学科内容的认识直接关系到他们的身份建构。

（2）语言教师身份

在第二语言写作课堂上，写作老师经常要处理两个不同的目标——学习写作和用写作来学习语言（McMillan & Rivers，2011）。写作教师身份和语言教师身份之间的区别往往变得很明显。这种区别进一步得到不同学科（写作研究和第二语言研究）背景的证实。与一般写作教师身份相比，语言教师身份的特征是更关注解决学生在非写作技能方面的熟练程度，如口头沟通技能。

对于那些表现出语言教师身份的老师来说，提高学生在英语中的其他形式交流能力被视为与学习如何写作同样重要。例如，Bei（化名）强调了超越"仅仅写作"的重要性。他的目标包括有意识地承认写作和语言的普遍重要性："不用说，我努力致力于写作技能，我们可以关注修辞策略、批判性思维、批判性阅读、跨文化能力，以及在写作和语言中的实用能力，我认为这些是 ESL 课程的一部分。"

这种对一般语言技能的强调也反映在他布置的任务和作业中。除了写作任务外，Bei 还布置了一个涉及校外观察、笔记和口头演示的多媒体项目，专门针对口头表达和演讲技能。Bei 表示："他觉得他的学生喜欢他的课程，因为他涉及了更广泛的活动，而不只是简单的写作任务。"他认为自己从来没有想过只教写作。

影响 Bei 作为语言教师身份的一个重要因素是他的教育背景。从一开始，他就说："我是一个语言学家。"然后，他继续向我们展示了他在语言学专业的学士、硕士和博士学位。在采访过程中，他表达得很清楚，他作为语言教师的身份对他教授学生的方法产生了重要影响，这可以从他对任务、反馈和评估的描述中看出。

Ying 也表现出了作为语言教师的身份，但她对这种身份的观点并不像 Bei 那样直截了当，后者的教育背景与其教学方法相对清晰地联系在一起。Ying 获得了修辞学方向的博士学位，在跟她的面谈中，她强调理解写作过程、改善语言组织能力和开展强有力的修辞论证是为了"在高校中生存"而做的核心准备。然而，在评估学生时，Ying 认为他们写作中的问题反映了他们整体语言能力上的弱点。

Ying 强调了在课堂内外都需要用英语交流的必要性。例如，在讨论一群英语学习方面有困难的学生时，Ying 建议这些学生和其他同学用英语交流来提高自己的语言技能。这种观点也体现在 Ying 进行课堂管理方面。在说到班级人数这个问题时，Ying 表示由于班级人数较多（通常每个班级大约有 50 名学生），给学生分组进行课堂讨论就变得比较困难。

虽然 Ying 也专注于写作的具体领域，但她的课堂针对学生整体语言需求。因此，Ying 补充了一个侧重于口头技能和口头交流的演讲任务，反映了她在提高学生语言能力方面的角色。

尽管 Bei 和 Ying 以不同方式构建他们的身份，但他们都不认为写作教师和语言教师的身份是相互对立的。一方面，Bei 主要关注一般的语言问题，同时强调修辞知识和过程在他的教学中的重要性。另一方面，Ying 作为写作教师的身份补充了她作为语言教师的身份，在满足所有学生的需求方面发挥作用。

Fang 很快意识到她的学生的英语学习背景在理解如何创建和调整材料以最好地满足他们的需求方面起着重要作用。然而，要改进自己的做法以反映这种意识是一个持续的过程，充满了试错。

在这些教师的叙述中，语言教师的角色似乎涉及的不仅仅是讲授书面英语。相反，几乎所有被采访到的教师的教学目标似乎都包括课堂交流和口头互动能力，这超出了写作课程的目标和目的。

（3）第二语言写作教师的身份

第二语言写作教师身份在某种程度上可以被视为一种一般写作教师身份的延伸。然而，它与写作和语言教师身份的不同之处在于它面向多种写作者需求的取向。例如，Chai 通过关注她的学生的写作过程和成果来满足这些需求，尽管他们在语言上可能遇到困难。Chai 表示，学会超越简单的语法错误是她作为第二语言写作教师发展的重要一步："在我真正深入研究第二语言学习者和第二语言写作者理论之前，我关注的很多内容都和语法有关。我注意到，我现在的很多同行朋友在他们的班级里都有几名学生无法克服的问题，那就是试图去改正每一个错误。"

Chai 不认为"试图改正每一个错误"是有效的做法，她现在认为这是学生作为写作者需求的错误理解。她随后明确地将自己定位为第二语言写作教师，当她将自己的专业知识与那些过分强调语法的非第二语言人士进行比较时，更加突出了这一点："我知道很多其他领域的教师，比如我的很多学生，他们学工程、建筑、商科之类的专业，他们可能不会像我这样关注学生具体的第二语言问题和需求。我认为对于非第二语言人士，也就是那些只想专注于语法并且不太理解这一点的老师来说，很多时候会感到有些沮丧。而对学生来说也是令人沮丧的，因为其他老师只是指出他们的问题，却没有提供解决方案。"

与过分关注语法问题不同，Chai 强调了她在使学生熟悉写作过程和可能在大学课程中遇到的不同文体方面的作用。这也意味着要创建任务，承认学生的多元文化和教育背景。在描述她的写作任务时，她强调选择对学生来说易于理解的主题，这一点通过精心设计任务本身以及与学生共同选择主题来实现。

Chai 作为第二语言写作教师的专业发展可能与她的教育背景有密切的关系，她拥有英语学科教学硕士学位，并且是修读修辞学和写作专业的博士生。她与写作者的经验也在她的成长过程中发挥了重要作用。尽管她在五年前才首次教授写作课程，但是她作为第二语言写作教师的身份似乎早在她职业生涯初期就已经开始了，甚至在完全意识到如何有效地满足学生需求之前就开始了。随着她在专业上的进一步发展，她作为第二语言写作教师的身份也变得更加稳固。

Liu（化名）作为第二语言写作教师以及一般写作教师的身份进一步得到了巩固，他明确否认了更广泛的语言教师身份。在评估学生的口头沟通能力时，他优先考虑书面沟通的熟练程度："我注意到在他们的书面沟通中存在很大的差距，一些学生在写作时表达得非常流利，但他们在口头交谈时有困难，因此存在很大的差距……其中一个学生在我的课程中得了 A，因为这是一门写作课程，不是一门普通英语课程。"

Liu 承认他的学生的需求可能超出了写作技能，但依然选择将重点主要放在学生的写作需求上。他将自己的课程构想为一门写作课程，而不是语言课程，他将自己定位为一名写作教师的角色，并进一步体现在他整个学期安排的任务和活动中。相比之下，Bei 和 Ying 将他们的实践概念化为包括超越写作的学生语言需求，这进一步突显了 Liu 作为第二语言写作教师的身份。

6.4 小结

本章探讨了写作教师在谈论课程目标、教学、任务和评估时表现的多重身份。许多研究结果与先前关于语言教师身份性质的研究相呼应。与先前研究一样，这些写作教师表现出的身份涉及个人因素和背景因素之间的协商。这些教师通过教学实践积极构建自己的身份，以传达他们与其他课程的英语教师共享的目标。通过教学实践，他们的身份被置于社会和制度背景之中。他们还通过话语构建自己的身份，将自己定位为专家，与其他教师形成对比。正如先前的研究所提出的那样，掌握学科专业知识是教师身份发展的重要组成部分。例如，第二语言写作教师身份通过表达教授第二语言写作的专业知识、避免过分强调语法、了解多语言学生面临的文化问题来进行传达。

研究结果还突出了教师身份的多重性。尽管写作教师、语言教师、第二语言写作教师这三种身份被分别单独描述，但它们表现出相互重叠和动态的特征。所有教师都表现出写作教师的身份。然而，教师们作为语言教师和第二语言写作教师的认同程度有所不同，一些教师抵制某些身份，而其他人表现出仍在建构中的身份。

正如李皙熙（2013）所指出的，第二语言写作教师身份涉及语言教师和写作教师身份的协商。对于李皙熙研究中的教师们来说，发展写作教师身份意味着逐渐脱离仅仅是一名语言教师的身份，这包括更少地专注于语法，而更多地关注写作问题，比如体裁、目的和语境。在本研究中，第二语言写作教师身份同样表现为避免在语法反馈上采取极端立场，即要么纠正一切，要么什么都不纠正。Bei 和 Ying 拥有超过十年的经验，他们都保持了写作教师和语言教师的身份，而 Liu 和 Chai 则表达了一个侧重于写作教师的身份。

与先前研究中提出的将多重身份描述为从旧身份到新身份的转变

（Kanno & Stuart，2011；Lee，2013）不同，这里所代表的多重身份有时是相互一致的，比如 Ying 同时保持了写作教师和语言教师的身份。这些身份也可能是次要的，比如 Bei，他首先认为自己是语言教师，随后才是写作教师。对于 Fang 来说，这些身份在她协商学生需求的理解和她对写作教学的现有概念之间存在冲突。

虽然我们得到几个有价值的发现，但我们这项研究有几个局限性。首先，数据只包括了一次性的面谈，没有充足的时间进行跟进访谈。因此，无法对这些身份的长期发展做出推断，考虑到身份建构的动态和持续过程，这是一个重要问题。对语言教师如何在一个学期或课程之外继续发展和保持多重身份进行进一步调查，有助于加强对语言身份的全面和动态的理解。此外，由于本研究主要关注通过教师话语传达的身份，因此并未对受访者的教学实践进行观察。正如瓦格斯等人（2016）所建议的那样，重要的是要调查教师是如何在话语中建构他们的身份，以及这种身份是如何在课堂上实现的。

尽管存在这些局限性，这项研究依然展示了第二语言写作教师多重身份之间的各种关系，表明随着经验的积累，教师们也许能够在多重身份之间找到平衡，而不是用他们发展的新身份取代他们以往的身份。在跨学科知识领域（如语言和写作课堂）中，这一展望似乎尤为重要，因为来自多个学科视角的知识能够影响教师在日常教学中的决策及其身份建构。

第七章
新入职外语教师的身份建构

7.1 引言

  新入职英语教师面临至少两种影响其专业发展的情境：作为学习者的角色和作为新手教师的角色。这两种情境在理论和实践之间复杂而辩证地交织在一起。本章关注身份发展的复杂性，提出教学和学习的观点，将其视为一个过程，通过这个过程，新入职教师作为学习者接受文化价值，并相应地培养出能让他们开始为该文化做出贡献的主动性。作为一门学科，英语在历史上一直饱受身份认同危机的困扰。尽管英语被视为"世界语"或国际通用语言，且大约有十亿人将其作为第二语言，但它也只是大约五亿人的第一语言。构成"英语"这一学科的内容以及相关问题，即英语教师应该教授什么内容，长期以来一直是学校课程争议的焦点。这些问题引发了对英语教师复杂而多重身份的进一步思考。在讲英语的国家，学习英语的教学法既涉及将英语作为一门语言来讲授，也涉及讲授用英语撰写的文学作品。新入职英语教师既是特定领域（通常是文学的某个方面）具有较强学术背景的学科专家，也是处于学校和课堂的社会文化和多元文化环境中的学科学习者。本章关注新入职英语教师的身份形成。教授学生学习所需的教学方法，并能够运用形成性和总结性评价帮助学生取得进步，对于新入职教师来说，是一个复杂的发展过程。本章认为，类似于语言和思维的潜在发展功能，环境在特定社会发展情境中对身份形成起着重要的塑造作用。

我们以英国的英语教学为例，在竞争激烈的教育系统中，英语作为英格兰学校的一门学科，既是一个高地位的学科，也是一个高风险的学科。在小学和中学阶段，在课程设计和教学实践方面，英语可能是产生最多争议和争论的学科。在中学阶段，它是一门核心或必修科目。自 1988 年国家课程引入以来，英语作为一门学科一直处于不断变化之中。该学科的高风险地位随着英语与数学一起成为普通中等教育普通证书考试成功的指标而增加。

英语系至少为大多数学生教授两门普通中等教育普通证书考试课程：英语语言学和英美文学。媒体研究和电影研究课程也经常由英语系的教师来承担。直到 2014 年至 2015 年，学校整体数据中计入的是英语语言，但现在学校可以计入语言或文学。大多数合格的英语教师都是英语文学毕业生，通常在教授语言学和语法时感到不太自在。罗德·埃利斯（Rod Ellis）（2010）认为，构成学科知识的概念本身就具有复杂性，且存在诸多争议，学校中的英语学科需要不同于大学学位水平英语语言学和英语文学课程要求的知识形式。以下是埃利斯的观点：

Subject knowledge is communal, a form ofcollective knowledge. The 'subject', specifically, is the school subject – which has an important relationship with, but is not identical to, the university subject, or governed by it. Those who teach the subject in schools (just as those who teach the university subject) – collectively – are the principal sources ofauthority over the production of the subject in schools. In this task, they can be supported by teacher educators and educational researchers, advisers and inspectors, and many others. And with this authority comes responsibility for development and for continually examining the boundaries of 'what counts' as subject knowledge (Ellis, 2010).

基于教师专业发展理论框架，学校场域内对教师学科知识认知的特定取向，实际上揭示了一个核心命题：当我们将视角投向新任教师职业身份建构的动态过程时，这种认知取向的范式意义将愈发凸显。斯旺（2015）认为，"教师身份形成的一个重要方面涉及他们对所教授学科的认同"。从历史上看，在英格兰学校中，英语学科领域内长期存在着关于识字本质的根本性学术争议：一方主张将识字视为基于认知技能的系统化训练活动，强调字母识别、拼读规则及词汇记忆等基础能力构建；另一方则坚持识字作为交际工具的属性，认为其核心价值在于通过口头与书面文本实现意义协商与文化理解。

新入职英语教师与所有学习教学的人一样，面临着学习理解和运用在学校环境中重要的知识，并将他们的教学定位在适合其学习者发展的适当水平的挑战。他们还必须了解他们特定学生在学校识字课程中面临的挑战。例如，官方政府统计数据显示，英格兰州立学校中约有160万名以英语以外的语言为母语的学生。这一数字占学校总人口的19.2%。当然，那些使用英语作为附加语言（EAL）的学生并不是一个同质化的群体，基于教育社会学的异质性分析框架，学习者群体并非同质化存在，而是由具备多元异质先前学校经验、差异化英语接触程度以及多维文化社会背景的个体所构成的复合群体。尤其是在城市中，英语课堂也越来越多样化和多语种化，而此时英国文学中文学经典的恢复反映了单一文化或白人，主要是男性和中产阶级对文本的观点（Oranje & Smith，2018）。

英语教师需要避免排斥各种学习者的兴趣和经验，要理解他们学生的多样化背景。他们还需要了解米斯福德（2018）所描述的关键概念和句法知识的学科内容。事实上，有关英语学习的领域有很多，包括理解和使用各种文学形式和叙事结构，语言学的各个方面，以及与媒体、电影和文化研究相关的问题。这涉及设计课程，既要借鉴"学生对日常概念的现有和理解，又要介绍新概念，如文学批评或语言分析"（Nagatomo，2016）。这种像英语教师一样思考的能力与专业身份的发展密切相关。

7.2 身份与新入职教师

社会文化和文化历史传统的研究（Bourdieu，1993；Edwards，2021；Holliday et al.，1998；Penuel & Wertsch，1995；Motteram & Dawson，2019）强调了在身份形成中介入的关键作用。社会文化传统的研究者（Holliday & Aboshiha，2009；Penuel & Wertsch，1995）指出了介入在身份形成研究中的重要作用。霍利迪和阿博希哈（2009）指出，罗伯特·埃里克森（Robert Erikson）和约翰·哈里·戈德索普（John Harry Goldthorpe）（1992）将身份形成视为个体试图回答关于他们是谁以及他们在社会中的地位是什么的普遍问题，而不是关注身份是如何在与他人互动中构建的。威廉·佩纽尔和詹姆斯·沃茨（William Penuel & James V. Wertsch）（1995）认为，尽管埃里克森和戈德索普都"强调了文化和历史资源对个体功能的重要性"（第91页），但他们对分析单元的侧重点不同：对于埃里克森来说，个体从这些文化工具中做出选择以建立他们的身份，而对于戈德索普来说，"精神功能的社会起源以及符号和工具在调解行动中发挥着作用"。

新入职英语教师的身份建构反映了成为专业人士所涉及的多重且有时矛盾的社会和文化要求。身份是一个边界不清的术语，有许多相互冲突的定义。来自新入职教师教育研究领域的史密斯（2020）认为，身份需要被看作"多层次、多面向、动态且不断发展或持续流动的"。马克·霍尔博罗（Mark Holborow）（2015）主张在新入职教师教育课程中早期关注英语教师的身份发展，并将这项工作定义为"批判性地思考成为一名教师意味着什么"。这是一个关于专业环境中的身份观念，暗示着环境对专业身份形成有至关重要的意义。让·科特（Jean Côté）（2006）提出了"身份资本"的概念，涉及年轻人在特定社会环境中的身份协商。加里（2010）主张我们必须将身份形成的概念置于当地社会实践的背景下加以考量。

因此，身份形成在社会实践中是关系性的，又是处于特定地点和文化中的。霍利迪和阿博希哈（2009）将身份定义为"一个人情感上依恋的自我理解，它指导着一个人的行为和解释"。霍利迪和阿博希哈（2009）关于"构想世界"的概念指的是个体如何将自己定位于社会和文化构建的解释和表现领域中。在行动中建构的身份作为一种"启发式手段，用以引导、授权、合法化和鼓励自己和他人的行为"出现（Holliday et al.，1998），涉及对专业知识的吸收和即兴表演。

7.3 身份在社会情境中的转变

在从学习者向实践者转变的过程中，新入职教师的身份也在进行复杂的转变。这涉及将他们自己的学科专业知识转化为教授学生所需的教学法。霍利迪和阿博希哈（2009）认为，个体发展的身份是社会和文化碰撞的产物，通过社会和专业经验以及与他人的互动来促成。从社会文化的角度来看，学习和身份形成被视为涉及社会和特定文化活动的必要因素（Edwards，2017；Motha，2006）。

在英语课堂上，写作、阅读、口语和听力等活动在英语学科教室中的展开是分布式的，因为有多位参与者共同促成这些活动，并且这些活动发生在特定的课堂和学校环境中（Higgins & Ponte，2017）。维果茨基（1987）认为，学学习本质上是人类借助心理工具实施的中介性认知活动，其中语言作为文化习得的核心概念工具，在意义建构过程中发挥着不可或缺的脚手架功能。社会文化理论还强调了社会互动和文化背景在个体意识发展中的重要性。从这个意义上讲，新入职教师的学习根植于他们所处的社会和文化环境中。艾米莉·爱德华兹（Emily Edwards）（2010）认为："'研究实践中的学习'需要关注学习者和发展社会情境之间变化的关系。"新入职教师的发展尤为复杂，因为他们的经验被折射出现在学校和学术界中的多重视角。爱德华兹（2010）认为："随着学习者吸收了文化价值，关系也会发生变化，因此他们会以新的认知方式解释自己的社会情境，进而以新的方式行动，这反过来又会影响社会情境。"从这个意义上来看，学习者是他们自身学习过程中的积极参与者。他们不仅会受到所遇到的社会情境的影响，还会积极重新协商其中的社会关系。

维果茨基在 1997 年和 1998 年提出的发展社会情境的概念是指儿童所面临的关键时期，这些时期产生于孩子或年轻人在自身心理发展和学习情境需求之间遇到的矛盾。维果茨基认为，在学习者在自身心理发展和学习情境需求之间遇到矛盾时，存在关键的发展时期。这些关键时期既与个体特定的需求和历史有关，同时也受到社会经验以及与他人互动的影响。发展的关键在于个体能否意识到当前情境的限制，并设想自己扮演不同的角色（Holliday et al.，1998）。

爱德华兹（2009）和彼得·泰托（Peter Tatto）（2019）等人将社会情境的概念应用于成人在社会环境中的学习。泰托等人（2019）认为，对于初级教师社会发展情境的分析需要密切关注学习者个体与学习发生的具体社会情境之间存在着动态交互关系。爱德华兹（2017）指出："在人为制造的、时间有限的学习情境中，比如学校和教师教育项目，也需要来自更有经验的他人的介入。"在教学学习的情境中，中介过程体现为新任教师遇到的专业实践情境与其既有认知图式与身份认同之间持续展开的动态调适。参加传统大学合作课程的新入职教师还需要协商大学和学校环境中涉及的实践和理解，这些环境有时会传达出矛盾的信息。在这些情况下，初级教师可能会感到身份的转变具有挑战性（Wright & Bolitho，2007），因为这涉及跨越界限。桑内·阿克曼（Sanne F. Akkerman）和保利恩·梅耶（Paulien C. Meijer）（2011）将界限定义为"导致行动或互动中断的社会文化差异"。从社会文化和活动理论的角度来看，尽管中断可能具有挑战性，但这种中断也为通过新的理解或实践变化来协商发展的社会情境创造了机会（Engeström & Sannino，2010；Tatto et al.，2019）。

新入职教师面临至少两个重要的教育环境，这些环境影响着他们的社会发展情境：作为学习者在大学的学术环境中的地位；作为学习者在实习学校特定职业环境中的地位。他们的经验还受到大学里指导教师和实习学校导师的介入。有时，这些社会情境在理论和实践之间以复杂和辩证的方式交汇（Kagan，1992）。有些时候，学校或大学环境可能会主导英语专业师范生的时间和思想。布鲁斯·霍纳（Bruce Horner）和霍默·贝拉米（Homer H.Bellamy）（2012）认为，理解这一过程需要密切关注学习过渡。正如泰托等人（2019）所指出的：

An understanding of learning to teach needs to go beyond the concept of the transferable acquisition of pedagogical knowledge in different settings towards a more complex understanding of the transitions involved. These transitions, between school and university and between school placements present both pedagogical challenges and opportunities .

迈克尔·克拉克（Michael Clarke）（2009）认为，有必要研究个体随着时间推移在不同社会实践中的学习轨迹。然而，新入职教师的学习轨迹是复杂的，不一定是线性的（Davies, 2004）。于尔根·雅斯珀斯（Jürgen Jaspers）（2006）将他们的身份转变描述为包括在文化背景、关系或互动发生变化中的身份断裂的象征性转变。在一项关于新入职教师身份发展的研究中，克拉克发现身份转变涉及重新定位、知识建构和意义生成的过程（Clarke，2009）。这些类别与新入职教师遇到的转变和潜在危机时刻相关。

7.4 学习在新入职教师培训中的中介作用

维果茨基（1987）认为，人类的个体发展是通过与他人的互动和使用中介工具来实现的，尤其是心理工具或符号（Davies，2004；Horner & Bellamy，2012）。多娜·卡根（Dona. Kagan）（1993）提出了这样一种观点：中介行动必须是任何发展分析的起点，并且应该优先于个体层面的分析。中介行动中涉及的文化工具也反映了它们发展和随后实施的文化、历史和制度维度。这对于身份形成的研究具有重要意义。

在新入职教师教育培训项目中，大学环境和指导教师的明示介入有时会被个人经验的文化或员工或主题教室设置的文化规范和期望的隐含中介所平衡甚至抵消。新入职教师的想法是通过教师教育的明示中介和在教室里学习教学的隐含中介之间的辩证互动形成和发展的。

大学导师或学校导师常常会设置一个共同的课程任务，目的是有意地引入一种刺激，以介入新入职教师在课堂环境中教授特定概念的经验。在教学实践的早期阶段，新入职教师可能被要求设计一节课，实际上由实习学校的导师来授课。在这里，规划学习的经验既通过观察课堂教学的成功，又通过随后对观察到的学习进行讨论来进行介入。

英语课堂中的任务设计涉及教师将课程转化为旨在引发学习者认知和情感过程的任务和活动（Horner & Bellamy，2015）。然而，这些任务的教学受到课堂活动中特定社会互动的介入，这些互动可能会以课堂教学设计者未曾设想的方式改变活动的焦点。卡根（1993）的研究就描述了学生和教师之间如何协商课堂任务，他们在这个过程中遇到障碍时表现得很焦虑。在这种情况下，试图反思新入职教师的课堂互动过程可能导致围绕行为管理策略展开讨论，而不是讨论任务对学生学习的教学适切性。

为了说明这一点，我们使用一位新入职英语教师 Su（化名）的案例，这位老师参加了为期一年的师范教育项目，年龄二十六岁，之前有一定的教学经验，曾担任过课堂助教，并通过研究活动与导师和学生互动。她拥有英语语言文学专业的硕士学位。她的语言学背景以及她对英语作为第二语言的研究兴趣，使她不同于大多数的新入职教师。

从课程开始的时候，Su 对她所教学生的语言需求就非常敏感。在学期初的英语学科知识调查中，Su 确定了向语言能力不同的班级教授英语语法和句子结构作为一个关键目标。这些关切反映了她作为一名应用语言学家的身份，她相信在英语课堂中符号中介的核心重要性，以及理解和使用实际的教学工具的重要性。然而，Su 在学校的经历受到了当时学校主流话语和文化的影响，当时该文化侧重于课堂中的行为管理控制。尽管她所在学校的英语部门知晓她的学术资历和兴趣，但在课堂环境中她被视为一个新手。她的导师（负责评估她作为新入职教师表现的学校老师）和其他英语老师报告说，她在课堂计划方面取得了良好的进展，但她的目标是基于课堂管理。

我们（包括中学的指导教师）还观察了 Su 在七年级英语课堂上的教学，记录了这堂课以及课后立即进行的反馈，并随后进行了分析。这节课是讲授一篇关于环境保护的课文，在四十五分钟的课堂中，前十五分钟用于安静阅读和程序性任务，几乎没有教学目的。当介绍主要任务时，除了老师的指导和解释以及对学生问题的一些澄清外，几乎没有时间用于课堂讨论。任务提出了对文本的个人回应，使用了高度结构化的支架，学生很少有机会对文本做出创造性的回应，且被提醒不要跟周围同学讨论。课后，Su 的反思表明她在教学过程中感到不安：

The students' level of maturity was not really reflected in this lesson. There are a few quite immature students in this class who can be disruptive. This is a mixed−ability classroom, with the full range of abilities. Megan, Beginning English teacher.

Su 觉得她对中心任务的示范非常有效，她的指导也很清晰，并且她在教室中与学生有很好的互动。课后她与导师的讨论集中在课程各环节之间的衔接上。学校导师评论说，Su 在该阶段的课程中教得非常好。Su 却认为并不是所有学生在任何时候都能理解他们应该做什么。为此，她重新措辞，为不同学习水平的学生制定相应的指令。在反馈谈话结束时，Sus 的导师给她设定了以下目标: 1）为学习者提供评估和改进表现的机会; 2）准确有效地运用评估和反馈; 3）努力意识到低水平学生的问题，并使用适当的管理策略来解决这些问题。

Su 的导师是一位年级主任。年级的领导班子对学校行为管理问题非常重视，这就意味着导师会经常干预其他课程，这占据了她相当大一部分时间。由于时间有限，导师并没有太多的机会与 Su 进行面对面的交流和沟通。导师和 Su 之间的讨论集中在行为管理问题上，这就反映了导师和学校优先关注的事项。后来，经过我们进一步了解，该学校里很多的教学讨论都集中在行为管理和奖励制度等问题上。

在 Su 的案例中，学校文化在这个阶段并不有利于她作为一名英语教师的专业发展，尽管她的导师认为她在管理班级行为方面取得了成功。后来，Su 得到另外一个难得的机会，到一所中学交流学习，而那所学校更注重学科学习的文化氛围，这才使她意识到自己作为一名英语教师所需要面临的社会情境的复杂性。这所学校的校园文化意味着 Su 能够超越同事们对她作为一名新入职教师的先入为主的看法。Su 在读硕士期间参与了导师主持的有关第二语言学习者的项目，她通过将自己作为第二语言习得研究者的先前专业知识与她在教授英语过程中新获得的专业知识相结合，实现了自我发展。

我们刚才讨论的个案研究涉及学校文化和新入职教师身份建构之间的关系。很明显，学校文化有所不同，有些学校更强调教学活动，而不是规章制度（Bernstein，2000），并非所有新入职教师都会发现自己所在的教学环境对他们的发展有利与否。然而，正如我们之前所主张的（Tatto et al.，2019），具有挑战性的教学环境在特定情况下可以为新入职教师带来转变身份和自我发展的机会。就身份认同发展而言，这意味着教师教育课程需要明确阐明学校文化的作用，以及新入职教师如何避免简单地成为该文化的被动接受者。正如妮可·莫克勒（Nicole Mockler）（2011）和大卫·哈维（David Harvey）（2014）所主张的那样，教师教育课程需要认真对待"教师身份"这一概念，将其视为一个实践工具。米克·卢嫩伯格（Mieke Lunenberg）、弗雷德·柯瑟根（Fred Korthagen）和安·斯旺宁（An Swennen）（2007）也指出，身份形成是任何文化系统的一个重要组成部分：

Morality and directivity cannot be constructed by processing a set of knowledge and rules, by the management of propositions. Identity, directivity, the construction of self, emotion, and the mythologies we produce and that produce us are indispensable requirements in any cultural system that is strong in the human sense.

在学校的文化系统中，这意味着新入职教师应该理解这种文化，并在教学过程中学习和遵守这些规则，但不要被环境所同化。新入职教师需要保持一种批判性的态度，能够在学习过程中与学校文化进行良性互动，同时保持自身独立思考和专业发展的能力。这样才能在学校文化中获得所需的经验和资源，同时不至于完全被学校文化所束缚，导致失去自我发展的动力。

7.5 小结

接受过学科专业知识系统培养的新入职教师既是具有良好学术背景的学科专家，又是学校和课堂社会文化环境中的学习者。这些教师需要在学校环境中培养对学科教学法的理解和运用，同时从学术环境中意识到批判性地参与教学和学习理论意味着什么。"进行身份的建构"这个过程涉及新入职教师在专业知识和教学实践之间进行平衡，并在不同环境中培养出独特而丰富的教师身份。

本章提出了环境在新入职教师身份建构中扮演了重要角色的论点。这要求教师教育项目更加注重影响新入职教师身份建构的学术和学校环境。我们关注新入职英语教师身份建构的复杂性，提出了"学习成为一名教师是一个具有挑战性的过程"的观点。这个过程涉及新入职教师在特定学校和部门的社会环境中既得到支持又面临挑战。米勒（2007）的研究也证实了一个能激发潜力的环境对新入职教师的重要性。霍尔博罗（2015）也指出，学习环境必须经过设计，不能仅依赖于新手教师对新环境的自发反应。在设计面向新入职教师的培训时，相关人员应关注新入职教师的身份建构特点及其复杂性，为新入职教师的初期阶段创造良好的学习环境，使其能够与学校导师、有丰富经验的同事以及学生产生互动。

第八章
职前外语教师的身份建构

8.1 引言

过去十年来，语言教师身份因其在改进有效教学法和提升教师学习方面的关键作用而受到了广泛关注。文献表明，教师身份是在社会互动中展示和构建的，发生在教师与教育工作者、学习者、其他教师、管理者和更广泛的社区互动过程中。虽然已经进行了大量的研究来探究在职教师的专业身份的多维性和复杂性，但对职前教师的研究仍存在着不足。特别是关于职前教师在学习教学的过程中如何构建身份的知识非常有限。本章运用会话分析的方法，探讨了两位中国职前教师在不同的社会、文化和教育环境中生活和学习的经历。研究揭示了职前教师如何建构其专业身份，包括建构教学知识、行使能动性以及培养信心和权威。该研究对语言教师身份的文献做出了贡献，并对教师学习和发展以及有效教学法具有重要的指导意义。

教师身份已成为教师教育的重要议题。在第二语言教师教育领域，语言教师身份的发展被视为第二语言教师成长的重要过程（Freeman，2020；Block & Gray，2017；Johnson & Golombek，2020；Li，2017）。在全球范围内，对职前教师身份发展的关注日益增加（Yazan，2018；Malm，2020），因为身份发展过程被认为是教师的学习工具（Pereira，

Lopes & Marta，2015；Yuan & Lee，2014）。然而，多位学者指出，在语言教师教育领域，对语言教学和教师背景下身份建构过程的研究不足（Barkhuizen，2017；Trent，2015；Peercy & Sharkey，2020）。实际上，在不同的社会、教育和文化学习环境中学习时，我们对于职前教师在学习教学的过程中如何建构身份的了解甚少。

当前教师教育领域的文献关注教师发展中身份的重要性（Beauchamp & Thomas，2009；Kanno & Stuart，2011）。在这方面，李晢熙(2020)认为，教师身份建构与教师学习之间存在着复杂的关系。教师在课堂上并非中立的参与者，因为教师如何定位自己与学习者以及更广泛的背景的关系对于教与学至关重要（Varghese et al., 2016）。因此，研究教师身份可以被用作一个分析框架来凸显教师发展的整体性、动态性和情境性（Cheung et al.，2015；Li，2020；Olsen，2008；Tsui，2007）。

在这个背景下，本章探讨职前教师如何通过身份建构来理解自己的教学实践。本章采用了社会文化方法来理解身份，认识到社会环境经验对身份建构的影响。这项研究的重要性体现在两个方面。首先，本研究关注职前教师在其专业背景中进行的身份建构工作，并阐明他们多重、动态的身份。其次，大部分关于专业身份的研究都采用叙事方法或民族志方法；这项研究将为促进教师身份的社会性和对话性增加研究内容（Gray & Morton，2019；Li，2020）。为此，本章将分析职前教师在其专业中的动态角色定位，并试图阐明他们如何利用互动资源和策略来建构专业和社会形象。我们分析了职前教师在与他人的交谈中是如何定位自己的。并通过会话分析的视角，审视了教师在专业学习中建构的多重和动态身份。这项研究将对语言教师身份的话语取向视角的文献做出重要贡献，并对教师学习和发展具有重要意义。

8.2 语言教师的身份

身份是"人们用来解释、证明和理解自己与他人以及整个世界关系的资源"（Lave & Wenger，1991）。教师身份，或者说"教师自我"或主体性和个性，可以被定义为"一个人如何理解自己与世界的关系，这种关系如何随时间和空间结构化，以及一个人如何理解未来的可能性"（Norton，2013）。这个概念被理论化为多样的、变化的和矛盾的，广泛认识到身份与社会、文化和政治背景密切相关（Varghese et al.，2016）。

研究者们从不同的理论立场探讨了这个概念。巴古泽恩（2017）说："提出任何关于语言教师身份的单一定义是不太可能的、排他性的，也有可能是适得其反的。"基于此，他进一步提出我们需要对身份这个概念进行全面的理解。瓦格斯等人（2016）提出了一个工作定义，将语言教师身份视为"我们如何看待自己作为语言教师的互动……以及别人如何看待我们"。布洛克（2015）持类似观点，提出教师拥有"职业身份，具体来说是语言教学身份"。他还认为，这样的身份可以根据个体如何自我定位和被他人定位为教师而加以定义，关系到教学生活中的不同方面。因此，身份与持续与其他教师和学生的接触以及参与的任务等因素相关联，这些因素构成了教学过程（Block，2015）。

8.2.1 职前教师的身份

可以说，教师教育是为特定的专业角色做准备，理解成为和作为一名教师的过程，其中涉及从学生到教师的转变。因此，学习如何教书实际上是一个理解"我是谁"和身份发展的过程，而不仅仅是学习学科和教学知识（Clarke，2008）。身份基本上可以被看作参与者在认同和意义协商过程中进行的双重过程（Wenger，1998）。

研究职前教师的身份具有重要的价值。首先，研究发现，身份认同感比较强烈的职前教师在学习教学方面更积极，并且在教学实践中更擅长反思。因此，如果教师教育的重点是赋予英语专业师范生参与未来学习的能力，那么这些项目着重关注教师身份以及它如何影响教师学习至关重要。其次，教师的认知与教师身份之间存在着密切联系（Gray & Morton，2019；Li，2020）。为促进教师的认知发展，我们需要关注"成为""存在"和"做"教师在英语专业师范生的实践工作中如何体现。大量文献表明了教学实践对教师学习的重要性（Farrell，2011；Li，2017），特别是其中的消极经验。例如，李皙熙（2017）报告了两名实习教师的负面经历如何影响了他们对英语和自身形象的理解。当然，李皙熙（2017）还认为，如果能将负面经历视为应对教师认知和情感理解的关键事件，它们就可以被用作教师学习的工具。再次，关注社会互动和话语建构可以揭示语言教师身份的情感维度。

8.2.2 教师身份的话语建构

在教师从事工作的专业环境中，特别是以课堂为主要场所的背景下，探索身份建构的动态性及其与话语之间的关系引起了越来越多的学者们的兴趣。巴古泽恩（2017）强调了身份是"被实施、动态和多维的"，因为教师与教育者、学习者、其他教师、管理人员以及更广泛的社区进行社会互动，并与课堂和机构中的空间、地点和物体进行实质性互动。加里和莫顿（2019）对此观点表示赞同，认为教师身份，尤其是对于新手教师，是被赋予的、被拒绝的、被协商的和被宣称的，这在教学中得以展现。为了论证话语与教师身份之间的密切联系，李皙熙（2020）写道："他们（教师）使用的语言以及如何在教学中使用语言可能是窥视他们的专业身份和潜在自我的窗口。"

本威尔和斯托科（2006）将话语视角下的身份定义为涉及"人们相互之间的身份以及在口头互动和书面文本中产生不同类型的身份"。更具体地讲，话语实践与身份之间存在密切联系，"一个人在与他人的互动中展现的身份会影响其交流方式。同时，一个人选择的具体话语实践也会决定他或她被认定为何种身份，以及对方被认定为何种身份"。在教育环境中，专业身份是参与者自然而无意识地展现的情境身份，尽管其他类型的身份也可能伴随其出现。加里和莫顿（2019）认为，话语通过互动组织或话语身份的生成，使得情境身份得以表达。正是通过话语的视角，我们可以看到参与者如何投射和展现其情境身份。

这些研究表明了"互动"在教师身份建构中的重要作用。教师在与其他教育者、学习者、管理人员以及更广泛的社区进行互动时展现和建构身份（Barkhuizen，2017；Li，2020）。因此，通过社会互动的视角来研究成为教师以及作为教师的过程是非常重要的，因为"教师所知所做的一部分是他们身份建构的一部分，这是通过课堂中的互动不断进行并得以转化的"（Miller，2009）。因此，教师在其专业实践中参与的互动工作展示了他们的思考、定位以及作为教师的个体和集体形象。教师通过互动、参与和行动来构建和协商身份，因此，他们展现出情境身份。当然，这个过程受到更广泛的政治、社会、教育和文化背景的影响。

8.3 案例分析

8.3.1 研究背景

本章的案例分析数据来自一项关于教师学习的研究，包括实习教师和在职教师，旨在调查教师在其专业（学习）背景下如何发展他们的信念、理解和知识。我们向参与调查的教师们介绍了相关信息，征得了所有参与者的同意，并告诉他们，有权退出调查，以及他们的数据将如何存储、使用和销毁。参与者可以选择使用化名来保护自己的隐私。

本调查涉及两名在中国修读学科英语教学硕士课程的中国学生（Gao和Sun）。其中一个核心模块是教学方法论。在这个模块中，这两名学生接受了理论知识和实践指导。此外，他们还与导师进行了教案编写会议、实习教学和基于视频的反思。这些活动的目的是为他们提供机会与他们将来要加入的专业领域建立联系。

Gao 在开始硕士课程之前做过一些教学实习。她的口语英语比书面英语好得多，而且在课堂上非常活跃，积极参与所有活动并提出有趣的问题。她希望成为一名教师，而且她的大学专业是英语教学。Gao 作为她所在班级中最优秀的学生之一毕业了。

Sun 在课堂上相对安静，没有任何正式的教学经验，但在之前曾担任过私人家庭教师，他对自己的英语能力不够自信。他选择成为一名英语教师在很大程度上受到家庭的影响，因为他的父母都是教师。Sun 的本科阶段是在中国的一所大学学习传播学，可能也是这个原因，他自称是班上"竞争力较弱"的学生。

8.3.2 数据与分析

在课程中，两名学生参与了小组备课讨论会，与导师和同学讨论他们的备课计划。此外，他们还需要根据备课计划进行教学，并通过观看录像回放自己的教学来进行反思。这些活动都被录像记录了下来。数据包括 18 分钟的备课讨论、90 分钟的教学以及 60 分钟的基于视频的反思。对口头和非口头行为的详细转录和细致分析，遵循了盖尔·杰斐逊（Gail Jefferson）提出的会话分析惯例。在转录中显示出的停顿、手势和语调都经过了详细的微观分析。基于社会文化理论视角，我们将分析焦点投向教师专业实践场域，着重考察其在教育协作互动与职业角色定位过程中所展现的具身化实践行为。值得注意的是，会话分析原则被运用于揭示教师身份，更准确地说是应用会话分析，它使用"会话分析的概念和方法来实现特定议程"（Kubanyiova，2016）。会话分析关注如何生成行动序列以及参与者的话语如何显示他们对彼此话语的解释和所代表的社会行动

（Kubanyiova，2016）。原则上，会话分析将对话视为一种行动，而不是行动的渠道。因此，在对话中，参与者塑造和展现出身份，并且他们的存在是通过对话交互建构起来的。从这个意义上讲，对话也"展示了互动者的认知、情感和态度"（Li，2017）。值得注意的是，"纯粹"的会话分析和"应用会话分析"之间的主要区别在于前者"关注自然发生的互动数据以揭示话语的组织结构，而后者在机构性对话中更专注于政治或社会相关主题或素材"（Li，2017）。

8.3.3 研究发现

对于新手教师来说，发展教学知识和树立专业形象是成为一名教师的重要方面（Farrell，2003；Li，2017；Kubanyiova，2016；Lantolf，2004）。一方面，实习教师利用他们的先前信念和知识来过滤课程输入，以发展他们的个人理论；另一方面，他们也将知识带入学习社，并在他们之前的学习经验、课程输入以及当前环境中被认可的知识之间进行重新协商。这种重新协商将进一步有助于发展实习教师的集体信念、价值观和身份认同。

首先是培养教学法知识。加里和莫顿（2010）认为，在学习教学的过程中，知识可以被看作主要是身份问题，实习教师经历"一个以不断整合个人和集体视为与教学相关的内容为特征的实践知识构建过程"。同样，李哲熙（2017）认为，发展教学知识是"非常个人化和情境化的，并与教师的学习和教学经验密切相关"。李哲熙（2017）进一步认为，当实习教师"对教与学有了新的见解，或者意识到新的教学理念时，他们会探索重新构想或重建自己的教学法"的方式。

Extract 8.1

1 I　So overall what… what's your thinking?

2　　What' your thought about this teaching?

3 G　(hesitation)

4 Well I guess I didn't prepare very well…

5 because uh I can if I like.

6 Actually I can (um) do something…

7 before the accident happen but I didn't think…

8 much so. It's like hmmm…

9 that's experience, isn't it?

10 I So because you are new and you don't really…

11 realise that things can go wrong.

12 G Yeah I didn't realise.

13 hmmm…

14 G and um I don't know that I was…

15 too focused on the technical.

16 I think hmmm maybe I can do this.

17 Maybe I can do that but actually I didn't…

18 I didn't manage it very well.

19 I Uh.

上面这段会话是从 Gao 的后期反思中提取的，她在其中讨论了自己的教学表现。正如数据所示，教师培训师通过第一组对话（第 1—2 行）引导 Gao 反思，为 Gao 提供了一个机会来进行自我评价。Gao 发言并提供评价，指出她的准备工作不够充分（第 4 行）。在这里，我们可以看到 Gao 的定位很有趣——她以 "I guess" 开始，表示她的评价可能不准确，因为她是一个接受专家、教师培训师评估的新手。在这里，Gao 声称自己缺乏进行自我评价的知识（Koshi，2002）。有人可能会认为，这与自信心或权力问题有关，因为教师培训师的默认角色是专家，而 Gao 的特定身份是一名实习教师。接下来的几行（第 5—8 行）展示了 Gao 如何发展对自己教学的反思。同样，第 8 行的停顿帮助她获得表达自己对教学意外事件应对情况的空间。教师培训师为学生发展对自己教学实践的理解提供的帮助也体现在教师培训师采取发言的行动中，因为他们观察到英语专业师范生的犹豫。这有助于双方共同建构"实习教师"作为学生的共同知识，教师培训师将英语专业师范生称为"新人"，将教学知识和专业知识与"经验"联系在一起（第 9—10 行）。在这里，英语专业师范生还被赋予缺乏认识或意识（第 10—11 行）。我们可以清楚地看到英语专业师范生被贴上一个特定的身份标签，一个缺乏经验的英语专业师范生在面对意外事件时缺乏专业知识。英语专业师范生也接受了这样的身份，随后声称自己的确缺乏认知（第 12 行）。在接下来的内容中，Gao 解释了她在教学前的教学决策，正是在这一刻，我们可以看到 Gao 开始通过反思教学经验来发展教学知识。值得注意的是，通过接受作为一名"新手"教师、缺乏经验并显示"知识不足"的特定身份，她可以发展自己的教学知识，并在做出互动决策方面构建专业知识。

Extract 8.2

1 G So I think maybe um I can use a clip of video.

2 I   uh.

3 G So it may VARIED the material I use…

4   in the classroom.

5 I   Ok. So um you use material…

6   you use the video to vary the material.

7   Sorry, you used.

8 G uh…

9 I   Is that the only purpose?

10 G Not really. It's also very interesting…

11　　to see something and listen to others…

12　　not just the teacher.

13 I　Yeah.

14 G　It's motivating.

　　上面这段会话再次取自 Gao 的教学计划会议，她在会议中讨论了在教学中整合新科技工具的计划。正如在对话中所看到的，Gao 带头阐述了她想要如何教授词汇课的想法（第 1 行）。她慎重提出这个评价，因为她再次将自己定位为一名寻求专家（即教师培训师）批准的新手。在这个陈述中，Gao 通过尝试描述她想要如何使用技术（本例中为视频剪辑）来构想自己的教学知识。导师对此表示认可（第 2 行），而乔治娜（Georgina）（实验对象）将其解释为鼓励以证明这个想法（第 3—4 行），我们注意到她在阐述视频剪辑的目的时使用了强调语调（第 3 行 VARIED）。在这里，我们可以清楚地看到乔治娜通过谈论技术的展示特点来构想技术的功能。随后，导师首先承认这个想法，然后经过简短停顿，在将 Gao 的教学想法作为确认请求时进行回应。Gao 立即确认表明她现在对技术在教学中的作用感到确信（第 8 行）。在这一点上，导师跟进第一个部分，要求她反思自己的教学决定（第 9 行）。显然，导师正试图与 Gao 进行一些协作，帮助她明确自己在使用技术方面的教学决定。这种促进将 Gao 定位为一个需要学习对自己的决定进行反思和批判性思考的新手。Gao 立即接受了建议（第 10 行），她首先否认视频剪辑的唯一目的，然后提供进一步的阐述（第 10—12 行）。她这里提出了几个想法；首先，技术可以吸引学生，因为数字素材很有趣；其次，它潜在地满足了学习者的视听需求。现在，在这段对话中，我们可以看到 Gao 在教学技术使用方面的教学决定的明显发展得益于导师的互动工作支持。这段会话展示了 Gao 如何在这项任务中展示了一个新手身份，但也逐渐与导师共同构建了这个想法。

其次是在发挥能动性中建立权威。营造和管理课堂氛围是教师学习的重要方面。对于实习教师来说，与学生建立密切关系并保持自己的权威性是一项重要工作。安迪·哈格里夫斯（Andrew Hargreaves）（2005）称，未能建立这种关系可能会使教师容易遭遇情感误解。在这方面，李哲熙（2012）展示了两名非母语英语的准教师在试图管理课堂时的权威举措。李哲熙（2017）提出，新训练的教师往往通过展示学科知识、课堂管理和拉开教师与学习者之间的差距来建立权威。在下面的摘录中，西蒙（Simon）（化名）通过控制活动和管理学生行为来建立自己的权威。

Extract 8.3

1 S   Class…

2   now I'd like you to work in groups…

3   to discuss how we deal with one of the issues.

4 L1   What?(Lower the voice)

5 LL   (Laugh)

6 S   Ok…

7   here, take one of the issues…

8   for example pollution, you can discuss how we deal with it…

9   or you can talk about other aspects…

10   now please discuss.

11 LL (chatting for 8 minutes)

12   I will ask you to come to the front to present…

13   so maybe you want to write notes?

14   Are you done?

15 LL No.

16 S   Ok, two more minutes…

18　　　you have to decide what you are going to say.

在上段会话中，Sun 正在进行微教学课程，组织一个小组活动。Sun 首先通过使用权威性话语（第 1 行）来向全班发表讲话，这表明在这种设置中分配和假定了不同的身份。这也可以被视为"预告"，以吸引学生的注意力（Terasaki，2005）。然后他给全班同学下达指示（第 2—3 行），紧接着一个学生提出了问题（第 4 行）。低沉的声音表明这不是学生的真正问题；相反，它显示了学生的困惑。在这里，我们可以看到全班将其视为一种干扰，因此引发了笑声（第 5 行）。接着，Sun 将 PowerPoint 幻灯片倒回，进一步解释了他设定的任务，并举例说明（第 7—9 行）。在第 10 行，Sun 再次下达指示，这次要求学生讨论他预先选择的问题。从第 11 行可以看出，学生们完全投入了讨论。为了加强自己的权威，Sun 随后给出进一步的指示，这次是告诉学生他将如何检测他们（第 12—13 行）。同样，在这里我们可以看到西蒙展示了"义务"权威，这意味着他拥有设定规则和规范的权威（Stevanovic & Peräkylä，2012）。

在意识到时间问题的情况下，Sun 向学生们核实了他们的进展情况（第 14 行）。在学生们给出"不"回答后（第 15 行），Sun 做出了一个互动性的决定，让学生有更多的时间，并强调学生需要就报告内容达成一致。规则设置是课堂管理的一个关键要素。在这里，Sun 管理班级以显示他对指导班级拥有绝对权威和发言权。即使学生被允许有更多的时间，但 Sun 在这里的指示涉及"告知"，表明他对学生的学习行为不满（Li，2020）。

Extract 8.4

1 I　　So how did you feel about that lesson?

2　　　(pause)

3 S　　Terrible. No, it's ok, not the best.

4   I think um…I think I spent too much time…

5   on that group task.

6 I   Yeah.

7 S   But tasks worked well.

8   But then I didn't finish the next part.

9 I   Yeah, um…then maybe you need to…

10   drop one of the tasks…

11 S   hmmm, I could have managed it…

12   if I planned the student bit, but we didn't know.

13   I think that's good as we now learn…

14   to plan students' response time.

15 I   That's right.

16 S   So those two activities are linked very well.

17   So I don't want to drop one of them.

18   But I could have given clearer guidance.

上段会话描述了 Sun 与导师在课程结束后的反思对话。在这次对话中，Sun 展现了行动力，运用权力来制定一套在职业生活中有用的"组织原则"。导师在第 1 行通过提问要求 Sun 进行自我评估，引发了 Sun 的学习事件。在反思性的会话中，导师通常扮演"专家"的角色，提供建议并指导"学习事件"的结构，而学生通常则被定位为初学者。然而，在这段会话中，处于初学者位置的 Sun 转变了自己的定位，控制了学习事件的焦点。这种重新定位是通过他与导师进行的互动工作展开的。经过长时间的沉默后，他以轻松的语调通过反问技巧以玩笑的方式来评价自己的教学，认为自己的表现很糟糕。幽默和委婉被用作一种互动策略，以便在批评或否定他人时保持礼貌，但在这里，这种策略被用来引起身份定位的微妙转变。在自我批评之后，Sun 回归到对自己的课程进行适当评估，表示"还行，不是最好的"。在这一点上，Sun 进一步阐述了为什么这不是最好的（第4—5行），暗示存在时间管理问题。显然，Sun 已经为自己确定了一个学习点。导师简要承认了这个问题（第6行），而 Sun 进一步展开他的评估，建议尽管存在时间问题，任务还是完成得不错。在这里，我们可以看到导师现在假定了权威位置，给西蒙提供建议（第9—10行）。再次，这里展示的权力／权威是"义务"权威，表明导师有权制定关于应该做什么的规则和规范。与接受建议不同，Sun 在这里略微不同意导师的观点（第11—14行）。对于西蒙来说，重点不在于放弃一项任务，而是在于意识到规划学生和他们对任务的反应。有趣的是，当提出自己的立场时，Sun 使用了"我们"（第12—13行）。"我们"是人称指示，通常表示被包含在群体中（Holmes & Marra，2002）。Sun 使用"我们"指代英语专业师范生之间的共同做法，并为该群体确定学习点。Sun 将自己的定位从一个单独的学生转变为代表一个群体，从而展示了集体身份。导师表示同意（第15行），与 Sun 的反思重叠。在第16—18行，他将自己定位为初学者，通过实际工作和反思实践发展原则。

8.4 小结

本章的研究揭示了关于准教师的教师身份的两个主要主题：发展实际的教学知识和通过行使权力来建立权威。当然，准教师在其专业背景中可以展现多种"情境身份"（Li，2020），但这两个明显的主题是从他们的专业背景中的对话中浮现出来的。

研究表明，建构专业身份可以被理解为在他们的教学背景中发展教学知识的旅程（Li，2017）。该研究的发现与之前对职前教师的研究有着明显的一致，突出了职前教师在个人实际教学知识协商和发展中的重要性，因为身份形成是"一个以持续整合个体和集体认为与教学相关的内容为特征的实际知识建构过程"（Beijaard et al.，2004）。

阿克曼和梅耶（2011）将教师身份概念化为"在不断协商和相互关联多个位置的过程中，以一种或多或少连贯一致的自我感为贯穿，这种自我感在生活的各种参与和自我投入中得以维持"。因此，根据我们的观点，教师必须拥有一个核心身份，即自我，这种身份相当稳定，并会根据所处情境释放出不同的自我位置。因此，对于英语专业师范生来说，他们的核心位置仍然是作为一个正在通过协商和重新协商发展教学知识的学生/新手。他们在与他人互动中展示了对自己未来的成员身份，或者在制定全面原则的过程中行使主观能动性（Li，2017）。鉴于实际教学知识与身份建构之间错综复杂的关系，教师等教育工作者必须意识到在发展教学知识过程中身份建构不断进行。因此，教师教育项目应将提高英语专业师范生对身份建构的意识纳入教学模块中。

这个领域值得进一步探究的第二个主题是英语专业师范生渴望建立权威以及在发展专业身份中的重要性。李哲熙（2017）观察到，新手教师将优先考虑在课堂上建立权威的愿望，这可能是因为初任教师或英语专业师范生在工作中感到缺乏自信和灵活性，因为他们仍处于"起步阶段"并且缺乏经验（Liddicoat，2009），或者与想象的工作环境没有共鸣。

数据表明，反思在教师学习中发挥着重要作用，因为它使教师能够客观地看到他们正在培养的信念、价值观和身份，并有可能让他们从实际身份转变为理想身份（Danielewic，2001）。从这个意义上来看，会话分析是一种有用的方法论，通过对个体与他人进行的互动工作（包括引导式反思），可以洞察到具体情境中的身份。教师，包括实习教师，需要学会通过话语来揭示和理解他们的身份。因此，教师教育应该赋予个体能力，使其能够从事这一领域的工作。

　　作为本章最后的总结，我们展示了通过会话分析和身份探讨是如何被研究和处理的，以及身份和教学知识是如何被展示和调节的。尽管本章中使用的数据来自特定语言教师教育环境中的特定学生，但分析显示了在身份定位中的复杂而微妙的转变。在这一研究领域中，李哲熙（2017）提出了"CA-for-TC"（用于教师认知的对话分析）的概念，强调社会互动和语境在主体性发展中的重要性。正如我们所看到的，教师在专业环境中所做的很多事情都是通过交谈展开的，这意味着他们通过互动在特定语境中展示了知识、信仰、概念化、立场、存在和感受。我们认为话语、身份、定位和知识之间存在着密切联系。因此，与身份相关的主题需要考虑到身份相关语言和话语产生的互动环境的动态和共同构建性质（Gray & Morton，2019）。

第九章
外语专业师范生的职业展望

9.1 引言

专业身份是理解教师专业发展的社会嵌入和个人经历特征的核心。特别是在身份建构的早期阶段，我们需要关注的不仅是过去和现在，还有未来的形象，以支持教育过程中的身份建构。本研究调查了英语专业师范生如何看待他们未来作为语言教师的工作，以及他们如何感知可以投入未来的方式。本章的研究收集了 60 位英语专业师范生的数据，这些数据是在大三第二个学期末集中收集的，包括这些师范生未来工作的可视化和促进或阻碍他们未来职业梦想的因素的口头描述（重点在于口头描述）。了解英语专业师范生的未来目标以及他们计划实现梦想的方式，为支持英语专业师范生发展所需的过程提供了宝贵的见解。

专业身份在理解教师的职业发展和参与职业实践中的社会嵌入性和个人体验特征方面起着核心作用（Barkhuizen，2016；Kanno & Stuart，2011；Ruohotie-Lyhty，2013）。身份的核心性也引起了教师和教育机构对于在实习培训期间进行身份建构的问题的关注。教师教育项目被建构为专业社会化进程中的关键节点，其核心功能在于通过批判性反思机制解构传统教学认知范式。此外，学生们被期待在开始担任教师工作时，就意识到身份建构的必要性，并获得分析和发展他们身份的工具。

对过去和现在的反思已被用作影响实习生和在职教师身份建构的媒介。然而，关注未来的叙事和学生想象中的身份对身份建构同样重要（Kanno & Norton，2003）。审视英语专业师范生如何想象他们的未来可以揭示他们愿意为自己的职业发展投入多少（Barkhuizen，2016），以及他们的投资想法有多现实。了解学生的未来目标和实现这些目标的手段可以为支持英语专业师范生发展所需的过程提供宝贵见解。

未来目标的重要性已在与语言学习者身份相关的研究中得到探讨。学习者对语言学习的承诺受到他们理想的第二语言自我的影响（Korobov & Bamberg，2007）。理想的第二语言将投射到未来，展示了学习者将来在想象中的社区中作为语言使用者的形象（Norton，2001；Xu，2012）。投入的概念（Darvin & Norton，2015；De Costa & Norton，2017；Norton，2000）被用来具体表达一个人在受社会、文化和历史因素限制的情况下，为自己的发展付出努力的可能性和意愿（Darvin & Norton，2015；Kim，2014）。然而，目前很少研究涉及与未来语言教师职业相关的投入问题。

因此，本研究旨在通过调查英语专业师范生如何通过对未来作为语言教师的投入来填补这一空白。从理论上讲，本研究构建了以教师专业身份为核心、职业构想为认知维度、实践投入为行为表征的三维分析框架，着重考察三者在教学专业社会化进程中的互构关系与动态生成机制。本研究收集 60 名大学三年级英语专业师范生在语言教师教育期间的数据，分析他们对未来工作的构想，并分析了英语专业师范生在与这些构想相关的口头描述。这些描述揭示了学生认为促进或阻碍他们未来职业梦想的因素，从而间接表明了他们愿意和有能力投入于自己的未来。通过对数据的分析，我们将回答以下研究问题：1）英语专业师范生认为他们如何投资自己的职业未来？2）学生描述的投入形式如何与他们对职业未来的构想相关联？

9.2 身份与投入

自 20 世纪 90 年代以来，教师身份的概念在研究中受到越来越多的关注（Block，2007；Duff，2013）。这与教学和学习的互动性质有关，在这个过程中，教师和学习者的身份都起着核心作用（Varghese et al.，2016）。同样，语言教师教育的实践也已从身份建构的角度进行了审视（Barcelos，2016；Barkhuizen，2009；Kalaja，2016；Trent，2013）。

尽管有几种研究身份的方法【例如叙事理论（Barkhuizen，2016；RuohotieLyhty，2013）、后结构主义的观点（Varghese et al.，2005）】，但最新的方法在关于教师身份的概念上存在一些共识。首先，身份被视为看待世界的特定方式，即"一个人如何理解自己与世界的关系"（Norton，2013），或者更具体地说，作为理解自己专业实践意义的手段（Barkhuizen，2016）。身份的概念也被认为具有过程特性，与身份如何"随着时间和空间的变化而构建，以及个体如何理解未来可能性"（Norton，2013）相关。因此，身份同时处于"存在"和"成为"的状态，不断影响教师的行动和对职业的看法，并受到职业实践不断变化的影响。其次，身份被视为个人和社会方面的关系（Duff et al.，1997）。然而，个体并不仅仅是环境的产物，更是身份发展中的主体参与者（Wyatt，2009）。

投入的概念将教师身份与未来可能性联系在一起（Darvin & Norton，2015；Norton，2013）。作为一个构想，投入最初是由诺顿（2013）在语言学习者和语言学习的关系中使用的，以突出"语言学习者身份与学习承诺之间的社会和历史构建关系"（Darvin & Norton，2015）。投入还意味着获取一系列象征性和物质资源，增强学习者的文化资本和社会权力（Darvin & Norton，2015；Bourdieu，1991）。因此，投入与后结构主义对教师身份建构的理解密切相关：身份和投入是动态的、流动的，并处于不断变化的状态中。

关于教师身份利用投入概念的先前研究相当多（Barkhuizen，2016；Miller & Gkonou，2018），但很少有关于实习教师身份建构和投入的研究。然而，劳拉·埃丝特·戈麦斯 - 巴斯克斯 & 尤利特·格雷罗·涅托（Laura Esther Gómez-Vásquez & Yulieth Guerrero Nieto）（2018）运用投入概念考察了墨西哥新手语言教师的学习轨迹，比较在墨西哥出生和接受教育的教师与那些在美国度过童年后返回墨西哥接受教育的教师，发现了与教师个人生平相关的投入差异。

9.3 职业展望作为身份建构的途径

如上所指出的，面向未来是身份的一个重要组成部分（Barkhuizen，2016；Norton，2013）。在教师教育过程中，这一点尤为重要，因为学生们正在追寻预期的未来。他们发展的一个关键特征是他们如何想象自己作为语言教师的未来任务和角色。人们面向未来时带着希望和欲望（Kanno & Norton，2003），但也伴随着恐惧（Barkhuizen，2016）。

教师和实习教师身份建构的研究日益增多（Barkhuizen，2016；Kalaja & Melo-Pfeifer，2019；Kalaja & Ruohotie-Lyhty，2019；Ruohotie-Lyhty，2013），也有关注英语专业师范生对未来愿景的研究。与本研究相关的例子包括安娜·玛丽亚·F·巴塞卢什（Ana Maria F. Barcelos）（2016），葆拉·卡拉亚（Paula Kalaja）和安蒂·曼蒂拉（Antti Mäntylä）（2018），德科斯塔和诺顿（2017）和加拉多（2019）。巴塞卢什（2016）对语言教师学生的叙事进行了纵向研究。她发现，与教师职业相关的负面特征阻碍了教师身份的建构，并让他们对自己未来的职业产生了怀疑。卡拉亚和曼蒂拉（2018）通过要求学生设想他们梦想中的课堂来审视英语专业师范生对未来的期望，发现学生之间存在很大的差异，并得出结论，认为这种差异既受到他们学习阶段的影响，也受到他们教授英语的经验的影响。德科斯塔和诺顿（2017）研究了英语专业师范生如何想象自己在巴西教授英语作为第二语言的未来，并发现英语专业师范生对过去作为学生的经历以及目前作为英语专业师范生的身份如何塑造他们对专业未来的看法。加拉多（2019）关于一名英语专业师范生担任英语作为第二语言教师的自我形象的研究揭示了经验是如何受到强烈的情境限制的。

　　本研究通过关注投入与对未来职业构想的关系，补充了先前的研究。我们首先借鉴了身份的概念，认为身份是社会和个人构建的，并与未来的欲望和恐惧联系在一起；其次，我们借鉴了投资的概念，将其与未来愿景相联系，使我们能够将焦点从个体延伸到教师身份建构的情境和社会要素。该研究旨在寻找以下研究问题的答案：1）英语专业师范生认为自己可以如何投资于他们的职业未来？ 2）学生描述的投资形式与他们对职业未来的愿景有何关系？

9.4 案例分析

9.4.1 研究背景

　　参与研究的对象是 60 名英语专业师范生（约 20 岁），参与这个调查的时候，他们正在读大学三年级，已经接近第二学期的期末。该专业的大部分课程从学习的最开始就专门针对语言教学。课程设置伴随英语专业师范生在整个学习过程中的职业身份建构。数据包括学生对他们在英语师范专业中"成为语言教师"课程中的一项作业的回应。我们在开展研究前就获得了学生的书面同意，将他们的回应作为研究数据使用。

9.4.2 数据收集

　　在课程作业中，要求英语专业师范生设想自己十年后的职业前景。为了更好地理解与语言教师工作相关的关键要素，我们要求他们以视觉方式呈现他们未来的两种可能性：他们理想的工作前景和对未来职业的担忧。

在这个过程中，参与者描述两种不同的情节，即成功或者失败。我们要求参与者对比他们理想和担忧的职业未来，并写下对这个设想的描述、对这两种未来的反思，以及是什么因素可能会促进或阻碍他们的梦想。任务的说明如下：

用两幅图像来展示自己在十年后的工作。在其中一幅图像中，你正在从事你的梦想工作，而在另一幅图像中，你正在从事并非你梦想的工作。请写一段简短的文字，写出你的图像描绘了什么，这两种未来有多现实，以及是什么促进或阻碍了你的梦想。

这里我们专注于口头描述的部分，即英语专业师范生对"是什么促进或阻碍了你的梦想"这部分的口头描述表达了怎样的投入态度。首先，我们探讨英语专业师范生认为他们能够和愿意如何投入他们的职业梦想，其次，英语专业师范生在实现梦想的过程中提到了哪些其他因素。

我们发现了这些参与者对未来职业的两种不同取向：对语言教师职业的工作性质取向和地位取向。大多数参与者（60 人中的 43 人）代表了工作性质取向，其中教师工作的内容、关系和条件构成了期望和担忧的职业未来之间的主要关系。本研究聚焦教师职业愿景构建过程，揭示其未来图景中往往交织着期望与忧虑的未来维度，并通过具象化呈现理想学校场景、情感体验及角色关系等核心要素。在图片和相关文字中，参与者描述了他们未来工作的内容，包括渐进式教育、与同事的密切合作以及宜人的物质环境。

少数参与者（17 名）从职业地位的角度设想了他们期望和担忧的职业未来。在这些参与者的图像和口头描述中，教师被呈现为具有一定社会地位的职业。期望和担忧的职业未来之间产生的矛盾关系建立在受到赞赏和不太受到赞赏的社会定位之间。但参与者基本没有描述他们未来工作的内容，相反，他们描述的主要主题与对教学的刻板印象描述相关，他们只是简要描述了自己设想的职业未来。一部分参与者只是提到他们愿意"成为一名老师"。其中，有几位参与者针对这个描述提供了一些额外的解释，例如将教师的工作与期望的职业地位进行比较。

在分析了这些描述之后，我们将更深入地了解这些英语专业师范生是否认为他们可以实现梦想以及他们将如何实现梦想。

9.4.3 数据分析

为了回答我们的第一个研究问题，我们采用了内容分析的基本原则（Patton，2015）来分析口头描述。我们使用归纳的分析方法，即我们根据参与者的解释，对其进行分类。通过对数据的多次阅读以及两位研究人员的文本分析，进一步细化该分类。

对于我们的第二个研究问题，我们将这些结果与先前的研究发现（Ruohotie-Lyhty & Pitkänen-Huhta，2020）进行了对比。通过内容分析，构建了参与投入的分类维度，并通过交叉验证机制将其与前期质性分析所揭示的工作实践特征及未来职业地位取向形成互为映射关系。为了了解投入与参与者在以工作性质为导向和以职业地位为导向的未来愿景分类之间是否存在统计意义上的关联，首先计算了每个分类类别的受访者人数。随后，使用卡方检验和调整残差值的方式来检验投入因素与工作取向群体之间的关联。

9.4.4 研究发现

首先我们来看一下促进和阻碍参与者们职业展望的因素。当英语专业师范生反思促进或阻碍他们期望或担忧的职业以及两种不同未来可能性的因素时，可以发现不同类型的投入。我们在数据分析中发现了五种不同类型的投入：1）英语专业师范生自身意愿；2）动机和个人特征；3）努力工作；4）获得学位；5）外部条件。几乎每一名英语专业师范生的描述中可能包括其中的一个或几个类别，从一个到五个不等。但是也有两名英语专业师范生在他们的描述中没有出现上述任何一个类别，或者没有提到任何可以被视为投入的内容。以下是两个描述的例子。第一名参与者（Extract 9.1）只是简短描述，而第二名参与者（Extract 9.2）进行了详尽的描述，我们在第二名参与者的描述中发现了五个促进和 / 或阻碍梦想的因素。

Extract 9.1

I can facilitate my dreams coming true by studying and concentrating on studies properly. If I give up, it's very likely that I end up in a job that does not correspond to my dreams.

I myself influence my dreams coming true.

Extract 9.2

Finishing my degree can facilitate my wishes coming true. Being self-directed at school but also at workcan help in getting a job. Ifone wishes to gain qualifications, one has to work for it. Having a good combination of subjects [in your degree] can be useful in finding work.

Energetic, positive and diligent attitude take you far in life! I believe firmly in my qualifications in the future and in finding a job. Of course, if there is a serious shortage of money and I have to find a job, itmay be that I end up in my detested job, because one has to work in life. I'm not picky either.

第二名参与者提到硕士学位作为一个促进因素，同时也提到了自己的主观能动性、努力工作和积极的态度，还提到了一个外部条件，即缺乏金钱可能会推动一个人去从事一份不怎么感兴趣甚至厌恶的工作。

下面我们针对上述的五种类别逐一分析，从而更深入地了解参与者的想法。

（1）学生的个人意志

在这一类别中，参与调查的学生描述了自己的意愿如何支持自己实现职业梦想。在这些描述中，他们提到了自己的意愿，以及他们目前的选择和未来活动。他们也普遍认为自己的行为有可能会扭转环境的消极影响。在这些例子中，"我""我自己"等词出现的频率较高，如：

Extract 9.3

The future of my dreams is not fully in my own hands, but I can myself influence the variability in my work.

Extract 9.4

I can facilitate the plan by examining/asking about/discussing new possibilities and ideas.

Extract 9.5

It is also important that I take the students and their opinions into account.

Extract 9.6

I believe that my dream job can be reached, if I myselftake part in developing the future and reach for my dreams boldly and not giving up when facing small setbacks.

在上述例子中，参与者描述了自己作为积极成员能够帮助自己实现工作中的合作学习文化。他们还提到教师的自主权，教师能够自行决定课堂上的工作方法和实践操作，并相信这可以支持他们实现梦想。

（2）动机与个性特点

在这一类别中，英语专业师范生强调了他们自己的动机和态度在实现未来梦想工作中的重要性。他们提到了拥有实现梦想所需的必要条件。下面这个例子说明了这一类型：

Extract 9.7

Skills and knowledge are of course needed, but the most important thing is motivation and attitude, with which one can have results.

这名参与者并没有直接表达出具体的动机和态度类型，然而有一些参与者更明确地提到了他们所拥有的条件。比如其中一位参与者提到自己的工作经验将有助于他找到理想的工作：

Extract 9.8

My wishes coming true can be facilitated by my experiences as a teacher [in a specific school for the Deaf], my work experiences in co-operation.

对于这位参与者来说，之前在某些学校担任教师的经验以及与其他人协同工作的过程中的经验提高了他未来能够从事自己想要的工作的可能性。

（3）个人努力

在这一类别中，参与者提到了需要努力工作才能实现梦想。努力工作可能与学习、找工作或单纯勤奋有关。懒惰则被认为与负面未来预期相关。与第一类群体不同的是，这类参与者并没有详细描述努力工作所需的具体行动。以下两个例子说明了这一类别：

Extract 9.9

I know, however, that with hard work and diligence I can reach my dream, up to a point.

Extract 9.10

If you wish to gain qualifications, you have to work for it.

这两位英语专业师范生只是提到只要努力工作并且勤奋，就可以实现梦想或达到资格要求的标准，但并没有详细描述要采取的具体行动或措施。

（4）获得学位

在这一类别中，英语专业师范生确定获得学位是实现他们理想工作成功的必要前提。他们的投入直接与他们的学业联系在一起，而失败的结果可能就是不能顺利完成学业。以下两个摘录说明了这一点：

Extract 9.11

My teacher-future is hindered by quitting studies and facilitated by continuing my studies.

Extract 9.12

My dream coming true is facilitated by completing my degree.

在这两个例子中，参与者并没有详细探讨学业的质量，因为他们的主要目的似乎只是完成学业以获得学位。然而，也有参与者将一些品质与他们希望进行学习的方式联系起来，比如下面这位参与者：

Extract 9.13

I can facilitate my dream coming true by studying my Finnish-as-a-second-language studies well.

在这一类别中的例子中，参与者对自己投入的质量大多以非常笼统和简短的方式进行描述。

（5）外部条件

在最后一类情况中，投入并不取决于英语专业师范生本身，而是取决于一些外部条件，这些条件似乎超出了个人意志或活动范围。其中许多涉及未来的就业形势或社会以及政策的各种变化。

Extract 9.14

In addition, funding for schools as well as structural and political changes influence the future of work.

Extract 9.15

It is difficult to estimate the likelihood for these options to come true, as political decisions, one's own choices as well as the general atmosphere in the area where one ends up working influence these.

在上述例子中，英语专业师范生认识到他们的未来取决于学校的资金情况、政策变化，或者未来工作地点的整体氛围。也有的参与者表达的内容与个人活动有间接的关系，如下面这个例子：

Extract 9.16

If I stayed in a place where there's not much work for language teachers that could prevent my dream from coming true. A facilitating factor could be the fact that I would be open to different options and would be ready to live in a place where I could find work.

英语专业师范生看到他们的未来取决于他们生活的地区的就业形势，但这也与他们自己的活动相关，原因是，如果为了有更好的工作机会和环境，他们应该愿意搬到另一个地方。下一个例子也与外部条件有关，具体来讲就是与健康或技能有关。在这个例子中，英语专业师范生认为，如果严重疾病阻碍他们成为教师，梦想可能无法实现：

Extract 9.17

If there were something that would prevent my dream from coming true that would probably be lack of jobs matching my profession or lack of professional skills or something related to health. For example, if I would get a serious illness which would prevent me from working as a teacher.

通过对英语专业师范生描述促进或阻碍他们期望或担心的未来职业因素的定性分析，我们了解到英语专业师范生认为自己的未来受到内部和外部影响。他们认为可以通过持续的行动以及正确的态度和动力投入于自己的未来。如果他们积极追求梦想，他们就能实现。他们还看到只有获得适当的学位，才能保证作为教师的期望未来。许多人还看到一些影响超出了他们自己控制范围的外部条件，如教育资金、就业情况或个人健康。

其次是跟未来职业取向相关的投入。为了回答我们的第二个研究问题，我们提供了对英语专业师范生上述描述和分类的投入因素与他们未来职业两种取向之间关联的统计分析结果。我们的目标是分析英语专业师范生的投入与他们如何看待自己的职业未来是否相关。该分析是通过将投入类别和两种工作取向类别进行分析完成的，包含五个因素：1）英语专业师范生自身意愿；2）动机和个人特征；3）努力工作；4）获得学位；5）外部条件，与工作取向的两个类别（工作性质和工作状态）进行了分析。

在分析中，所有的投入类别都与两种工作取向进行了分析，但只有一个因素（投入类别）在两种工作取向之间显示出了统计上的显著差异，即"获得学位"这个类别。我们进行了独立的卡方检验以检验"获得学位"和工作取向之间的关联。这些变量之间的关联是显著的 $c^2(1，N=61) = 11.68$，$p = .001$。那些对未来工作有一种状态取向的人更可能说获得学位有助于实现他们的梦想，而不是那些对工作性质有取向的人。结果见表 9.1。

表 9.1 获得学位和对未来的职业取向

工作定位		获得学位		
		未提及	提及	合计
工作性质	数值	28	17	45
	预期数值	22.1	22.9	45
	标准残差	1.2	−1.2	
工作状态	数值	2	14	16
	预期数值	7.9	8.1	16.0
	标准残差	−2.1	2.1	
总计	数值	30	31	61
	预期数值	30.0	31.0	61.0

其他因素（投入类别）在两种工作取向之间没有显示出任何统计上的显著差异。我们还检测了任一描述中影响因素数量与工作取向之间是否有差异，但没有发现任何差异。因此，我们可以得出结论，在英语专业师范生的投入与未来工作取向之间存在着关联。换句话说，那些将未来工作定位为获得教师身份和相应地位的英语专业师范生更倾向于通过获得学位来投入未来，而那些将未来工作定位为工作性质的人则更倾向于投入其他因素来实现

他们期望的职业未来。当然，通过获得学位来从事教师职业是合乎逻辑的，这种"技术"投资符合通过获得特定社会地位来实现未来取向的趋势。对于以工作性质为导向的这类群体来说，其他因素（内在和外部因素）似乎更重要，这些因素对于实现他们期望的职业未来起到了更大的作用。

9.4.5 结果讨论

这项研究考察了英语专业师范生如何看待他们未来作为语言教师的工作，以及他们如何认为可以投资自己的未来，以及他们的未来工作取向与投资之间是否存在关联。本研究通过关注英语专业师范生及其对未来职业的愿景，增加了有关教师身份发展（Barkhuizen，2016；Dunn & Downey，2018）和投资（Darvin & Norton，2015）的研究成果。

我们的分析显示，英语专业师范生认为自己的职业未来受到内部和外部因素的影响，其中内部因素的影响更加突出。我们确定了英语专业师范生描述的有助于或阻碍他们期望未来的五个因素：1）英语专业师范生自身的意愿；2）动机和个人特征；3）努力工作；4）获得学位；以及5）外部条件。其中前四个类别可以被视为内部因素，只有一个外部因素。因此，英语专业师范生对于哪些因素影响自己的未来有着不同的看法，这些发现与早期研究中关注英语专业师范生设想未来的结果是一致的（Kalaja et al., 2016; Gallardo, 2019; Kalaja & Mäntylä, 2018）。与巴古泽恩（2016）、盖尔·邓恩（Gail Dunn）和罗伯特·唐尼（Robert Downey）（2018）的观点一致的是，一部分英语专业师范生的陈述表明通过自己的行动和坚持投资于未来职业，是可以实现梦想的。然而，我们也发现一些参与者认为获得学位就足够了。还有一些参与者似乎非常坚定地认为自己的意愿是核心要素，但随后他们也表示工作环境或个人健康状况可能会阻碍梦想实现。这些不同形式的投资与对身份建构的不同看法相关：身份建构要么完全由个体掌握，要么是他们学习的副产品，受到外部条件的限制（Liddicoat，

2009）。研究结果进一步表明，在与未来职业取向相对比时，英语专业师范生的投资在工作性质或社会地位方面并没有太大差异。只有一个因素——获得学位——与职业取向相关，准教师群体在专业成长路径选择中将学历资格获取视为实现职业目标的核心要素。该现象可能源于英语专业师范生群体正处于职业认同建构的关键期，其对未来教育职场图景的认知尚处于模糊探索阶段。还有一种可能，那就是并非所有英语专业师范生都能够在学校期间反思他们未来工作的性质。

我们的这项研究具有重要的理论意义。我们发现身份、投资和展望的结合有助于阐明英语专业师范生的身份建构，因此我们的研究在投资（Barkhuizen，2016）和展望（Kalaja et al.，2016）方面补充了早期研究的发现。投资的概念有助于理解未来愿景如何调节专业身份建构。英语专业师范生以不同方式投资于他们的职业未来，预期获得不同类型的符号和物质资源（学位、知识），从而获得不同类型的文化资本。

9.5 小结

这项调查针对 60 名学生进行了教师教育的研究。尽管研究的背景有限，但对教师教育和教师身份研究提供了广泛的启示。研究的过程有助于揭示英语专业师范生在进入教师教育项目时的不同起点，从而为不同类型的学生提供支持。正如加拉多（Gallardo）（2019）所指出的，对于我们这些语言教师教育者来说，重要的是意识到英语专业师范生如何想象这个职业，以及伴随着这种想象所产生的经验、期望和焦虑。在教育中考虑到这一点至关重要，因为教师等教育者可以支持学生在学业成功之外的有意识发展。我们还需要进一步研究，以便更深入地了解在教育中教师身份的建构和职业规划的发展过程。

第三部分

我国当前外语教育语境下教师身份建构与专业发展

第十章

新入职教师的技术整合与专业身份建构

10.1 引言

本章关注的是新入职教师如何整合技术以及教育技术对他们专业身份建构的影响。刚刚开始教学生涯的新入职教师经常面临将技术有效地融入教学实践中的挑战。本章主要探讨技术整合的过程及其对新入职教师专业身份建构的影响。

通过调查研究新入职教师在课堂上如何运用技术，我们可以深入了解这种整合如何影响他们对自己作为教育者的认知。运用技术可能需要新入职教师调整他们的教学方法、沟通风格和课堂管理策略，最终建构他们的专业身份。

了解新入职教师如何应对技术整合的复杂性，可以为教师教育项目和专业发展计划提供宝贵的见解。通过支持新入职教师有效地将技术融入其教学实践中，其他教育工作者可以帮助他们发展与现代教育实践和技术相一致的专业身份。此外，探讨技术整合和专业身份建构之间的关系，有助于我们持续关注技术在教育中不断演变的角色及其对教师身份的影响。

本章将介绍我们对新入职语言教师在教学的前两年内对技术整合及其与专业身份之间互动的调查。我们对某中学的八名英语教师进行了访谈并收集了数据。分析结果显示，参与者经历了技术整合的发展过程，逐渐将其用于多样化的教学目的，并且更加倾向于以学生为中心的学习。研究结果还表明，参与者不断提高的技术整合能力帮助他们建构语言教师身份，并扩展了在英语教学中的专业身份范围。这些发现为我们提供了关于技术整合的动态性质及其对语言教师在教学生涯初期身份发展的贡献的新见解。为了更好地支持新入职教师的专业学习和发展，教育相关者需要意识到他们的技术整合是一个自我认同转变的过程。

技术整合在语言教育中的意义已经成为教育工作者和研究人员讨论的热门话题。信息和通信技术在语言教育中的应用所带来的变化极大地强调了教师在教学中信息和通信技术整合的重要性。

然而，教师们也时常受到批评，因为他们没能有效地将技术融入课程或利用技术改善他们的教学（Johnson，2018；Nagatomo，2016；Price，2014）。相关研究发现教师在教学中整合信息和通信技术时面临两种障碍（Borg，2006；De Costa & Norton，2017）：1）缺乏的背景或外部资源，如设备有限、时间紧张、教师培训和支持不足；2）个人或内部因素阻碍技术整合，包括教师对师生角色的理解、课堂管理以及教学评估。

加雷斯·普赖斯（Gareth Price）（2014）提出了不同的线性模型来考察教师在教学中使用和发展技术的过程。加里(1986)提出了四阶段模型(启动、困惑、应用和整合)，阿泰（Atay）（2007）提出了 SAMR 模型（替代、增强、修改和重新定义），科勒（Koehler）和米什拉（Mishra）（2009）提出了 TPACK 模型（技术、教学和内容知识）。尽管这一日益增长的研究体系致力于调查教师的专业发展和影响其课堂实践的相关因素，但目前的文献似乎缺乏对教学实践的动态视角，并且有的教师有的教师还没有意识到改进教学实践是一个复杂的过程，需要教师"理解自己、他们周围的环境以及两者之间的关系"（Kegan，1994）。

因此，研究人员需要从教师身份的角度理解教师如何在教学中有效利用技术。现有文献对语言教师在技术整合方面的发展及其与专业身份的互动关注不足（Rivers，2014；Price，2014）。教师身份建构是一个重要的过程，反映了教师对于"如何成为""如何行动"以及"如何理解"工作及其在社会中的地位的看法（Varghese et al.，2005），同时也是教学实践的"教育资源"（Morgan，2004）。现有研究大多关注科学类教师在课堂上使用技术时表现出来的身份认同（Badia & Iglesias，2019），但针对语言教师的研究则不足。此外，虽然新入职教师在教学生涯开始阶段经历不断变化和成长的过程，但并没有专门的培训项目来协助他们顺利完成这个变化和成长的过程（Tondeur et al.，2017）。因此，本章旨在调查一组新入职英语教师在其刚入职的最初两年教授英语作为第二语言的过程中如何体验技术整合发展，并探讨他们的技术整合实践如何与其专业身份相互作用。

10.2 研究综述

10.2.1 技术整合中的教师发展

教师在技术整合方面的发展是一个持续的过程，涉及教师不断学习和适应新技术，以提高他们在教学中的效能。

教师在课堂中采用技术的个人学习和专业发展融入了过去四十年来关于技术整合的广泛发展和教育变革之中。一些研究者关注了新手教师在教学中使用技术的情况。根据对美国教师进行的调查，确定了六个具体的计算机技术整合类别：1）技术整合用于教学准备；2）技术整合用于传授指导；3）教师指导学生使用技术；4）特殊教育和适应性的技术整合；5）电子邮件使用；以及6）技术整合用于记录成绩（Crookes，2003）。调查结果表明，新手教师倾向于采用技术进行教学准备，而更有经验的教师倾向于使用技术进行传授指导或者让学生参与学习活动。同样，何氏梅（2018）发现，新手小学教师较少考虑或使用将信息通信技术融入课堂教学的教学策略，这可能跟他们需要在课堂管理上花费大量的时间和精力有关。

一些历时研究也考察了新手教师随着时间的推移如何进行技术整合。例如，希尔达·博科（Hilda Borko）等人（2007）探讨了两位新手小学教师在他们开始教学的第一年中对教学技术的使用情况，并发现，尽管他们在教学的早期遇到了类似的挑战，但展现出不同的技术使用模式。其中一位参与者利用技术来激励和吸引学生，而另一位参与者则专注于课堂管理和制定规则，没有将技术视为教学的一个不可分割的部分。达格玛·克劳森（Dagmar Clausen）（2007）将两位教师不同的技术使用情况归因于教师个人的教学文化。

在另一项历史研究中，和塔基丁（Tajeddin）和阿瑞亚恩（Aryaeian）（2017）发现，新手教师采用了广泛的技术应用，主要使用结构化的教学方法，而很少为学生的学习创造机会。在新加坡，高雪松和菲尔·本森（2012）确定了新手教师在技术整合方面的不同类型：跟随者（偶尔使用以支持以教师为中心的教学）、实践者（定期使用以增强以教师为中心的教学）和新兴的教师领导者（定期使用以增强以学生为中心的学习）。他们进一步指出，学习如何利用信息通信技术进行教学，教师不仅需要改变知识、技能、态度和信念，还要通过自己的表现来协商和建构个人身份，并更好地理解技术整合。

这表明教师的技术整合实践不仅增强了自身的技术和教学能力，还有助于建构专业身份并较好地融入教学环境。这就提示我们需要通过采用动态的基于身份的视角（Rivers，2014；Price，2014）来拓宽对教师技术整合的研究。

10.2.2 教师身份中的技术整合

身份可以被视为信息支持行为的"存在"，其中存在是基于某些态度、信念和价值观来看待环境和自己的方式，而行为则是根据这种方式而展开的生活方式（Taylor，1989；Barkhuizen，2017）。因此，语言教师身份可以被概念化为自我表现和姿态，涉及语言教师个人和其专业价值观、意识形态和想象的存在和行为（Teemant，2020；Vanassche & Kelchtermans，2016）。我们也可以说，在语言教育中广泛使用技术体现了深刻的变革，改变了教育环境，并为语言教师的角色和实践带来了挑战和机遇。因此，我们有必要关注语言教师在教学中整合技术时的专业身份。

近几十年来，教师与课堂技术整合的关系受到越来越多学者的关注，研究人员强调通过身份的视角来理解教师技术使用的动态和多变性。例如，加拉多（2019）发现，教师在技术使用方面的不同类型的能力，包括技术能力和教学能力，对于构建不同的专业身份起到了重要作用。同时，吉利安·普莱斯（Gillian Price）（2014）在强调大学基于培训课程中的"意义表达/生成"潜力时发现，教师的专业身份建构直接关联到他们在技术使用中的教学能力。在语言教育中，只有少数几项研究探讨了教师的技术整合情况。埃斯彭·斯特兰格-约翰内森（Stranger-Johannessen，E.）和诺顿（2017）发现，乌干达农村学校的一名英语教师莫妮卡（Monica）认为数字化项目的参与是社会和文化资本，从而强化了她作为阅读教师和未来身份想象的角色。尽管大多数先前关于教师技术整合和教师在课堂教学中身份的研究是在科学、数学或英语教学背景下进行的，但这些研究提供了一些启示，激励我们研究中国的新入职英语教师在就职的前几年内技术整合及其与身份的互动。我们的研究涉及以下两个问题：1）在中国英语教学中，新入职教师如何整合技术，并且这种整合如何影响他们的教学实践和专业身份的建构？ 2）新入职教师在教学的前两年内，如何看待自己的技术整合实践，以及如何与自己的身份认同和职业发展联系在一起？

以上两个问题将有助于我们深入了解中国的新入职英语教师在技术整合方面面临的挑战以及他们专业身份的建构过程。

10.3 案例研究

10.3.1 研究背景

在本节中，我们的研究对象为中国北方城市两所学校的英语教师，一所是小学，另一所是中学。通过研究这些教师在技术整合和身份建构方面的经验，可以更好地了解他们在这一特殊教育背景下的教学实践和专业发展情况。在这两所学校，教室都已经安装了配合教学使用的设备，教师通常需要跟踪科技创新，并将其应用到教学过程中。教师还需要不断更新自己的教学方法和技能，以适应学生对新技术的需求，这也进一步强调了教师在技术整合方面的重要性，以促进学生的学习和发展。在这项研究中，八位英语教师自愿参与。表10.1总结了这八位参与教师的个人资料，他们的姓名都是化名。

表 10.1 研究对象

姓名	年龄	性别	学校层次	教育背景	使用电脑的经验
Tao	29	女	小学	硕士	有
Liu	31	女	小学	硕士	有
Cai	28	女	小学	硕士	有
Xu	32	女	中学	本科	有
He	34	男	中学	本科	有
Zhang	30	男	中学	本科	有
Li	39	男	中学	硕士	有
Liang	41	男	中学	本科	有

10.3.2 数据采集

这项研究聚焦于语言教师在课堂中技术整合的发展轨迹及其与职业认同的互动，旨在阐述并解释他们在技术使用方面的经验，时间跨度从作为在职英语教师开始工作到完成他们的首个两年教学周期。在每位参与者完成头两个入职年度的末尾，进行了两轮个体访谈。这两轮访谈围绕几个主题展开，让参与者有充分的空间自由谈论他们自己的经历和观点，也让采访者能够更深入地了解每位参与者的想法。

我们在访谈中涉及了以下主题：课堂中技术整合的经验、当前学校关于技术使用的文化、技术使用方式、技术整合随时间的变化、预期的教师身份（例如在英语教学中的角色）以及技术整合对其身份构建和重构的影响。访谈问题首先由一位对语言教育中技术整合和教师身份感兴趣的专家和一位研究人员进行审核和评估。然后，每位参与者都以他们的母语普通话进行个别访谈，以便他们能够自由和充分地表达自己。每人每次访谈持续约 30 分钟。

10.3.3 数据分析

所有的访谈都被录音并以中文逐字转录，然后进行了双重检查以确保准确性。为了系统地比较和分析第一次和第二次访谈的数据，我们采用了恒定比较法（Golombek & Johnson，2004），即新收集的数据可以与在同一研究中收集的先前数据进行比较。我们首先通读访谈文本，熟悉数据；对重要的文本部分进行标注并编码。在开放编码阶段采用了原位编码。接下来，相似的编码被整合成总体类别，既受文献影响，也受数据影响。例如，"有益于学生的分析能力发展"和"学生积极参与和投入的态度是最重要的"被归类为更高级别的节点"侧重学生中心学习的技术整合"，而"思想更新的教师""守旧的教师"和"促进者"则被整合至"教师专业身份"下。对总体类别的初始编码还跨越八位参与者进行比较，以找到相似或重复的观点。

同时，通过重新审查数据并反复参考相关文献，探讨了参与者在英语教学中的技术整合实践和专业身份之间的互动。例如，我们分析了"在线视频"与"作为鼓励方式与学生一起学习英语"的联系，我们还分析了相关的专业身份编码，如"鼓励者"和"引导者"，然后将这些节点归类到另一个更高级别的节点"技术整合与教师身份之间的互动"下。最后，将各个类别及其之间的相互关系结合起来，生成一个综合的文本来揭示这八位教师刚入职的前两年中，他们的技术整合和专业身份发生了什么变化。

10.3.4 研究发现

总体而言，我们的数据分析确认了参与者在他们的前两年里改变了在英语教学中技术整合的策略，无论是在教学方法还是目标方面。随着对教学程序、学生以及课堂管理越来越熟悉，新手教师在课堂教学中更频繁地整合技术。与此同时，随着他们逐渐提高技术能力并成功解决语言教学中的技术问题，他们更加专注以学生为中心的学习。

参与者的描述表明，他们在技术整合实践中扮演了重要角色，并重新塑造了他们的语言教师身份。一方面，参与者在课堂上对技术的应用成为他们作为"现代语言教师"的专业身份的一个关键特征。另一方面，参与者通过参与技术整合，扩展了他们在英语教学中作为促进者、引导者和激励者的定位，从而重新定义了成为有效语言教师的含义。值得注意的是，在教学的前两年里，学校文化在教师的发展轨迹中起到了重要作用，调节了教师技术整合和专业身份发展之间的互动关系。

（1）技术整合的历时变化

分析表明，所有参与者在最初的两年过渡期间，扩展了使用技术的教学目的范围，并从以教师为中心的教学转变为更加关注以学生为中心的学习。所有参与教师在这两年中所使用的技术类型都有所增加。在他们教学的第一年，参与者通常会利用有限范围的技术，比如 PowerPoint 演示文稿、在线视听资料，而在第二年教学中，几乎所有参与者开始采用更广泛的技术，包括协作平台和应用程序。

不仅技术类型有所增加，而且他们针对不同的教学任务，将技术整合的教学目的也变得更加多样化。在教学的第一年，参与者主要将技术用于课堂管理、练习和实践以及传递教学材料。这些技术主要用于促进或丰富课堂内的教学。然而，在第二年的教学中，他们利用技术来达到各种教学目的，比如教学评估、差异化教学、学生展示学习成果以及学生参与课堂。几乎所有参与者不仅将技术整合到课堂内的教学目的中，还通过各种方式促进学生在课堂外的学习。此外，一些教师（如 Liu, Liang, Zhang）进一步将教学目标从语言知识延伸到书面和口头沟通能力。

另外，访谈表明，参与者在技术整合方面的关注重点发生了转变，从以教师为中心的教学转向以学生为中心的学习。在教学的第一年，参与者主要集中于采用技术来实现多样化教学内容的多样化，以吸引和激励学生，但在第二年开始更多地关注提供定制化的学习体验，以满足学生的学习需求。例如，Tao 在教学的第一年描述了她主要利用技术来吸引学生参与课堂活动：

Extract 10.1

I think technology use is simply to arouse my students' motivation. My work is mainly about how to make lessons more interesting and appealing.

然而，在教学的第二年，她意识到技术整合是提高学生独立学习能力和批判性思维能力的一种非常有价值的途径。

Extract 10.2

Technologies can help students see ideas from different regions, different cultures, and different people through their own efforts. This is beneficial for their analytical ability development. Hence, the students can understand things in their lives more really and objectively.

Zhang 表示在这两年中使用了同样的技术，但是目标和方法有所不同。他在教学的头两年都使用了在线词典，但是他的方法和目标是多样化的。在第一年结束时，他回忆起使用在线词典来吸引整个班级，并促进学生的单词学习。然而，在第二年结束时，他说他使用在线词典更多的是为了讲授日常生活中使用的词语，以此来促进学生的交流能力。他在描述这种变化时总结道：

Extract 10.3

My former teaching objectives mainly depended on my own perspective of learning a language, but now I think learning daily words can be more useful for students. I find this issue after teaching two years, so I improve myself to be student-oriented.

Liang 的描述也反映了他在这两年中对在线词典使用的类似经历，从关注如何吸引学生参与课堂活动，到促进学生个体需求的发展和改进学生的学习策略，以便培养适合他们的学习方式。

以上分析显示，新入职教师在技术整合方面展示了一个发展轨迹，这体现在教学目的和教学重点中的转变：从为有限范围的教学功能服务转向支持更多样化的教学目的，从主要关注自我功能转向更加关注促进学生的学习能力。其中一位参与者 Liu 的一段描述非常具有代表性，她最开始主要关注如何成功地完成教学任务。后来，她开始关注如何让课堂更有趣，以及如何激发学生的学习动力。之后，她的注意力转向了如何让课堂既有趣又有效。正如温格（1998）所指出的：身份认同是在实践中发生的。技术整合有助于发展教师的技术和教学能力，也与他们在特定专业和社会话语中作为语言教师在技术化教育环境中的身份建构和教学风格紧密相连。

（2）技术整合与教师身份

首先，技术整合是语言教师身份建构的关键内容。参与者在访谈中提及的一个主题涉及他们认为技术整合能力在作为英语教师身份发展和增强中所扮演的角色。根据对课堂教学和学习的具体贡献，教师需至少要发展两种技术使用能力。第一种是技术能力，与处理和采用信息通信技术以及和高级信息通信技术应用相关；第二种是教学能力，涉及教师在规划和实施教学实践中适当运用数字资源的技能。所有参与者一致将自己定义为"高技能教师"（Liang）、"更新颖的教师"（Tao，Zhang）、"开明的教师"（Liu，He，Li），以及"现代的教师"（Xu，Cai），他们都声称这些身份与他们在英语教学中的技术整合能力的增强密切相关。

例如，Li 提出建议：使用技术不仅塑造了他作为一个"开明的教师"的角色，而且也代表了他对教育变革做出的专业学习和发展的回应。

Extract 10.4

I think handling technologies must be helpful for teachers. I also believe the technological development will continually dramatically change the classroom in the future... I am an open-mined teacher and like trying different technologies such as new websites or apps.

与此同时，参与者认为技术整合能力是区别于其他被定位为"守旧"或"保守"的教师的关键特征。在访谈中，这些身份通常与那些"在教学中使用技术的能力非常有限"（Xu）的教师联系在一起，他们需要"由年轻同事指导和帮助如何使用技术"（He），而他们对技术整合的经验"常常是非常困难和痛苦的"（Zhang）。一些参与者，比如 Li，甚至寻求机会和资源来提高自己的技术整合能力，以避免被同事视为"技术水平低下的教师"（Liang）。

总体而言，对于强调他们所期望的身份的参与者来说，技术和教学能力通常被认为是英语教师专业身份的重要组成部分。认为自己具有高级技术整合能力的参与者通常更加自信，因此倾向于在教学中将自己定义为"其他同事的技术助手"（例如 Cai，Liu）。

值得注意的是，几乎一半的参与者并不认为技术整合能力是教师身份的一个必要方面，尽管这有助于提高语言教学和学习的质量。He 在谈到他对技术使用的理解时提到了他教学第二年的情况：

Extract 10.5

The technology is clearly very important, but it is not the top thing. In my mind, the technology is always the 'icing on the cake'. As a teacher, you cannot say you cannot teach without technologies. This is ridiculous.

尽管 Liu 通常在推动英语课程中的技术应用和帮助同事解决不同的技术问题方面扮演着主导角色，但她似乎认为教学内容知识，比如在黑板上书写，对于英语教师来说是更重要的教学基础，其次是在技术整合参与下的教师身份建构。

在两年的英语教学中，参与者不仅描述了他们认为通过课堂技术整合发生的对语言教师身份发展的积极变化，而且，由于教师的教学实践和他们的身份是相互构成的，他们在使用技术和提高技术整合能力方面的经验也重新定义了成为语言教师的含义。Cai 的看法反映了参与者的这种观点：

Extract 10.6

I feel like a 'shepherd dog' in my teaching. When they (students) become lost or take the wrong ways, I need to guide them to the right path. The use of technology can change me to be a better 'shepherd dog', because technologies make my guiding more effective and my teaching clearer.

实际上，随着 Cai 将技术整合到她的英语教学中，技术整合能力似乎在教学中被视为专业资本。她作为一名优秀教师的身份得到了加强，她的其他专业角色也通过这种资本得到了验证。同样，Tao 认为"课堂上的技术应用增强了我作为鼓励者和引导者的教师角色"。事实上，随着参与者在课堂上对技术的使用变得更加积极和创新，技术整合赋予了他们的英语教学力量，从而扩展了可供选择的身份范围。

然而，在他们教学生涯的前两年中，学校在教学中使用技术的文化氛围也在教师的专业发展中起着重要作用，调节了技术使用和教师身份之间的互动。例如，Liu 所在的学校，确切地说她所在的年级，不鼓励教师在课堂上过多地使用技术，她在过去两年中利用了少量技术增强课堂活动的趣味性来丰富她的教学内容、活跃课堂气氛。尽管她渴望成为一个与时俱进且以学生为中心的老师，但她对技术的使用主要受内容驱动。对于她来说，技术整合能力并不被视为有价值的专业资本，因此与她的语言教师身份之间没有明显的联系。

10.3.5 结果讨论

总的来说，上述研究结果展示了参与者在英语教学前两年中的技术整合发展，以及他们的技术整合如何与其专业身份产生互动。除了新入职教师在技术使用方面的一般发展轨迹外，这项研究还发现，技术整合能力增强了他们作为英语教师的专业身份，并扩展了他们在英语教学中可选择的专业身份范围。

关于参与者的技术整合发展，这项研究揭示了他们在英语教学过程中的技术使用经历了朝向多样化和以学生为导向的发展轨迹。这种发展趋势是由他们在课堂组织、课堂管理和基于活动的教学方面不断发展的知识和技能所塑造的，同时也是由他们在处理和使用各种技术以及将其运用到课堂教学实践中的能力不断增强所形成的。这一发现印证了之前研究的结果，这些研究一直强调提升教师在整合信息通信技术到语言教育中的教学能力以及支持他们实施面向学习者的教学策略的重要性，以提升他们的技术整合能力。

与达林-哈蒙德（Darling-Hammond）和巴拉茨-斯诺登（Baratz-Snowden）（2007）和何氏梅和吉姆·鲍尔（Kim Bower）（2018）之前的研究一致，本章的案例分析表明，新入职教师在其职业发展的不同阶段表现出不同的技术整合特点和关注点。就此而言，针对新入职教师的技术培训应该采用一个与他们不断发展的教学能力密切契合的发展性视角。具体来说，技术培训的初始阶段应该针对使用技术，这些技术对课堂教学的干扰较小，例如利用技术进行多样化和有意义的活动、丰富课外学习，以及引入有助于课堂管理的技术。学校还应鼓励新入职教师共同解决与技术整合相关的潜在的课堂管理问题。随着新入职教师越来越熟悉学生和课堂管理，技术培训应逐渐转向帮助他们改进技术，提升教师以学生为中心的教学策略和课堂管理等方面的技巧。

该研究发现，在技术整合与教师身份之间的互动方面，参与者通过恰当地使用技术在两年的教学中不仅加强了他们作为语言教师的身份，还提升了他们的技能并拓宽了他们作为语言教师的视野，这有助于构建其他专业身份，如"现代""高技能"和"时尚"的教师。专业身份的发展与日常实践和价值观息息相关，这些实践和价值观塑造了教师身份的存在方式（Stranger-Johannessen & Norton，2017）。在这种背景下，将技术整合到英语教学中的经验代表了重新塑造他们专业身份的一种手段。

同时，新入职教师致力于促进学生的英语语言能力并创新学习体验，使他们丰富的身份更加具体和有意义。因此，技术整合不应仅被视为促进教师发展教学能力，还应从教师与技术之间不断变化的关系的角度加以审视（Price，2014）。这些关系在塑造和规范特定的专业定位和教学风格中起着至关重要的作用。此外，技术整合的潜力可以作为一种工具，加强新入职语言教师的身份建构，并为培养他们成为教育改革中的主力军做好准备。

10.4 小结

本研究考察了一组新入职英语教师在他们最初两年教学活动中的技术整合情况。比较和分析他们第一次和第二次访谈数据表明，新入职教师在技术整合的频率和性质上经历了一段时间的发展。与此同时，他们感觉到增强技术整合能力对重新塑造他们的教师身份产生了积极的影响。

需要注意的是，部分研究结果可能受到参与者的教育背景、文化和教学环境的影响。这使得研究人员有必要探讨教师技术整合问题，并在不同环境中研究其他影响因素。虽然我们的访谈数据是在两年内收集的，还采用了各种策略来增强研究结果的可信度，但所报告的情况可能与实际场景中的教师经历有所不同。基于这一考虑，我们今后可以采用定性和定量相结合的混合方法来识别英语教师们技术整合发展的动态及其教师身份在更广泛教师中的互动。

尽管我们的调查存在一些局限性，但我们相信本研究的发现展示了在英语教育背景中技术整合的重要性。同时，本研究还呼吁更多关注新入职教师技术整合在其身份建构和重构过程中的贡献，并可能有助于决策者完善以语言课堂技术使用为重点的教师教育和专业发展项目。

第十一章

信息时代外语教师的身份建构：挑战与机遇

11.1 引言

外语教学在信息时代面临着新的挑战和机遇。随着互联网技术的快速发展，网络和社交媒体已经深刻改变了人们获取和传递信息的方式。这些变化也对外语教学产生了重大影响。在这个新的教学环境中，外语教师的身份建构问题愈发重要。身份建构是指个体在社会交往中通过语言表达自己的角色、权威和专业知识，从而获得合适的社会位置和认可的过程。信息时代，外语教师的身份建构涉及技术发展、学生需求和文化差异等多方面。外语教师需要运用恰当的语言和策略，与学生建立有效的沟通和互动，以满足学生不断变化的需求。然而，外语教师在进行身份建构时也面临着一些困境。例如，技术的普及使得学生可以更加方便地接触外语资料和资源，这意味着传统教学模式可能需要进行调整。此外，在跨文化教学中，外语教师需要克服语言和文化差异方面的挑战，以确保有效的教学效果。鉴于当前信息时代外语教学面临的挑战，本章通过探讨信息时代外语教师的身份建构问题，分析影响因素、困境和解决途径，为外语教学提供新的思路和方法，从而更有效地促进外语教师的专业发展。

本章旨在探讨信息时代背景下外语教师的语用身份建构问题，明确如何运用语言来表达自身角色、权威和专业知识，以促进与学生之间更有效的沟通和互动。具体包括：分析信息时代对外语教师语用身份建构的影响因素，探讨技术发展、学生需求变化和跨文化教学等方面对外语教师语用身份的影响，为深入理解问题提供基础；探讨外语教师在语用身份建构中面临的挑战，研究技术发展带来的挑战、学生需求变化、文化差异等问题，分析外语教师在实际教学中遇到的困境；提出信息时代下外语教师语用身份建构的解决途径，针对挑战和困境，探讨利用技术促进沟通、个性化教学、跨文化意识培养等方式，为外语教师提供实际应对策略。

对外语教师语用身份建构问题进行深入研究，有助于提升外语教师的教学效果和专业水平，促进教学质量的提高。通过研究信息时代下外语教师面临的挑战和机遇，可以为外语教学领域的相关研究提供新的视角和思路。提出解决途径和建议，有助于为外语教师提供实际可行的方法，帮助他们更好地适应信息化时代的教学环境，提升教学效果和学生满意度。

本章对于促进信息时代外语教师语用身份建构问题的探讨具有理论和实践意义，为外语教学领域的发展提供重要参考和借鉴。

11.2 信息时代外语教师的语用身份建构

11.2.1 语用身份的概念和理论基础

语用身份建构是指个体在交际中通过语言使用来表达和建构自己的社会角色、身份和关系。它强调了语用行为在社会交往中扮演的重要角色，以及语言作为身份认同和社会关系建构的工具。在研究语用身份建构时，学者们提出了以下观点：

一是社会认同理论。该理论是社会心理学中的一个重要理论，强调个体对自我所属社会群体的认同感和归属感，个体通过语言使用来展示自己对特定社会群体的认同，并通过言语行为来维护和构建自己在该群体中的身份。在社会认同理论领域，有几位代表性的学者，其中最著名的包括亨利·泰弗尔（Henry Jajfel），英国社会心理学家，被认为是社会认同理论的奠基人之一。他提出了社会认同理论的核心概念，包括社会认同、群体归属感和内外群体差异性等概念。他的研究强调了个体如何通过与特定社会群体的认同产生共情和归属感。约翰·特纳（John Turner），英国社会心理学家，与塞奇威克（Sedgewick）合作发展了社会认同理论。特纳在社会认同理论的基础上提出了自我分类理论，强调了个体如何将自己归类到特定社会群体中以建立自我认同和群体认同。澳大利亚社会心理学家迈克尔·豪格（Michael Hogg）在社会认同理论领域做出了重要贡献。他扩展和深化了社会认同理论，提出了社会认同的动态过程和群体行为的影响因素，加深了对社会认同形成和变化机制的理解。这些代表人物在社会认同理论的研究中提出了许多重要观点，强调了社会认同在个体身份建构中的关键作用。他们的研究帮助我们更深入地理解个体如何通过社会认同来建构自己的身份，并揭示了社会群体认同对个体行为和情感的影响。

二是面子理论。该理论关注个体在社会交往中维护自己或他人的面子和尊严。个体通过语言使用来塑造自己的面子和社会形象，以及在交际中保护和维护他人的面子。面子理论是社会心理学中一个重要的概念，主要研究个体在社交互动中如何维护和保护自己的面子和尊严。主要代表人物及其观点有欧文·戈夫曼（Erving Goffman），加拿大社会学家，被认为是面子理论的奠基人之一。他的著作《日常生活中的自我呈现》（*The Presentation of Self in Everyday Life*）强调了个体在社交互动中如何通过表演来维护自己的面子。戈夫曼提出了前台和后台的概念，指出个体在前台表演中展示自己的面子，并在后台准备和维护这种面子。盖尔·埃文斯 - 普里查德（Gail Evans-Pritchard），英国人类学家，在跨文化研究中运用面子理论进行了深入探索。他的研究发现，在不同文化中，个体对面子的追求和维护方式存在差异，面子的定义和意义也因文化而异。澳大利亚社会学家彼得·弗雷泽（Peter Fraser）通过对面子理论的研究，提出了"面子工程"（facework）的概念。他认为个体在社交互动中不仅仅是维护自己的面子，还需要处理他人面子的问题。面子工程涉及个体如何通过各种策略来保护自己和他人的面子。这些代表人物在面子理论研究中提出了许多重要观点，强调了面子在身份建构中的重要性。他们的研究帮助我们更好地理解个体如何在社会交往中保护和维护自己的面子，以及面子对个体行为和社会关系的影响。

三是语言行为和身份认同理论。该理论认为语言行为与身份认同密切相关，并提出了"语码认同"和"社会认同"的概念。语码认同指个体运用特定的语言形式和规范来表达自己所属的群体身份，而社会认同则强调语言行为与个体对特定社会群体的认同相关。语言行为和身份认同理论在身份建构研究中也扮演着重要角色。德裔美国心理学家艾瑞克·弗洛姆（Erich Fromm）的著作《逃离自由》（*Escape from Freedom*）等探讨了个体如何通过语言行为来构建自己的身份和认同。弗洛姆认为，个体通过语言与他人交流，表达自己的需求和情感，从而塑造自己的身份。戈夫曼，前面提到的面子理论奠基人之一，他的研究不仅关注面子的维护，也涉及语言行为在社会互动中的重要性。戈夫曼认为，个体在语言行为中展示自己的形象和身份，通过言语的选择和运用来呈现特定的自我。约翰·吉尔伯特（John Gilbert）是澳大利亚社会心理学家，他的身份认同理论强调了个体如何通过语言行为来建构和表达自己的身份认同。吉尔伯特认为，语言是身份认同的重要载体，个体通过言辞和言语实践来建构自己的身份认同，并在社会互动中展示出来。这些代表人物在语言行为和身份认同理论领域做出了重要贡献，他们的研究帮助我们更深入地理解个体如何通过语言行为来构建和表达自己的身份认同。他们强调了语言在身份建构过程中的关键作用，以及个体如何通过言辞和言语实践来展示自己的独特身份。

四是权利与权威理论。该理论关注在交际中权力和权威的运用。个体通过语言使用来表达自己的权利、权威和专业知识，以建立和维护自己在交际中的地位和角色。权利与权威理论对身份建构的研究涉及权力、权威和身份认同之间的关系。德国社会学家马克斯·韦伯 (Max Weber) 提出了著名的三种权威形式：传统权威、合法 - 传统权威和法定权威。他强调了权威对于社会秩序和个体身份建构的重要性，认为权威是一种塑造个体身份认同的重要因素。米歇尔·福柯，法国哲学家和社会学家，他的权力知识理论探讨了权力如何通过各种机制来塑造个体的身份认同。福柯认为，权力是社会关系中的一个重要因素，它影响着个体的行为和身份建构过程。西蒙娜·德·波伏娃（Simone de Beauvoir），法国女性主义哲学家，她在自己的专著《第二性》（*The Second Sex*）中提出了对权利和身份的探讨，认为女性在社会中的身份建构受到了权力结构的影响，她强调了性别在身份认同中的重要性。这些代表人物在权利与权威理论方面做出了重要贡献，他们的研究帮助我们更好地理解权力、权威和身份认同之间的复杂关系。他们强调了权力对于个体身份建构的影响，以及权力结构如何塑造和影响个体的身份认同。

五是跨文化交际理论。该理论关注不同文化背景下的交际和身份建构。个体在跨文化交际中需要考虑和适应不同文化的语用习惯和社会期望，以有效地表达自己的身份和建立互信关系。跨文化沟通理论涉及不同文化背景下个体之间的交流和互动。爱德华·霍尔（Edward Twitchell Hall Jr.），美国人类学家，提出了高低语境文化的概念，并在其著作中详细阐述了不同文化对于时间、空间和身份认同的不同看法。他的研究强调了文化差异对于个体身份认同和跨文化沟通的影响。荷兰社会心理学家吉尔特·霍夫斯泰德（Geert Hofstede）提出了文化维度理论，通过对不同国家和地区的文化价值观进行比较研究，揭示了文化差异对于个体身份建构和跨文化沟通的重要性。谢洛姆·施瓦茨（Shalom H. Schwartz）以其价值观理论而知名，他的研究深入探讨了不同文化中的核心价值观念，以及这些价值观念如何影响个体的身份认同和跨文化沟通过程。这些代表人物在跨文化沟通理论领域做出了重要贡献，他们的研究帮助我们更好地理解不同文化背景下个体之间的交流和身份认同建构。他们强调了文化差异对于个体身份建构和跨文化沟通的重要影响，为我们理解跨文化沟通提供了重要的理论基础。

综上所述，语用身份建构的概念和理论框架强调了个体在交际中通过语言使用来表达和构建自己的社会角色、身份和关系的重要性。通过借鉴社会认同理论、面子理论、语言行为和身份认同理论、权利与权威理论以及跨文化沟通理论等相关理论框架，可以深入探索信息时代下外语教师的语用身份建构问题，并为实际教学提供理论支持和指导。

11.2.2 外语教师语用身份的特点

外语教师的语用身份是指教师在教学和交流过程中所展现的语言使用特点和身份认同。这涉及教师在跨文化沟通中的角色、语言运用方式以及对学生身份认同的影响。外语教师语用身份的特点有以下几个方面：

语言示范者。外语教师不仅仅是语言的使用者，更是语言规范的传递者。他们通过课堂教学、讲解语言知识、指导学习方法等途径，向学生传授正确的语言规范和用法，帮助学生建立起正确的语言认知结构。外语教师作为语言学习的引导者，其语言使用会成为学生的语言模范。因此，教师的语用身份需要体现标准的、规范的语言使用，以帮助学生建立正确的语言观念和语言运用能力。

文化传播者。外语教师在语用过程中也承担着文化传播的角色，他们通过语言的使用方式和内容传递着不同文化背景下的价值观、习俗和信念，进而影响学生对于目标语言文化的理解和身份认同。外语教师在教学过程中介绍目标语言国家的文化背景，包括历史、地理、民俗、风土人情等方面的内容，能够帮助学生更好地了解目标语言所处的文化环境，增进对该文化的认识和理解。教师通过教学活动和课堂讨论，引导学生思考目标语言国家的文化特点、价值观念、社会习俗等内容，培养学生的跨文化意识和文化自觉性。这有助于学生在日后的跨文化交流中更加得体、自信地表达自己的观点和态度。教师还可以通过教学材料和课堂活动将语言和文化相结合，让学生在学习语言的同时了解目标语言国家的文化内涵。这种融合有助于学生更好地理解语言的使用背景和含义，提高语言运用的准确性和地道性。

互动引导者。教师在课堂中的语用还需要考虑互动引导的重要性，他们的语言使用应当能够有效地促进学生与目标语言的互动交流，激发学生的兴趣，促进语言习得和身份认同的建构。

外语教师的语用身份在其教学过程中具有重要的作用，主要表现在以下三个方面：

一是塑造学生语言身份。外语教师的语用身份直接影响着学生对目标语言的身份认同。一个积极、自信、规范的教师语用身份有助于激发学生对于目标语言的兴趣，提升学生对目标语言的认同感，从而促进语言习得和应用。

二是培养学生的跨文化交际能力。外语教师的语用身份在教学实践中能够帮助学生更好地理解和融入目标语言文化，促进学生跨文化交际能力的培养，增强学生的跨文化意识和包容性。

三是营造积极向上的学习氛围。教师的语用身份也会对课堂的学习氛围产生重要影响，良好的教师语用身份有助于营造积极向上的学习氛围，增强学生的学习动力，提高参与度。

综上所述，外语教师的语用身份具有重要的影响力，它不仅直接影响着学生对目标语言的学习态度和认同感，同时也在跨文化交际和学习氛围营造方面发挥着重要作用。因此，教师在教学实践中应当重视和塑造积极的语用身份，以更好地促进学生的语言习得和身份认同建构。

11.2.3 信息时代对外语教师语用身份的挑战

信息时代对外语教师的语用身份产生了深远的影响，提出了更高的要求，这主要体现在以下几个方面：

外语教师的全球化视野。信息时代使得世界各国之间的联系更加紧密，促进了跨文化交流和合作。外语教师在这样的背景下需要具备更加开放的全球化视野，不仅要传授语言知识，还要传递跨文化理解和尊重。因此，教师的语用身份需要更加注重包容性、多元性和全球意识，以应对不同文化背景学生的需求。

数字化技术的运用。信息时代的发展带来了数字化技术在教学中的广泛应用，例如在线教学平台、虚拟教室等。外语教师在使用这些技术进行教学时，需要调整自己的语用身份，更加注重语音、语调的准确性，以便通过屏幕有效地传达语言信息，保持良好的教学效果。随着数字化技术在教学中的广泛应用，外语教师需要适应在线教学平台、虚拟教室等新形式，这对语言表达和沟通能力提出了更高要求。教师需要不断学习和适应新技术，调整自己的语用身份，以确保有效的远程教学效果。

学生个性化学习的需求。信息时代强调个性化学习和定制化教育，外语教师需要根据学生的需求和特点调整自己的语用身份。教师在语言使用上应更加关注学生的兴趣、学习风格和学习目标，灵活调整语用策略，以提供更加个性化、针对性的教学服务。个性化学习和自主学习要求外语教师提供个性化的反馈和指导，帮助学生更好地了解自己的学习情况和发展方向。在语用身份建构中，教师需要具备良好的沟通能力和敏锐的观察力，能够准确理解学生的学习需求和困难，并给予合适的指导和反馈。同时，教师还需要鼓励学生自主思考和自我评价，培养他们的学习动力和学习能力。个性化学习和自主学习要求学生在一定程度上独立安排学习时间和任务，并能够有效管理自己的学习进度。外语教师在语用身份建构中需要提供必要的指导和支持，帮助学生建立良好的时间管理和组织能力。教师需要清晰地传达学习目标和任务要求，同时提供相应的学习计划和建议，以帮助学生有效规划学习时间和提高学习效果。

社交媒体的影响。社交媒体在信息时代扮演着重要角色，外语教师可以通过社交媒体平台拓展与学生的互动渠道。在社交媒体上，教师的语用身份需要更加注重亲和力、沟通能力和文化敏感度，以建立良好的师生关系，促进有效的学习互动。

灵活的教学策略和角色转变。个性化学习和自主学习要求外语教师从传统的知识传授者转变为学习的引导者和合作伙伴。教师需要通过适应不同学生的学习风格、兴趣和能力，灵活调整教学策略，以满足学生的个性化学习需求。在语用身份建构中，教师需要注重与学生的互动，鼓励学生表达意见和想法，同时提供有效的学习资源和指导，以促进学生的自主学习。

多样化的教学资源和评估方式。个性化学习和自主学习要求外语教师提供多样化的教学资源，以满足学生的不同学习需求和兴趣。这可能涉及使用不同类型的教材、多媒体资源、在线学习平台等。在语用身份建构中，教师需要了解并掌握各种教学资源的使用方法，并能够根据学生的个性化需求进行选择和推荐。此外，教师还需要灵活运用多种评估方式，以准确评估学生的学习成果和进步。

跨文化交际的挑战。信息时代加速了各国之间的文化交流，外语教师需要更好地理解不同文化间的差异，同时避免在语言使用中出现文化误解或冲突。因此,教师在语用身份建构中需要更加注重跨文化意识和敏感度,以应对多元文化背景学生的需求。

虚拟教学环境下的语言表达。在网络教学环境中,外语教师需要适应通过屏幕进行语言表达和沟通的方式,这对语音、语调、表情和肢体语言等各个方面提出了更高的要求。教师需要在语用身份建构中更加注意语言的准确性、清晰度和表达力,以保证在线教学效果。

跨文化交流和文化敏感度。社交媒体的普及使得外语教师有机会与来自不同文化背景的学生进行更为直接的交流,同时也可能受到来自全球范围内的关注。因此,教师需要更加注重跨文化沟通能力和文化敏感度的培养,以避免因文化差异而造成误解或冲突。

舆论监管与言论规范。在网络和社交媒体上,外语教师的一举一动都可能受到广泛关注,因此需要更加谨慎地管理自己的言论和行为。敏感话题、不当言论甚至是无意中的冒犯性言辞都可能引起舆论反应,因此,外语教师在语用身份建构中需要更加注重言辞规范和言行慎重,以避免不当言论影响师生关系和教学形象。

个人品牌塑造与形象管理。社交媒体成为外语教师展示自己教学理念、专业素养甚至个人生活的重要平台。在这种情况下,教师需要更加注重个人品牌的塑造与形象管理,以维护自己的专业形象,并为学生树立良好的榜样。

信息超载挑战。信息时代的特点之一是信息爆炸和超载,外语教师需要在海量信息中筛选、整合有效的教学资源,同时要避免信息过载对教学质量造成负面影响。在语用身份建构中,教师需要具备辨别信息真伪、优化信息传递的能力,以提供可靠、高质量的教学内容。

综上所述,信息时代给外语教师的语用身份建构带来了一系列挑战,包括跨文化交流、数字化技术应用、个性化学习需求、社交媒体和信息超载等方面。面对这些挑战，教师需要不断提升自身能力，灵活调整语用策略，以更好地适应信息时代的教学环境，为学生提供优质的外语教学服务。信息时代对外语教师的语用身份提出了更高的要求，要求教师具备全球化视野、数字化技术运用能力、个性化教学意识和社交媒体互动能力。外语教师需要不断调整自身的语用身份，以适应信息时代跨文化教学的需求，为学生提供更加优质、个性化的外语学习体验。

11.3 信息时代外语教师语用身份建构的机遇

在信息时代，外语教师的语用身份建构面临着一系列机遇，这些机遇包括以下几个方面：

全球化交流的需求增长。信息时代的到来使得全球交流更加频繁和便捷。随着全球化的不断发展，人们之间的跨国交流和合作日益增多，这造成了对外语教师的需求增长。外语教师有机会扮演跨文化交际的桥梁角色，在促进国际间的有效沟通和理解方面发挥重要作用。

在线教育平台的兴起。在信息时代，互联网技术的发展为外语教学提供了新的机遇。在线教育平台的兴起使得外语教师可以通过虚拟教室实现远程教学，不受地域限制，能够覆盖更广泛的学生。教师可以利用在线资源和工具，创造丰富多样的学习环境，提供个性化的教学服务。

多媒体技术的应用。多媒体技术的广泛应用为外语教学提供了新的手段和工具。外语教师可以通过音频、视频、互动媒体等多种形式的教学资源，丰富教学内容，提升教学效果。教师还可以利用多媒体技术进行实时演示、模拟情境等，帮助学生更好地理解和运用语言知识。

个性化学习和自主学习的推动。信息时代加强了对个性化学习和自主学习的重视，这为外语教师提供了机会。教师可以利用在线资源和学习平台，为学生提供个性化的学习支持和指导。通过灵活的教学策略和资源选择，教师能够满足学生的不同学习需求，激发学生的学习兴趣和动力。

跨文化素养的重视。信息时代的全球交流使得跨文化素养成为外语教学的重要组成部分。外语教师有机会通过教学活动和案例研究，培养学生的跨文化意识和跨文化交际能力。教师可以引导学生了解和尊重不同文化的差异，培养他们的文化敏感度和跨文化交际技能。

信息时代为外语教师的语用身份建构提供了机遇。全球化交流需求的增长、在线教育平台的兴起、多媒体技术的应用、个性化学习和自主学习的推动以及跨文化素养的重视，都为外语教师提供了更广阔的教学空间和更丰富的教学手段，使他们能够更好地发挥作用，促进学生的语言发展和跨文化交际能力的提升。

11.4 信息时代外语教师语用身份建构的途径

信息时代为外语教师的语用身份建构提供了多种解决途径，这些途径可以帮助外语教师更好地适应信息时代的教学环境和需求，提升教学水平，促进学生的语言发展和跨文化交际能力。外语教师可以通过以下途径来建构新时代的教师身份：

持续更新专业知识和技能。针对信息时代的教学需求，外语教师需要不断更新自己的专业知识和技能。可以通过参加培训课程、研讨会、学术会议等方式，获取最新的教学理念、教学方法和教学技术，提高自己在信息化教学方面的素养和能力。

充分利用在线资源和工具。外语教师可以积极利用各种在线资源和教学工具，如教学视频、教学软件、虚拟实验室等，丰富教学内容，提升教学效果。同时，教师还可以通过在线学习平台和教学管理系统，进行教学资源的整合、分享和管理，为学生提供更便捷、高效的学习支持。

利用个性化教学策略。信息时代注重个性化学习和自主学习，外语教师可以通过差异化教学，针对学生的不同学习需求和水平，采用个性化的教学策略和教学资源，激发学生的学习兴趣和动力，提高教学效果。

重视跨文化交际实践。信息时代为外语教师提供了更多开展跨文化交际实践的机会。教师可以组织学生参与国际交流项目、线上跨文化交流活动、国际实习等，提供真实的语言使用环境和跨文化交际机会，促进学生的语言发展和跨文化素养的提升。

教学反思与调整。外语教师在信息时代需要不断进行教学反思，及时调整教学策略和教学方法，可以通过教学日志、学生反馈、同行评课等方式，收集教学经验和教学效果的信息，进行教学反思和教学调整，不断提高教学质量和效果。

开展跨学科合作和创新教学。信息时代倡导跨学科合作和创新教学，外语教师可以与其他学科的教师合作，开展跨学科教学项目，提供跨学科的语言学习体验，还可以尝试创新教学方法，如游戏化教学、项目驱动教学等，激发学生的学习兴趣和创造力。

总之，信息时代为外语教师的语用身份建构提供了多种解决途径，包括专业知识和技能、在线资源和工具、个性化教学策略、跨文化交际实践、教学反思与调整以及跨学科合作和创新教学等方式。通过这些途径，外语教师能够更好地适应信息时代的教学环境和需求，提升自身的教学水平，促进学生的语言发展和跨文化交际能力的提升。

在信息时代，为了有效推动外语教师的专业发展，我们需要遵循一些基本原则，以避免各种问题影响其专业能力的提升，并在在线教育环境中促进外语教师专业能力的持续、稳定提升。

一是自主性原则。在自主性原则的指导下，外语教师应树立正确的自主学习观念，能够根据外语课程的特点和规律，自发地学习信息教育技能和教育知识。他们应该自主研究如何有效地运用信息技术于外语课堂，并在掌握教育技术的同时培养良好的信息素养。这样，他们就能够提升信息教育环境下的专业能力。

二是持续性原则。外语教师的专业发展，并非一劳永逸的任务。即使教师已经掌握了信息教育技术能力，也并不意味着他们就不需要继续学习。相反，他们应该在外语课程教学的过程中，自觉地持续学习更多新型的教育技术，秉持与时俱进的原则。他们需要不断更新自身的专业知识和教育技能，在快速发展的时代背景下，利用先进的信息技术不断提升自己的教学和学术研究能力。

11.5 小结

综上所述，信息化时代外语教师的学科社群与合作对于提高教学质量、促进专业发展、创新教学方法和拓展教学领域具有重要的作用。通过学科社群的形成和积极的合作，外语教师可以共享资源和经验，互相学习和启发，解决教学中的问题并提高教学效果。此外，学科社群还为外语教师提供了一个专业发展与成长的平台，促进跨学科融合与创新，探索创新的教学方法和工具，并开展教育研究与探索。通过合作，外语教师可以整合和优化教学资源，提供丰富多样的教学内容，激发学生的学习兴趣和培养学生的综合能力。

因此，学校和教育机构应该重视外语教师的学科社群建设与合作，为其提供支持和资源。学校可以鼓励外语教师积极加入学科社群，组织相关的交流和合作活动，提供培训和指导，营造良好的合作氛围和文化。同时，学校也应该建立相应的机制和平台，促进外语教师之间的交流和合作，共享资源和经验，并及时反馈和评价合作成果。通过这些措施，可以进一步提升外语教师的专业素养和教学水平，为学生提供更好的外语学习环境和教育质量。

未来，随着信息技术的不断发展和教育理念的更新，外语教师的语用身份建构将呈现出以下几个方面的展望：

数字化教学能力的重要性增强。随着信息化时代的深入，外语教师需要逐渐具备数字化教学能力，包括利用在线教学平台、多媒体教学素材和教学工具，设计线上课程和活动等能力。因此，外语教师的语用身份将更加强调数字化教学技能和创新能力。

跨文化交际和全球化视野的重要性凸显。随着全球化进程的加速，外语教师需要更加关注跨文化交际和全球化视野的培养。未来，外语教师的语用身份将更加强调跨文化沟通能力和全球意识，以培养学生的国际交往能力和跨文化沟通技能。

教学方法与策略的个性化与差异化。未来外语教师的语用身份将更加注重个性化教学方法与策略的应用。外语教师需要根据学生的特点和需求，灵活运用不同的教学方法和策略，实现个性化教学与差异化教学，以满足学生的多样化学习需求。

专业发展与教育研究的重视。外语教师的语用身份将更加突出专业发展和教育研究的重要性。未来外语教师将更加注重参与教育研究、教学实践探索，不断提升自身的教学水平和教育专业素养。

总的来说，未来外语教师的语用身份将更加多元化、专业化和个性化，更加注重数字化教学能力、跨文化交际能力、个性化教学以及专业发展与教育研究。外语教师需要不断更新自己的教育理念和教学方法，与时俱进，以更好地适应信息化时代的教育需求。

第十二章

课程思政语境下外语专业教师身份建构

12.1 引言

随着我国高等教育教学改革的不断深化，课程思政建设逐渐成为高校教育的重要组成部分。外语专业作为高等教育中的重要学科之一，在课程思政语境下的身份建构显得尤为重要。外语教学涉及跨文化交流、语言学习、文化传播等多个方面，外语专业教师不仅需要具备专业知识和教学技能，还需要承担起培养学生综合素养和思想政治素质的责任。因此，研究课程思政语境下外语专业教师身份建构是十分必要和迫切的。本章旨在探讨在课程思政语境下外语专业教师身份建构的问题。随着《高等学校课程思政建设指导纲要》（以下简称《指导纲要》）的印发，我国高等教育教学呈现出全员全程全方位育人的大格局，外语专业教师在其中扮演着重要角色。本章首先分析外语类课程的特点，包括其人文性和跨学科性，以及外语教学所面对的主流话语、文化输出以及意识形态和价值观念。随后探讨外语专业教师在课程思政建设中的关键地位，以及在课程思政语境下外语专业教师身份建构的重要性和紧迫性。最后，结合相关理论，提出在课程思政语境下外语专业教师身份建构的研究框架和路径。

课程思政视域下，外语教师的身份建构涉及更广泛的教育使命和社会责任，而不仅仅局限于语言教学本身。在课程思政的视域下，外语教师被视为教育者，其使命不仅仅是传授语言知识，更重要的是培养学生的思想道德素养和社会责任感。外语教师需要将语言教学与思想政治教育相结合，通过语言教学传递正确的思想观念和价值观念。外语教师在课程思政中扮演着文化传播者的角色。他们不仅是语言的传授者，还是文化的传播者。在教学中，他们应该注重传递源自外语国家的文化信息，促进学生对不同文化的理解和尊重。在课程思政的框架下，外语教师肩负着塑造学生正确价值观念的责任。通过语言教学，外语教师应该引导学生形成正确的思想道德观念，培养学生的社会责任感和公民意识。由此来看，外语教师在课程思政中既是知识传授者，又是价值引导者。他们不仅要传授语言知识，还要引导学生思考语言背后所蕴含的文化、思想和价值观念，引导学生树立正确的世界观、人生观、价值观。在课程思政视域下，外语教师需要将语言教学与政治理论、社会伦理等学科相融合，实现跨学科教育。通过跨学科教育，外语教师可以更好地传递思想政治教育的内容，培养学生的综合素养和创新能力。

作为教育教学活动的设计者和实践者，外语教师在全面推进外语课程思政建设方面扮演着关键角色。他们的教育教学能力和课程思政水平直接影响课程对学生的育人成效。外语教师应当认识到外语教学已经从单纯的工具性、交际性阶段进入思想性、人文性，甚至民族性、国际性、全球性的阶段。因此，他们需要以更广阔的视野和更高的责任感来承担课程思政建设的使命。

12.2 外语课程思政研究综述

外语课程思政研究是指在外语教学中融入思想政治教育元素的研究。外语课程思政研究旨在通过外语教学，培养学生的爱国主义、集体主义、社会主义核心价值观等思想观念，促进学生的全面发展。这一领域的研究通常涉及以下几个方面。首先是外语教学内容设计，即如何在外语课程中融入思想政治教育元素，使学生在语言学习的同时接受相关的思想政治教育。其次是教学方法与手段研究，探讨在外语教学中如何运用不同的教学方法和手段，激发学生的爱国情感和社会责任感。再次是课程评价与效果分析，对融合思想政治教育元素的外语课程进行评价与效果分析，了解学生在思想政治教育方面的接受程度和发展情况。最后是师资培训与专业发展，探讨外语教师在思想政治教育方面的专业发展需求，提出相应的师资培训计划和措施。

近年来，学术界对高校外语教师课程思政能力的研究备受关注，但相关研究尚需进一步深入。为推动高校外语课程思政工作取得更好的发展，急需对外语课程思政研究与实践现状进行系统梳理，深入分析当前外语教师所面临的挑战，并进一步针对性地探讨高校外语课程思政建设对教师能力的具体要求。本研究所涉及的高校外语课程思政范畴既包括针对外语专业的课程思政，也包括面向全校学生的大学外语（公共外语）课程思政。通过对高校外语课程思政相关文献进行梳理和分析后，主要有以下三点发现。

首先，高校外语课程思政的机制建设备受关注。学术界普遍一致认为，加强高校外语课程思政的机制建设至关重要。他们强调了顶层设计和体系化建设在推进课程思政改革中的关键性作用。具体而言，他们提出外语课程思政应该贯穿于管理体系、专业人才培养体系、教材体系以及教学体系之中。课程思政理念应该在教学目标设定、大纲制定、内容和资源建设以及评价等方面得到体现，以实现多维度融合式教育的目标。在课程内容方面，有人强调了优秀传统文化的深度融入，而一些大学已经开始构建多语种课程思政育人体系。同时，一些学校的外语课程团队也不断探索多模块、体系化的课程框架，将价值观引领和塑造融入知识传授和技能培养中。总的来说，加强外语课程思政的机制建设已经成为学界的共识。

其次，高校外语课程思政的应用研究有待加强。近年来，国内许多高校都对外语课程思政进行了深入研究和实践。专家学者们探讨了外语课程思政的内涵、建设原则、实施路径等方面，并提出了一些理论框架和具体操作方法。华东师范大学外语学院英语教学部提出了课程思政的原则、思路、具体操作方法和路径，为外语课程思政的实践提供了指导。王欣等人思考了如何在课程设计、课堂教学等具体环节落实人文化的教学理念。《北京高校大学英语课程思政报告》收集了 23 所高校的课程思政思路、举措和教学实践案例。此外，一些高校还将优秀的外语课程思政案例编纂成册，并在学术平台上发表。从 CNKI 总库检索的文献来看，课程思政是近年来研究的热点之一，涉及课程思政、大学英语、外语课程等多个方面。研究主题主要集中在课程思政、大学英语等方面，而在研究层次上，以学科教育教学文献为主。这些研究和实践为高校外语教师提供了宝贵的经验和借鉴，但是外语课程思政的应用研究仍有待进一步深入和加强。

最后，创新高校外语课程思政的方法和手段是迫切需要的。学界和一线教师普遍认为，创新外语课程思政的方法和手段势在必行。他们提出了各种创新思路，如显隐并存、综合施治、形成思想政治教育合力、启发式和任务型教学等。郑敬斌等学者主张综合施治和融合使用原则，以创新升级课程思政的方法和手段。孙有中提倡通过体验式语言学习提高道德素养，通过价值观思辨强化社会主义核心价值观。为了更精准有效地实施课程思政，郑敬斌等人建议借助信息技术进行方法和手段创新，并创新评价机制，将理论学习与实践有机结合。华东师范大学外语学院提出应用导向、翻转为模式、混合为手段的原则，实现第一、第二课堂联动和大学英语、学科专业、思政课程三位一体。北京工商大学外国语学院采用基于"互联网 +"的课程思政实践模式。综上所述，外语教师必须与时俱进，不断进行课程思政方法创新和手段更新。

12.3 课程思政视域下外语教师发展内涵

高校外语教学不仅仅是语言文化的传授，更是育人的重要途径。在课程思政的指引下，高校外语教学应当坚持培养学生成为具有高度社会责任感和时代担当的时代新人的目标。这意味着除了培养学生良好的语言能力和跨文化交际能力外，还应着重培养学生的政治立场、政治判断力、价值观念和社会道德素养。同时，也要培养学生的批判性思维，使他们能够深刻理解语言文化现象背后的思想内涵，实现从现象学习到本质学习的转变。

因此，课程思政引领下的高校外语教学已经成为一项基于语言文化知识的综合性、系统性、人文性的教育工程。这种教学不仅要求教师具备丰富的语言文化知识和教学技能，还要求他们能够在教学中融入思政教育元素，引导学生全面发展，成为德智体美劳全面发展的社会主义建设者和接班人。

教师发展是指教师在其职业生涯中不断提升专业知识、专业能力、教学态度和教学技能等方面的过程。这包括通过自主学习或与教学团队的合作学习，持续改进教学方法，解决教学中遇到的问题，以及不断反思和完善自身教育理念和教学实践。

在课程思政的视域下，高校外语教师的发展是指他们针对课程思政的要求，通过自主学习或与教学团队的合作学习，不断提升自身在外语课程思政认知、教学知识建构以及教学能力等方面的能力。根据克里斯托弗·克拉克（Christopher M.Clark）提出的教师成长联动模型，教师的发展是一个多重循环互动的过程，受个人、外部环境、实践经验和结果反馈的影响。外部环境的支持和规划也是教师发展中至关重要的因素，它能够促进教师的专业成长和教学质量的提高。

在课程思政的背景下，外语教师的角色发生了显著的变化。他们不再只是简单的语言文化知识传授者，而是承担起了更多的责任。他们需要成为学生健全人格的塑造者、正确价值观的引导者、本质学习的指导者，以及中外文化的传播者。

课程思政明确了外语教学的使命，即帮助学生形成健全的人格，树立正确的世界观、人生观、价值观。在注重语言工具性和人文性统一的同时，外语课程思政还要引导学生深入思考语言文化现象背后的意识形态、价值观等根本问题。他们应该积极承担起用外语讲好中国故事、传播好中国声音的使命。因此，外语教师在课程思政的理念下，既要注重学生语言能力的培养，也要注重对学生思想品德的培养，努力培养具有国际视野和中国情怀的新时代人才。

12.4 课程思政视域下外语教师面临的挑战

尽管高校外语课程思政在理论研究和实践探索方面取得了一定成果，但在外语课程思政机制、课程思政内容及方式方法、教师课程思政的意识与能力等方面仍存在改进和提升的空间。随着外语课程思政建设的不断推进，外语教师将面临新的挑战。

外语教师需要进一步加强对课程思政理念的理解和应用，不断提升教育教学水平，注重培养学生的思想品德，积极引导学生正确树立世界观、人生观、价值观。同时，外语教师还需要不断拓展教学方法，结合具体的教学内容和学生特点，灵活运用各种教学手段，提升课程思政的实效性和感染力。

在这一过程中，外语教师更需要关注自身的专业发展，提高自身的综合素质和教育教学水平，不断增强自身的课程思政意识和能力，适应新形势下外语教学的要求，为学生成长成才做出更大的贡献。

首先，外语教师应承担起推进课程思政机制革新的使命。必须承认，高校外语课程思政在机制层面依然存在改进和完善的空间。特别是课程思政的目标体系需要进一步明确，课程思政内容体系和实施体系也有待完善，教学方法体系需要进一步优化。常俊跃等人指出，外语专业课程思政的系统性存在不足。郑敬斌等人认为外语课程思政教学过程在整体规划和系统设计层面存在提升空间。在实际运行过程中，外语课程思政还存在着诸如专业人才培养目标不清晰、课程资源共享不足、师资培养等机制不健全的问题。高校迫切需要建立科学有效的管理机制、运行机制及评价机制，健全配套制度，使课程思政工作能够全方位、全过程、全员参与。当前，外语课程思政在具体落实层面仍面临一些困难。外语教师作为课程思政建设的主体和核心，面对专业教学和思想政治教育的双重任务，需要在课程思政目标体系、内容体系、实施体系和评价体系建设方面持续努力，真正提高课程思政的实践效果。

其次，课程思政的内容和教学方法需要更新。在课程思政内容和教学方法方面，外语教师面临挑战。在内容方面，外语课程思政的内容通常分散，更侧重于语言层面，而缺乏对价值导向的重视。目前，高校外语教学更注重语言知识传授和技能培养，而对中国传统文化和社会主义核心价值观的教育不够重视，德育功能在教材资源中体现不足，课程思政的内容体系需要更加丰富。因此，外语教师需要深入挖掘外语课程中蕴含的思想政治教育的精神内涵，以立德树人为目标构建课程思政的内容体系。在教学方法方面，外语课程思政的方式和方法相对单一，缺乏针对性。外语教学理念和方法需要融入思想政治教育的元素，实现两者的有机结合，因此，课程思政的手段和载体需要进一步改进。为了实现课程思政的育人目标，外语教师需要思考如何科学地设计外语教学，探索将社会主义核心价值观的塑造有机融入知识传授和能力培养的方式。

再次，教师在课程思政方面的认识和能力有待加强。外语教师在理解课程思政的目的、意义和内涵方面尚有欠缺，缺乏系统性和深入的认识。其次，教师在课程思政实践中的能力有待提升，包括课程资源建设、教学设计、评价反馈等方面。调查结果显示，许多大学外语教师在课程思政教学中未能充分理解课程育人理念，内容和方法存在不足。教师在课堂教学中虽能进行思想教育和价值引领，但在文化自觉性、理论性和系统性方面还有提升空间。因此，外语教师需要加强对课程思政的理论学习，提高教学设计和教学方法的水平，以更好地实现课程思政的育人目标。

外语教师在课程思政意识和教学中也存在诸多问题，我们随机对一百位外语教师进行了初步调查，结果主要表现在以下几个方面。

首先，外语教师对课程思政的整体认识相对不足。外语教师获取课程思政信息的主要途径包括学校会议通知、网络与媒体、出版物以及培训等。当被问及"课程思政"的概念时，绝大多数外语教师能够区分它与思政课程的不同，并能够阐述课程思政的隐性育人和思政课程的显性育人的不同属性。课程思政的实施被认为是思政课育人的有效补充，有助于构建"全人教育"的目标。在被问及外语课程思政应该包含的内容时，教师们的回答相对分散，主要集中在文化认同、爱国意识、道德意识、责任意识等方面。其中，文化认同是外语教师普遍认为应该重点培养的内容，而对政治认同的认同度相对较低。这反映出外语教师在课程思政方面的一些认知差距和意识相对薄弱的问题，需要进一步加强相关培训和指导，以提升他们的思政育人意识和理解水平。

其次，外语教师对育人元素的把握方面也相对不足。在外语教学中，立足文化自信是最重要的切入点，其次是开展中西文化对比、跨文化意识与能力培养、人类命运共同体意识、中西思维方式对比与思辨能力培养以及交流互鉴的文明观。这表明外语教师普遍认为通过文化对比开展课程思政教育是最有效的方式。然而，尽管大多数教师认为自己已经在教学中融入了思政育人元素，但仅有少数教师认为自己做到了语言与价值理念较好的融合。这意味着在实践中存在一些问题，例如思政目标与语言教学目标不协调，思政内容与语言教学内容不一致等。这些问题的根源在于教师对课程思政理念的认识界定不清，以及未能充分利用教材内容和个人思政素养来提取合适的育人目标与元素。因此，需要进一步加强教师的专业培训，提升他们挖掘育人目标与元素的能力，从而更好地将思政教育融入外语教学中。

再次，外语思政教学方法与手段相对薄弱。在将育人元素融入教学方式方面，教师普遍倾向于使用讨论式教学、体验式教学、案例式教学和情景模拟式教学。在选择素材来源方面，故事、时事案例、涉外媒体视频被广泛采用，而党政文件及领导人讲话则相对较少被选取。这表明教师更注重选取与学生学习需求和体验相符合的素材，以促使学生对育人理念产生认同。然而，许多教师仍感到需要更多的帮助和指导，特别是在丰富教学方法与手段、教学案例遴选等方面，以提高外语课程思政教学效果。因此，有必要加强教师的培训和指导，帮助他们更好地运用多样化的教学方法和有效的教学素材，提升外语课程思政教学的效果。

最后，课程思政评价标准尚未完善。在外语课程思政实践教学中，教师们最大的挑战之一是如何评价教学效果。研究结果显示，超过半数的教师（63.80%）没有在课程中设置思政维度的考核，而近三分之一的教师仅仅在学生成绩中考虑了思政因素。评价形式主要以测试为主，内容多为语言知识类的考核，涉及一些文化观点和政治导向的议题，比如政论文、中国特色词汇翻译或简短的中国文化类语篇翻译等。这表明教师们对于课程思政教学效果的评价比较单一，主要停留在语言知识的考核层面上，而未能形成一个多元化的、多样化的评价体系。一些教师表示，在短时间内很难评价课程思政教学的效果，因为学生综合素养的提升是各门课程共同努力的结果，难以用单一门课程的成绩来评价思政效果。另一些教师则表示，他们虽然在教学中充分讲授了教材涵盖的育人元素，但缺乏统一的评价纲领或指南，不确定是否达到了思政教学的标准，感到困惑。因此，确立课程思政的评价标准，建立一个多元化、立体化的评价体系显得尤为重要。这将有助于更准确地评估教学效果，也能够为教师提供更具体的指导，以确保他们的教学符合思政教学的标准和要求。

12.5 课程思政视域下外语教师的身份定位

长期以来，外语教学的核心目标主要集中在培养学生的语言运用能力，并注重传授和学习语言对象国家的语言文化知识。然而，在课程思政教育理念的指导下，外语课程被要求承担更为重要的育人功能，完成为党育人、为国育才的任务，实现知识传授、能力培养和价值引领的统一。因此，外语教学不再仅仅是"外语教学"，而更趋向于"外语全人教育"，从单纯的语言知识技能培养转变为全面的个人素质培养。作为课程育人的主要设计者和实施者，外语教师的作用至关重要。他们需要以培养学生为核心，思考如何将外语所承载的价值性知识与课程思政引领的价值理念相结合，深入挖掘课程中的育人元素，精心设计教学内容，自然融入育人理念，以"润物无声"的方式实现育人效果。与此同时，外语教师也需要紧跟时代步伐，重新审视自己在外语教学中的角色定位，不断更新教育观、知识观和课程观。

首先，外语教师是课程知识的传授者和课程育人的责任人。在课程思政视域下，外语教师不再仅仅关注语言知识和技能的传授，而是要将培养学生的综合素质和思想道德水平作为教学的重要目标之一。因此，教学大纲的制定需要明确反映这一变化，确保教学目标和内容能够有机融入育人理念，服务于人才培养的总体目标。传统的教学大纲通常包括学时安排、教学目标、教学内容、教学方法等，但在课程思政视域下，还需要考虑如何培养学生的思想道德素养、社会责任感等方面的要求。

在制定教学大纲时，外语教师应该从整个人才培养体系的角度出发，思考如何更好地实现育人目标。这意味着教学大纲的内容不仅要考虑外语专业知识和技能的传授，还要结合学生的思想道德素养、社会责任感等方面的培养目标，确保教学内容能够全面促进学生的综合素质提升。同时，教学大纲的实施也需要注重教学过程中育人理念的贯彻，通过多种教学方法和手段引导学生积极参与，培养其独立思考能力和团队合作精神。教学大纲的制定与实施在课程思政视域下显得尤为重要，需要从人才培养的角度出发，全面考虑学生的综合素质培养需求，确保教学内容能够真正服务于人才培养的总体目标。

其次，外语教师是课程育人的学习者和传播者。在课程思政视域下，外语教师的专业发展不仅仅是对外语专业知识的学习与掌握，更涉及对外语课程中蕴含的"育人理念"的全面理解与准确把握，以及对"育人元素"体现的思想政治、价值观念的学习与认知。因此，外语教师首先要成为一名善学者，通过不断学习和探索，提升自身的思想水平与政治素养。一方面，在提升自身思想水平与政治素养的过程中，外语教师应重点学习中华优秀传统文化、社会主义核心价值观、习近平新时代中国特色社会主义思想等时政性理论知识，以确保思想价值传播的准确性与有效性，通过言行示范，成为学生的表率，引导学生树立正确的思想观念和价值取向。另一方面，外语教师还应不断提升自身的教育技术能力，丰富外语教学手段，开展多模态化和立体化外语教学。这样的教学方式能够激发学生的学习兴趣，增强他们对于外语学习的主动性，提高他们的参与度。同时，通过注入价值性知识，夯实并拓展学生的综合素养，使其在学习语言的同时，更好地理解和接受各种价值观念。外语教师在课程思政视域下的专业发展需要不断提升思想水平与政治素养，同时注重教育技术的运用，以更好地实现立德树人的思政目标。

最后，外语教师是课程育人的示范者与引领者。换句话说，在课程思政理念的指导下，外语教师不仅仅是知识的传递者，更是价值观的塑造者和文化的传播者。他们通过实际行动和日常交流，展示专业素养和道德风貌，以自己的正能量感染和激励学生，营造有爱、有温度的教学氛围。同时，外语教师将语言学习与文化理解、价值认同有机结合，通过教学内容和教学活动，让学生在接触和学习外语的过程中自然而然地吸收和体验不同的文化背景和价值观念。这种方法提高了学生的语言能力，更重要的是培养了他们的跨文化交际能力和批判性思维能力，帮助他们在全球化背景下更好地理解世界，成为具有国际视野和社会责任感的人才。

此外，外语教师在实践课程思政理念时，还应关注学生的个体差异，采用灵活多样的教学方法和手段，鼓励学生积极参与课堂讨论和文化体验，让他们在实践中学习和成长。通过这种参与式和体验式学习，学生能够更深入地理解和掌握语言知识，同时在对比和思辨中形成自己的价值判断和文化认同。

总之，外语教师在课程思政理念下的角色转变为知识的传授者、价值的引领者和文化的桥梁。通过"以身作则，行为世范"的实践，结合教学内容的价值导向和文化内涵，外语教师能够有效地促进学生的全面发展，实现课程育人的根本目标。

12.6 课程思政对外语教师的能力的要求

根据《指导纲要》的要求，教师需要提升课程思政建设的意识和能力，强化育人意识，提升育人能力。结合《指导纲要》和《高校思想政治工作质量提升工程实施纲要》（以下简称《实施纲要》）的内容，以及对高校外语课程思政研究与实践现状的分析，针对外语教师当前面临的挑战，从课程思政教学设计、课程思政内容供给、教学资源建设、外语课堂教学、第二课堂开展、教学评价等六个方面详细剖析了教师应具备的能力和具体要求。

第一，教师要提升课程思政教学设计的能力。为了解决外语课程思政方面存在的系统性不足、目标体系泛化、内容体系不完善等问题，避免外语教学和课程思政之间出现脱节现象，外语教师需要具备全方位设计课程思政的能力。教学设计是教师有效教学的重要规划，它涉及教学过程的各个环节的计划和安排，有助于提升课程教学的科学性和有效性。外语教师应该重视课程思政教学设计，事先对教学目标、内容、教学方式、评价等方面进行系统设计。在制定或修订课程教学大纲时，应该细化认知、技能、情感等方面的教学目标和要求，明确课程思政的目标，制定相应的课程育人计划。在教学活动设计上，要科学地融合专业知识传授、语言技能培养和思想价值引领，找准育人的角度，将语言教学与文化教学有机融合，以完成立德树人的根本任务。

第二，外语教师要提升课程思政内容供给的能力。外语教师需要运用信息技术优化课程思政内容供给的能力。教学内容的选择对于实现立德树人的教学目标至关重要，因此教材应该为课程思政提供融入语言材料的思政元素。为了满足课程思政对于价值观、知识和能力"三合一"的要求，教师需要具备重新审视和重构专业知识体系的能力，通过重构教学内容来更新教学路径。外语教师应当利用信息技术深度挖掘教材内容，重构教学内容，并挖掘其中的课程思政元素。解构、分类与整合教材中的各种文化资源，科学设计教学内容，使教学内容既包含目标语言国家的文化，又涵盖中国文化和世界文化，为学生提供文明互鉴、跨文化交际的知识基础。深入挖掘教材和教辅资料中的思政元素，增强课程的文化传导价值，打造具备价值引领作用且符合学生思想发展规律的教学内容供给体系。持续更新教学内容，保持课程教学内容的前沿性与时代性，通过选取和使用与课程内容相关性强的思政教育素材、案例和新闻，引导学生理解当代中国，关注经济社会发展，坚定学生的理想信念。借助多元符号呈现课程教学内容，利用人工智能、虚拟现实等工具，打造数字化外语教学环境，模拟跨文化交际语境，使学生获得多感官的体验，全面理解社会主义核心价值观的内涵以及文化背景。

第三，教师要提升开发和使用多种教学资源的能力。外语教师需要具备开发和运用新型教学资源的能力。随着现代科技的迅速发展，教育资源逐渐数字化和多样化。为了提高教学质量和效果，外语教师应不断提升自己的数字技能，开发多样化的数字化教学资源，并将其灵活运用于课程思政教育中。具体而言，外语教师要开发数字化教学材料及配套资源，制作并运用视频、录音、图片、案例等多种形式的教学资源，向学生展示经济社会发展现状，引导学生深刻理解社会主义核心价值观的内涵。利用在线教学平台发布课程大纲、学习目标、PPT、微课、练习题等教学材料，并提供学习资源网站和链接，帮助学生关注当代中国发展并建立全球视野。挖掘学生作业和学习成果的思政教育功能，引导学生自制、共享数字化课程思政资源，并鼓励学生使用英语和多媒体介绍自己的家乡。优秀作业可被放置在在线教学平台上供其他学生学习借鉴，从而培养学生的家国情怀和语言能力。

第四，外语教师要提升构建智慧外语课堂的能力。外语教师需要不断提升智慧教学能力，探索并运用现代信息技术，打造具有思政教育功能的智慧课堂。课堂教学是外语课程思政的关键环节，《实施纲要》要求高校积极推进以"课程思政"为目标的课堂教学改革。为此，外语教师应该灵活运用慕课、微课等教学资源，结合人工智能、大数据等信息技术，营造具有感染力和教育功能的外语课程思政环境。在课堂教学中，外语教师需要将知识传授、能力培养和价值塑造相结合，通过启发式和任务型教学等手段，将思政教育融入外语教学的方方面面。例如，引导学生从跨文化视角探究中国化理论与实践，在外语表达中传承中华传统文化及当代中国的成就，提升学生的文化自信和跨文化传播能力。外语教师还应积极探索"互联网＋教育"的实践，利用网络教学平台加强课堂管理，拓展教学空间，增强师生互动，充分发挥智慧外语课堂在思政教育方面的作用。

第五，外语教师要提升将第二课堂融入课程思政教学的能力。外语教师在开设课程思政第二课堂、开展浸入式融合教育方面应具备相应的能力。第二课堂为学生提供了实践和反思的机会，可以增强课程思政的多样性、趣味性和实效性。外语教师需要将课程思政由课堂延伸到课外，实现课内外协同育人，引导学生通过课外自主探究和实践将中华优秀传统文化的内涵和价值观内化于心、外化于行，加深对当代中国的理解，实现学思结合、知行合一的目标。

通过外语辩论赛、演讲比赛等实践活动，外语教师可以帮助学生运用所学专业知识，感受经济社会发展现状和国家实力，提升跨文化交际能力。在课外活动的主题、内容和形式设定时，外语教师应充分考虑外语能力训练与价值观塑造的深度融合，让学生在潜移默化中理解、内化课程思政内容。在指导学生参加各类外语比赛的过程中，教师还应引导学生增强跨文化意识，锻炼用外语讲好中国故事的能力。在指导学生创新创业项目时，外语教师要帮助学生提升研究和实践技能，弘扬创新精神，增强团队协作意识与能力。

外语教师还需要持续创新实训方式和方法，拓展跨文化交际实践平台，为学生创设跨文化交际实践机会。同时，教师应不断提升数字素养，依托网络平台开展跨文化交际实践和外语实训教学，形成线上线下混合式课程思政教育格局。此外，外语教师还需要深入探索校企协同育人的路径与方法，帮助学生理解和践行职业精神和规范，增强职业责任感。

第六，外语教师要完善课程评价机制。外语教师在推进外语课程评价改革方面，需要具备科学、全面进行课程评价的能力，以促进学生德智体美劳全面发展。根据《深化新时代教育评价改革总体方案》的要求，外语教师应创新评价方法，完善综合素质评价体系，将过程性考核与结果性考核有机结合，全面提升课程评价的科学性和准确性。在外语教学全过程中，课程评价应贯穿始终，充分发挥对教学的正面促进作用。评价内容应涵盖课程建设、教学过程和学生学习过程，包括教师的教学态度和效果、学生的学习态度和参与程度以及各类能力的提升情况等。此外，学生评价的内容及实施细则应全面设计，纳入育人目标，不仅考评学生的知识掌握和能力水平，还应评价情感素养目标的达成情况。在评价方式上，应多元化运用学生自评、互评和师生评价等手段，对学生的学习态度、效果、跨文化视野、文化自信等素养进行考核。在评价途径方面，可以借助现代信息技术，提高评价的全面性、科学性和时效性，利用网络教学平台的检测和评估功能，实现线上线下评价相结合，及时了解学生的学习状况，进行动态诊断和全面分析。

12.7 课程思政视域下外语教师的专业发展

高校外语教师在课程思政视域下的发展，是指他们针对课程思政需求，通过自主学习或教学团队的协作学习，不断提升在外语课程思政认知、知识建构以及教学能力等方面的动态过程。这种发展过程可以参照克拉克提出的教师成长联动模型，其中教师的发展受到个人、外部环境、实践经验和结果反馈四个领域的多重循环互动的影响。外部环境在这一过程中起着至关重要的作用，它不仅影响着教师的发展规划，还对教师提供了必要的支持与资源，从而促进或限制了教师的专业发展。在课程思政的指导下，外语教师的角色发生了重大变革。不再局限于传授语言和文化知识，而是承担着更多的责任。他们需要成为学生健康人格的塑造者，引导他们树立正确的世界观、人生观、价值观。同时，他们也是学习本质的引导者，帮助学生深刻理解语言背后的意识形态和价值观。在强调语言工具性和人文性的统一的基础上，外语教师还需要引导学生用科学的眼光去分析语言文化现象，努力传达中国的故事和声音。总之，外语教师在课程思政的框架下，不仅仅是教学者，更是思想引领者和文化传播者。

课程思政的实施使得外语教师在立德树人方面扮演着关键角色，这为高校外语教师提出了更为迫切的要求。他们需要不断提升自身的素养和能力，以更好地承担起引领学生树立正确人生观、价值观的责任。这意味着他们不仅需要拥有扎实的语言专业知识和教学技能，还需要具备良好的师德师风，成为学生身心健康发展的引导者和榜样。因此，高校外语教师在课程思政建设中的角色至关重要，他们需要不断自我提升，以适应教育发展的新要求。

首先，加深对课程思政的理解和情感认同是至关重要的。作为大学生理想信念和价值观教育的重要途径，思政教育在培养学生成为德智体全面发展的社会主义建设者和接班人方面发挥着不可或缺的作用。在这一背景下，外语课程思政教学应充分发挥外语课程的育人功能，默默地实现立德树人的根本任务，并与思政课程相呼应，形成协同效应。因此，高校外语教师需要积极树立正确的课程思政理念，提高对外语课程思政的认同感，深刻认识到课程思政的重要性。做好课程思政建设不仅体现了高校教师的基本素养和责任担当，也是对师德师风和教学能力的自我强化和自我提升的体现。

其次，建立外语课程思政教学的知识体系至关重要。在高校外语课程思政建设中，我们需要将习近平新时代中国特色社会主义思想融入教材、课堂和学生思想中，培育和践行社会主义核心价值观。通过加强中华优秀传统文化教育、开展宪法法治教育、深化职业理想和职业道德教育等内容，我们可以充分利用外语教学的浸润优势，让学生在潜移默化中坚定理想信念、培养家国情怀、提升道德修养和宪法法治意识。教师作为外语课程思政教学的主导者，应该树立探究性学习和终身学习的理念，积极构建并不断更新相关知识体系，不断丰富自己的知识储备。外语课程思政教学所需的知识体系建设不仅关系到教师是否能够在教学实践中有效结合教学内容和课程思政教育，还关系到能否明确课程思政内涵融入教学的切入点，以及是否能够创新课堂教学模式。

再次，外语课程思政教学实践与研究需要同步推进，以提高教师的教学能力和专业水平。在教学实践中，教师应该遵循外语课程思政教学原则，设计合理的课程教学方案，有效管理课堂教学，进行科学的课程评价。这需要教师在不断的实践与总结中，探索解决问题的方法，逐步提高外语课程思政教学能力。因此，外语教师应以教学实践为基础，同步推进课程思政教学实践与研究。一方面，通过实践将课程思政理念付诸实践，并在教学过程中敏锐地发现问题；另一方面，在研究中深化对课程思政的理解，为外语课程思政教学实践与改革提供建议和支持，实现以研促教、以研促改的目标。在教学实践和研究中相互促进的过程中，外语教师应不断提升自我认知、自我反思、自我提高和自我完善的能力，促进自身在教学能力、教学经验和职业认知等方面的持续成长和提升。

最后，建立完善的教学支持和保障机制至关重要。在课程思政的背景下，外语教师的教学发展需要他们主动适应新时代、新形势的要求，积极把握课程思政教学改革的需求，并不断提升自身水平。同时，外部因素也会影响教师的教学发展效果，因此需要多方面提供支持和保障。可以开展线上线下相结合、形式多元、内容多样的专题培训，为教师提供多样化的专业发展机会。可以通过建立教研共同体，组织各类教研活动，帮助广大教师提升课程建设能力、教学设计能力、调整教学方法的能力，以及教学改革与研究能力，促进教学相长。应关注教师的发展需求，举办专家讲座、名师讲坛、教学沙龙等活动，解决教师在教学实践中遇到的普遍问题，并提供答疑解惑服务。应切实提高外语教师的地位，建立奖励激励机制，为他们提供更广的教学成长空间，以激励其持续发展和进步。

12.8 外语教师课程思政教学能力培养策略

首先，提升外语教师的思政素养，加强他们对育人使命的认识。外语教师作为外语课程思政的主导者、设计者和实践者，需要深刻认识到融入育人元素的重要性。只有通过加强思政学习、关注国家大事和时政热点，树立起"四个自信"意识，并积极融入主流意识形态和核心价值观的教育培训，才能够提升个人的思政素养和政治理论素养。通过这样的努力，教师们可以在外语课程中引导学生深刻理解历史使命和责任担当，从而激发学生的学习动机，培养其良好的品格素养和人文精神。这样的教学方式有助于学生习得知识能力，培养主流意识和价值观，促进师生之间积极的、良性的互动，最终发挥课程思政的价值引领作用。

其次，加强专业技能，培养文化修养，提高育人水平。课程思政要求外语教学紧密结合国家发展、社会热点和时政新闻等育人主题，这对外语教师的知识更新、语言能力提升和育人能力提高提出了新的挑战。教师的知识体系决定了育人方向和内容，语言能力直接影响教学质量，而教学能力则是核心，直接影响育人成效。因此，外语教师应不断提升自身的专业素质，扩展专业知识领域，完善自己的知识体系。同时，也要注重自身的文化素养，特别是要重视中国优秀文化双语知识的积累，拓展主流文化领域的认知，坚定自己的"文化自信"，具备传播中国文化的能力。此外，教师还应该多阅读相关的中国声音、中国智慧和中国方案的外宣作品，从中汲取中华优秀传统文化的精华，理解治国理政和外交政策的理念，充盈知识储备，具备讲好中国故事的能力。这些都是落实外语课程思政的必要要求。

再次，扩展外语学习的范围和方式，通过信息化技术为外语教学提供支持。在当今数字化媒体时代，混合式教学模式在教育界备受青睐。这种模式将传统的面对面教学与在线学习相结合，以满足学生的学习需求并拓展教学空间。外语课程思政教育也可以采用混合式教学，通过将线上线下教学相结合，结合校园文化建设，提升教育的深度和广度。教师可以利用在线平台提供丰富的数字资源和课外活动，以激发学生的兴趣并提高他们的自主学习能力。新时代，需要教师掌握更多的数字化教学方法，以增加教学手段并为学生提供更多丰富多彩的学习资源。

最后，明确思想政治教育的目标，优化评估机制，以提升培养学生的综合素质。确立课程思政教学目标是外语课程发展的必然需求之一。在实施外语课程思政建设时，可以设计三维教学目标，分别涵盖知识、能力和育人层面的要求。在知识维度上，注重教授语言知识，如词汇、语法、语篇和交际技能等；在能力维度上，强调培养学生的篇章分析、题材语用、跨文化交际和批判思维能力；在育人维度上，注重培养学生的正向价值观、职业与道德意识、创新与合作意识，以及民族与文化自信。这些目标的明确有助于指导教学活动的展开，使课程设计更具针对性。

良好的教学评价是确保教学效果的重要保障。外语课程思政的实施效果直接关系到是否能够完成立德树人的培养任务。因此，教学评价应该兼顾形成性评价和终结性评价，包括教师评价、自我评价和学生自评等多个主体。同时，借助信息技术和智能批改等手段优化评价方式，丰富评价手段。评价内容应当贴近三维教学目标，从知识、能力和育人维度具体化开展教学评价，以促进教学和学习的有效开展，全面提升学生的知识、技能和价值观，实现立德树人的根本任务。

12.9 外语类课程特点及教学环境

12.9.1 外语类课程具有明显的人文性和跨学科性特点

外语类课程具备人文性特点。外语类课程不仅仅是语言技能的传授，更包含了对不同文化背景、价值观念和社会习俗的理解。在教学过程中，外语专业教师需要引导学生积极参与跨文化交流，促进跨文化意识的培养。外语学习不仅仅是为了掌握一门语言，更重要的是通过语言的学习促进不同文化之间的交流与理解。学习一门外语需要了解其背后所承载的文化内涵，包括历史、传统、价值观念等。因此，外语类课程强调培养学生的跨文化交流能力，帮助他们更好地理解和尊重不同文化。外语类课程通常也包括文学作品和艺术表现形式的学习，通过阅读文学作品、欣赏艺术作品等方式，帮助学生感受和理解不同文化的审美情趣和艺术表达方式。这种文学与艺术的学习不仅仅是为了提高语言水平，更重要的是引导学生从文学和艺术中感受到文化的魅力和深度。学习一门外语也就意味着了解其所属文化的历史和传统。外语类课程会涉及许多关于文化传统和历史背景的内容，通过学习这些内容，学生可以更好地理解一个国家或地区的文化渊源，从而更好地理解其语言使用习惯和思维方式。

外语学习也反映了一个国家或地区的社会结构和价值观念。外语类课程会引导学生了解不同文化的社会组织结构、价值观念和道德准则，帮助他们对世界有更全面的认知，培养他们的跨文化意识和包容性。

外语类课程的人文性特点在于强调语言背后的文化内涵和跨文化交流，通过文学、艺术、历史、传统等多方面内容的学习，培养学生的人文素养和跨文化能力,使他们成为具有全球视野和文化包容力的国际化人才。

外语类课程具有跨学科性特点。外语类课程涉及语言学、文化研究、文学欣赏等多个学科领域,需要综合运用各方面知识进行教学。外语专业教师应该具备跨学科思维能力,帮助学生建立全面的外语学习框架。外语类课程首先涉及语言学的知识。学生需要学习外语的语音、语法、词汇等基本知识,了解语言的结构和规则。语言学的知识为学生提供了语言运用的基础,帮助他们掌握外语的表达能力。

外语学习不仅仅是学习语言,更包括对相关文化的研究。学生需要了解外语国家的历史、传统、价值观念等文化内涵,从而更好地理解和运用外语。文化研究是外语类课程中重要的一部分,也是培养学生跨文化意识的关键。外语类课程通常也包括文学作品的学习和欣赏。通过阅读外语文学作品,学生不仅可以提高语言水平,还可以了解外语国家的文学传统、思想观念和艺术表现方式。文学欣赏帮助学生更深入地了解外语文化,同时也拓展了他们的文学视野和审美情趣。外语类课程还涉及外语国家的社会结构、政治制度、经济发展等方面内容。学生需要了解外语国家的社会背景和发展状况,从而更好地理解其语言使用和社会行为。社会科学知识的学习丰富了外语类课程的内容,帮助学生建立更全面的外语学习框架。

综上所述,外语类课程具有跨学科性特点,涵盖语言学、文化研究、文学欣赏、社会科学等多个学科领域。学生在学习外语的过程中不仅仅学习一门语言,更要了解一个国家或地区的语言、文化、社会等多方面内容,从而获得更广泛的知识和视野。外语教学环境中存在着各种主流话语和文化输出,如英语的世界性地位和西方文化的影响。外语专业教师需要引导学生理性看待主流文化,培养学生的文化自信心和独立思考能力。外语教学不仅仅是知识的传授,更涉及意识形态和价值观念的传播。外语专业教师在教学中应该注重培养学生正确的思想观念和道德品质，引导他们树立正确的世界观和人生观。在这样的教学环境下，外语专业教师扮演着重要的角色，需要不断提升自身素养和专业能力，以更好地引导学生，促进他们全面发展。因此，在课程思政语境下，外语专业教师身份建构也就显得尤为关键和迫切。

12.9.2 外语教师在课程思政建设中的地位

外语专业教师在课程思政建设中扮演着关键角色。外语教师作为学生学习外语和外语文化的主要引导者，承担着引领学生思想观念的责任。在教学过程中，外语教师可以通过引入相关文化、历史、社会背景等知识，引导学生对外语国家的思想观念有更深入的了解，培养学生的文化自信和国际视野。外语教师在教学中不仅要传授语言知识，还应当传播积极向上的价值观念。通过教学内容的选择和课堂氛围的营造，外语教师可以引导学生形成正确的人生观、世界观和价值观，促进学生全面发展。外语教师是外语文化传播的重要使者。在教学中，外语教师可以通过介绍外语国家的文化、风俗习惯、艺术表现等内容，让学生更好地了解外语文化的多样性和魅力，促进跨文化交流与理解。外语教师作为学生的引路人和启蒙者，可以通过引导学生参与各类思政活动，组织学生进行思想政治教育和心理辅导，关注学生的成长和发展，促进学生全面发展。

综上所述，外语教师在课程思政建设中扮演着重要的角色，既是语言文化传播的使者，也是学生思想引领的推动者。通过精心设计教学内容、营造良好的教学氛围以及关注学生的全面发展，外语教师可以有效促进课程思政建设，培养德智体美劳全面发展的社会主义建设者和接班人。

12.9.3 课程思政语境下外语专业教师身份建构的路径

在课程思政语境下，外语专业教师的身份建构需要遵循一定的路径和原则。外语专业教师首先需要具备扎实的外语专业知识，同时还应不断学习和理解思想政治理论。通过将学科知识与思想政治理论相结合，外语专业教师可以更好地引导学生理解外语文化背景、传播积极向上的思想观念，从而实现学科知识和思想政治教育的有机融合。在课程设计和教学过程中，外语专业教师需要认真对待思政要求，将思想政治教育纳入教学内容之中。通过选择合适的教材、设置相关的教学环节和活动，外语专业教师可以有效地将思政要求融入外语教学中，促进学生全面发展。外语专业教师应当注重培养良好的师德师风，做学生的楷模和引导者。在课堂教学和日常教育管理中，外语专业教师应当关注学生的思想动态和成长需求，积极引导学生树立正确的人生观、世界观和价值观，助力学生成才。外语专业教师应当保持持续的学习和自我提升，不断提高外语教学水平和思政教育水平。通过参加专业培训、学术交流和研究活动，外语专业教师可以不断完善自身的专业知识和能力，提升身份建构的质量和深度。

在课程思政的语境下，外语专业教师的身份建构路径涵盖了学科知识与思想政治理论的融合、教学内容与思政要求的整合、师德师风与学生成长的关注以及自我提升与专业发展。通过将这些方面有机结合，外语专业教师可以更好地履行引领学生思想，传播积极价值观的使命，促进学生全面发展。在实践中，外语专业教师应不断提升自身素质，关注学生的成长需求，将思政教育融入外语教学中，从而为培养德智体美劳全面发展的社会主义建设者和接班人做出应有的贡献。总的来说，外语专业教师在课程思政的语境下，应当将学科知识与思想政治教育有机结合，整合教学内容与思政要求，注重师德师风和学生成长，同时保持自我提升和专业发展。通过以上路径的建构，外语专业教师可以更好地履行思政教育使命，为学生成长成才提供坚实的支撑和引领。

综上所述，外语专业教师的身份建构路径旨在实现学科知识与思政教育的有机融合，助力构建社会主义核心价值观的坚实基础。

12.10 小结

为实现立德树人的教育目标,外语教学需要将价值认同融入知识传授、能力及素质培养中,实现三全育人。外语课程思政已成为外语教学改革的热点议题之一。在外语课程中融入价值观和思政元素,成为学界讨论的焦点问题。因此,外语教师需要不断提升自身的教育教学能力,加强对课程思政理念和方法的理解与应用;应当结合自身专业特点和学生需求,设计和实施符合课程思政要求的教学方案和活动;通过引导学生思考语言背后的文化、思想和价值观,激发学生的思想意识和社会责任感,促进学生全面发展。这样才能更好地落实立德树人根本任务,为培养德智体美劳全面发展的社会主义建设者和接班人做出应有的贡献。

在课程思政建设的大背景下,高校外语教学的角色和影响发生了显著变化,这对教师的个人发展提出了更高的要求。首先,教师需要充分发挥自身的积极性,从思政认知、职业认同、情感认同、知识素养等方面全面提升,不断加强课程思政教学实践与研究,以稳健的步伐推动自身专业成长和发展。其次,面对外部环境的影响,教师需要主动适应复杂多变的情况,采取积极的措施克服各种困难。在全面推进课程思政建设的背景下,教师应发挥引领作用,有效促进外语教师的可持续发展,深入推动外语课程思政建设,最终实现高校外语教学的立德树人的根本目标。

课程思政与思政课程相辅相成,共同促进立德树人教育目标的实现。教师在课程思政教学中发挥着关键作用,其意愿、理论知识和教学能力直接影响着课程思政的效果。为推动外语课程思政建设,需要加强外语课程思政机制的建设,实施多维度的课程思政教学,不断改革和创新教学方式方法,丰富教学手段。这给外语教师提出了新的挑战,需要具备设计课程思政教学的科学能力,清晰确定思政目标,重构教学内容,深化课程思政元素。同时,教师还应当能够利用智能技术,打造智慧外语课堂，创造课内外协同育人的环境，实施全面的教学评价，完善课程思政评价机制。

新时代的外语课程思政教学要求外语教师不仅在外语教学方面具备专业素质，还需要在育人方面有更强的意识和能力。外语教师需要清晰地认识到自己在外语教学中的角色转变，找准自身定位，提升育人意识和能力，夯实专业素质，拓展文化素养，巧妙地将育人元素融入课程教学中，实现教书育人的双重目标。此外，外语教学也应从学生的角度出发，进行个性化和专业化需求分析，因材施教，分类实施，建设更加贴近学生思政需求的外语课程体系，帮助学生实现知识与思想的全面成长。这样的探索和实践将为未来外语课程思政教育提供了新的视角和方法。

总之，课程思政视域下外语教师的身份不仅仅是语言教学者，更是教育者、文化传播者和价值观塑造者。他们肩负着传授语言知识、引导学生正确思想道德观念、培养学生社会责任感和公民意识的重要责任，为学生的全面发展和社会主义建设做出积极贡献。

参考文献

[1] Hsieh, B. Y. Exploring the complexity of teacher professional identity [D]. Berkeley: University of California, Berkley, 2010.

[2] Norton, B. Identity and language learning: Gender, ethnicity and educational change [M]. Harlow, UK: Pearson Education Limited, 2000.

[3] Norton, B. Identity and Language Learning: Extending the Conversation [M]. 2nd ed. Bristol: Multilingual Matters, 2013.

[4] Zacharias, N. T. The evolving teacher identities of 12 South/East Asian Teachers in US Graduate Programs [D]. Pennsylvania: Indiana University of Pennsylvania, 2010.

[5] Williams, R. Keywords: A Vocabulary of Culture and Society [M]. London: Fontana Press, 1976.

[6] Block, D. 'Convergence and resistance in the construction of personal and professional identities: Four French modern language teachers in London', in S. A. Canagarajah (ed.), Reclaiming the Local in Language Policy and Practice [M]. Mahwah, NJ: Lawrence Erlbaum Associates, 2005: 167 - 96.

[7] Block, D. 'Identity in applied linguistics: where are we?', in T. Omoniyi and G. White (eds), The Sociolinguistics of Identity [M]. London: Continuum, 2006: 34 - 49.

[8] Block, D. Second Language Identities [M]. London : Continuum, 2007.

[9] Hall , L. A. , Johnson , A. S. , Juzwik , M. M. , Wortham , S. , & Mosley , M. Teacher identity in the context of literacy teaching: Three explorations of classroom positioning and interaction in secondary schools [J]. Teaching and Teacher Education , 2010(26): 234 - 243.

[10] Keucheyan, R. The Left Hemisphere: Mapping Critical Theory Today [M]. London: Verso, 2013.

[11] Williams, R. 'Individuals and societies', in J. Higgins (ed.), The Raymond Williams Reader [M]. Oxford: Blackwell, 2001: 65 - 83.

[12] Hall, S. 'Introduction: Who needs "identity"?', in S. Hall and P. du Gay (eds), Questions of Cultural Identity [M]. London: Sage, 1996: 1 – 17.

[13] Pavlenko, A. ' "I never knew I was a bilingual": Reimagining teacher identities in TESOL', Journal of Language Identity, and Education[J]. 2003, 2 (4): 251 – 268.

[14] Hall, S. 'The question of cultural identity', in S. Hall, D. Held and T. McGrew (eds) Modernity and its Futures [M]. Cambridge: Polity Press/Blackwell/The Open University, 1992: 274 – 316.

[15] Benwell, B. & E. Stokoe. 'Analysing identity in interaction: Contrasting discourse, genealogical, narrative and conversation analysis', in M. Wetherell and C. T. Mohanty (eds) The Sage Handbook of Identities [M]. London: Sage, 2010: 56 – 77.

[16] Gee, J. P. An Introduction to Discourse Analysis: Theory and Method [M]. Abingdon: Routledge, 1999.

[17] Blommaert, J. Discourse: A Critical Introduction [M]. Cambridge: Cambridge University Press, 2005.

[18] Agha, A. Language and Social Relations [M]. Cambridge: Cambridge University Press, 2006.

[19] Wodak, R. 'Medical discourse: Doctor – patient communication', in K. Brown (ed.). Encyclopaedia of Language and Linguistics [M]. Amsterdam: Elsevier, 2006: 681 – 8.

[20] Widdowson, H. Review of Fairclough's Discourse and Social Change [J]. Applied Linguistics, 1995, 16 (4): 510 – 516.

[21] Widdowson, H. The theory and practice of critical discourse analysis [J]. Applied Linguistics, 1998, 19 (1): 136 – 151.

[22] Hammersley, M. On the foundations of critical discourse analysis [J]. Language and Communication, 1997,17 (3): 237 – 248.

[23] West, C., & D. H. Zimmerman. Small insults: A study of interruptions in cross–sex conversations between unacquainted persons, in B. Thorne, C. Kramarae and N. Hendey (eds), Language, Gender and Society [M]. Rowley, MA: Newbury House, pp. 102 – 17, 1983.

[24] Rampton, B. Language in Late Modernity: Interaction in an Urban School. Cambridge: Cambridge University Press, 2006.

[25] Brubaker, R., & F. Cooper. Beyond "identity" [J]. Theory and Society, 2000, 29 (1): 1 – 47.

[26] Ochs, E., & C. Taylor. The "father knows best dynamic" in dinnertime narratives, in K. Hall & M. Bucholtz (eds). Gender Articulated: Language and the Socially Constructed Self [M]. New York: Routledge, 1995: 97 – 120.

[27] Zimmerman, D. H. Identity, context and interaction, in C. Antaki and S. Widdicombe (eds). Identities in Talk [M]. London: Sage, 1998: 87 - 107.

[28] Stokoe, E. Mothers, single women and sluts: Gender, morality and membership categorization in neighbour disputes. Feminism & Psychology, 2003, 13 (3): 317 - 344.

[29] Spivak, G. C. A Critique of Postcolonial Reason [M]. Cambridge, MA: Harvard University Press, 1999.

[30] Bourdieu, P. The Field of Cultural Production [M]. Cambridge: Polity Press, 1993.

[31] Bendle, M. F. The crisis of "identity" in high modernity [J]. The British Journal of Psychology, 2002, 53 (1): 1 - 18.

[32] Du Gay, P. Organizing Identity Persons and Organizations 'After Theory' [M]. London: Sage, 2007.

[33] Latour, B. Why has critique run out of steam? From matters of fact to matters of concern [J]. Critical Inquiry, 2004, 30 (2): 225 - 248.

[34] Richards, J. C., & Burns, A. The Cambridge guide to second language teacher education [M]. Cambridge University Press, 2009.

[35] Richards, J. C., & Nunan, D. Second language teacher education [M]. Cambridge: Cambridge University Press, 1990.

[36] Cheung, Y. L., S. Ben Said & K. Park Advances and Current Trends in Language Teacher Identity Research [M]. London: Routledge, 2015.

[37] Nagatomo, D. H. Exploring Japanese University English Teachers' Professional Identity [M]. Bristol: Multilingual Matters, 2012.

[38] Kalaja, P., A. M. F. Barcelos, M. Aro & M. Ruohotie-Lyhty Beliefs, Agency and Identity in Foreign Language Learning and Teaching [M]. Basingstoke: Palgrave Macmillan, 2015.

[39] Barkhuizen, G. (ed.) Reflections on Language Teacher Identity Research [M]. London: Routledge, 2017.

[40] Bedrettin Yazan, Nathanael Rudolph (eds) Criticality, Teacher Identity and (In)equity in English Teaching [M]. Cham: Springer, 2018.

[41] Paul A. Schutz, Ji Hong, et al. (eds). Research on Teacher Identity：Mapping Challenges and Creativity [M]. Cham: Springer, 2018.

[42] Denise Misfud. Professional Identities in Initial Teacher Education: The Narratives and Questions of Teacher Agency [M]. Cham: Springer, 2018.

[43] Mark Feng Teng. Autonomy, Agency and Identity in Teaching and Learning English as a Foreign Language [M]. Cham: Springer, 2019.

[44] Matilde Gallardo. Negotiating Identity in Modern Foreign Language Teaching [M]. Cham: Palgrave, 2019.

[45] Yazan, B., & Lindahl, K. (Eds.) Language Teacher Identity in TESOL: Teacher Education and Practice as Identity Work [M]. New York: Routledge, 2020.

[46] Rudolph et al. (eds.) Identity and Interaction Complexity in Language Education [M]. Cham: Springer, 2020.

[47] Karim Sadeghi & Farah Ghaderi. Theory and Practice of Second Language Teacher Identity: Research,Theory and Practice [M]. Cham: Springer, 2022.

[48] Kayi−Aydar, H., Gao, X., Miller, E. R., Varghese, M., & Vitanova, G. (eds). Theorizing and analyzing language teacher agency [M]. Sandpoint: Multilingual Matters, 2019.

[49] Lee, I. Becoming a writing teacher: Using "identity" as an analytic lens to understand EFL writing teachers' development. Journal of Second Language Writing, 2013, 22(3): 330 – 345.

[50] Holliday, A. 'The denial of ideology in perceptions of "non−native speaker" teachers' [J]. TESOL Quarterly, 2009, 43 (4): 669 – 689.

[51] Song, B., & Kim, T. Y. Teacher (de)motivation from an activity theory perspective: Cases of two experienced EFL teachers in South Korea [J]. System, 2016(57): 134 – 145.

[52] Ruecker , T. Challenging the native and nonnative English speaker hierarchy in ELT: New directions from race theory [J]. Critical Inquiry in Language Studies , 2011, 8 (4): 400 – 422.

[53] Barkhuizen, G. (ed.). Reflections on language teacher identity research [M]. New York: Routledge, 2017.

[54] Cheung, R., Jiang, D., Yum, Y., & Bhowmik, M. Intercultural sensitivity and prosocial behavior towards South Asians in Hong Kong: Mediating mechanisms of warmth and stigma [J]. International Journal of Intercultural Relations, 2022(86): 56 – 63.

[55] Darvin, R., & B. Norton. Identity and a model of investment in applied linguistics [J]. Annual Review of Applied Linguistics, 2015(35): 36 – 56.

[56] Thorne, S. L., & May, S. (eds). Language, education, and technology. Encyclopedia of language and education [M]. 3rd ed. Cham: Springer, 2017.

[57] Kanno, Y., & Stuart, C. Learning to become a second language teacher: Identities−in practice [J]. The Modern Language Journal, 2011, 95(2): 236 – 252.

[58] May, S. The Multilingual Turn: Implications for SLA, TESOL and Bilingual Education [M]. New York/Abingdon: Routledge, 2014.

[59] Rivers, D. J. Resistance to the known: Counter-conduct in language education [M]. New York: Palgrave Macmillan, 2014.

[60] Murata, K. (ed.). Exploring ELF in Japanese academic and business contexts: Conceptualisation, research and pedagogic implications [M]. New York: Routledge, 2015.

[61] Benesch , S. Considering Emotions in Critical English Language Teaching: Theories and Praxis [M]. New York : Routledge, 2012.

[62] Burns, A. Perspectives on action research [M]. Cambridge: Cambridge University Press, 2015.

[63] Farrell, T. S. C. (ed.) International Perspectives on English Language Teacher Education: Innovations From the Field [M]. Basingstoke: Palgrave Macmillan, 2015.

[64] Golombek, P. R. Innovating my thinking and practices as a language teacher educator through my work as a researcher. In T. S. Gregersen & P. D. MacIntyre (eds), Innovative Practices in Language Teacher Education Rotterdam [M]. The Netherlands: Springer, 2017: 15 – 31.

[65] Kayi-Aydar, H. Language teacher identity [J]. Language Teaching, 2019, 52(3): 281 – 295.

[66] Kubanyiova, M., & Crookes, G. Re-envisioning the roles, tasks, and contributions of language teachers in the multilingual era of language education research and practice [J]. The Modern Language Journal, 2016, 100(S1): 117 – 132.

[67] Sang, Y. Research of language teacher identity: Status quo and future directions [J]. RELC Journal, 2022, 53(3): 731 – 738.

[68] Yang, H. Teacher mediated agency in educational reform in China [M]. Cham: Springer, 2021.

[69] Maley, A. (ed.) Developing Expertise Through Experience [M]. London: British Council, 2019.

[70] Barkhuizen, G. Language teacher educator identity [M]. Cambridge: Cambridge University Press, 2021.

[71] Hanna, F., Oostdam, R., Severiens, S. E., & Zijlstra, B. J. H. Primary student teachers' professional identity tensions: The construction and psychometric quality of the professional identity tensions scale [J]. Studies in Educational Evaluation, 2019(61): 21 – 33.

[72] Pillen, M., Beijaard, D., & den Brok, P. Professional identity tensions of beginning teachers [J]. Teachers and Teaching, 2013, 19(6): 660 – 678.

[73] Yazan, B., & Rudolph, N. (eds). Criticality, teacher identity, and (In)equity in English language teaching [M]. Cham: Springer, 2018.

[74] Rudolph, N., Selvi, A. F., & Yazan, B. The complexity of identity and interaction in language education [M]. Sandpoint: Multilingual Matters, 2020.

[75] Donato, R., & Davin, K. J. History-in-person: Ontogenesis and the professional formation of language teachers. In J. P. Lantolf, M. E. Poehner, & M. Swain (eds). The Routledge handbook of sociocultural theory and second language development [M]. Milton: Routledge, 2018: 457 – 471.

[76] Davin, K. J., Herazo, J. D., & Sagre, A. Learning to mediate: Teacher appropriation of dynamic assessment [J]. Language Teaching Research, 2017, 21(5): 632 – 651.

[77] Miller, E. R., Morgan, B., & Medina, A. L. Exploring English teacher identity work as ethical self-formation [J]. The Modern Language Journal, 2017, 101 (S1): 91 – 105.

[78] Motha, S. Race, Empire, and English Language Teaching: Creating Responsible and Ethical Anti-Racist Practices. New York: Teachers College Press, 2014.

[79] Smith, R. Mentoring Teachers to Research Their Classrooms: A Practical Handbook [M]. New Delhi, India: The British Council, 2020.

[80] Varghese, M. Language teacher educator identity and language teacher identity: Towards a social justice perspective. In G. Barkhuizen (Ed.), Reflections on Language Teacher Identity Research [M]. New York: Routledge, 2017: 43 – 48.

[81] Sayer, P. Ambiguities and Tensions in English Language Teaching: Portraits of EFL Teachers as Legitimate Speakers [M]. New York: Routledge, 2012.

[82] Reeves, J. Teacher investment in learner identity [J]. Teaching and Teacher Education, 2009, 25 (1): 34 – 41.

[83] Kocabaş-Gedik, P., & Ortaçtepe Hart, D. "It's not like that at all": A poststructuralist case study on language teacher identity and emotional labor [J]. Journal of Language, Identity & Education, 2021, 20(2): 103 – 117.

[84] Mendieta, J., & Barkhuizen, G. Blended language learning in the Colombian context: A narrative inquiry of teacher ownership of curriculum change [J]. Computer Assisted Language Learning, 2020, 33(3): 176 – 196.

[85] Yazan, B. Identities and ideologies in a language teacher candidate's autoethnography: Making meaning of stories experience [J]. TESOL Journal, 2019, 10 (4): 500.

[86] Kubanyiova, M. Language teacher education in the age of ambiguity: Educating responsive meaning makers in the world [J]. Language Teaching Research, 2020, 24(1): 49 – 59.

[87] Erling, E. J. Introduction. In E. J. Erling (ed.), English across the fracture lines: The contribution

and relevance of English to security, stability and peace [M]. London: British Council, 2017: 10 – 20,.

[88] Lee, S. & Schallert, D. Becoming a teacher: Coordinating past, present, and future selves with perspectival understandings about teaching [J]. Teaching and Teacher Education, 2016 (56): 72 – 83.

[89] Conteh, J., & Meier, G. (eds.). The multilingual turn in languages education: Opportunities and challenges [M]. Bristol: Multilingual Matters, 2014.

[90] Motteram, G., & Dawson, S. Resilience and Language Teacher Development in Challenging Contexts: Supporting Teachers Through Social Media [M]. London: British Council, 2019.

[91] Pereira, F., Lopes, A., & Marta, M. Being a teacher educator: Professional identities and conceptions of professional education [J]. Educational Research, 2015, 57(4): 451 – 69.

[92] Lunenberg, M., Dengerink, J., & Korthagen F. The Professional Teacher Educator: Roles, Behaviour, and Professional Development of Teacher Educators [M]. Rotterdam, The Netherlands: Sense Publishers, 2014.

[93] Hayes, D. 'Narratives of identity: Reflections on English language teachers, teaching and educational opportunity', in G. Barkhuizen (ed.) Reflections on Language Teacher Identity [M]. New York: Routledge, 2017: 54 – 60.

[94] Gray, J., & Morton, T. Social Interaction and English Language Teacher Identity [M]. Edinburgh: Edinburgh University Press, 2018.

[95] Kramsch, C. J. Afterword. In B. Norton, Identity and Language Learning: Extending the Conversation [M]. 2nd ed. Bristol: Multilingual Matters, 2013: 192 – 201.

[96] Canagarajah, S. 'Multilingual identity in teaching multilingual writing', in G. Barkhuizen (ed.), Reflections on Language Teacher Identity Research [M]. London: Routledge, 2017: 67 – 73.

[97] Blommaert, J. Discourse: A Critical Introduction [M]. Cambridge: Cambridge University Press, 2005.

[98] Schegloff, E. A. A tutorial on membership categorization [J]. Journal of Pragmatics, 2007, 39 (3): 462 – 82.

[99] Jenkins, R. Social Identity [M]. London: Routledge, 2008.

[100] Bourdieu, P. The Field of Cultural Production [M]. Cambridge: Polity Press, 1993.

[101] Silverstein, M. Indexical order and the dialectics of sociolinguistic life [J]. Language & Communication, 2003, 23 (3 – 4): 193 – 229.

[102] Gumperz, J. Discourse Strategies [M]. Cambridge: Cambridge University Press, 1982.

[103] Bucholtz, M., & K. Hall. Identity and interaction: A sociocultural linguistic approach [J]. Discourse Studies, 2005, 7 (4 – 5): 585 – 614.

[104] Wenger, E. Communities of Practice: Learning, Meaning, and Identity [M]. Cambridge: Cambridge University Press, 1998.

[105] Crandall, J. J. Language teacher education [J]. Annual Review of Applied Linguistics, 2000 (20): 34 – 55.

[106] Brandt, C. Allowing for practice: A critical issue in TESOL teacher preparation [J]. ELT Journal, 2006, 60(4): 355 – 364.

[107] Chiang, M.-H. Effects of fieldwork experience on empowering prospective foreign language teachers [J]. Teaching and Teacher Education, 2008, 24(5): 1270 – 1287.

[108] Johnson, K. E. Trends in second language teacher education. In A. Burns & J. C. Richards (eds). The Cambridge guide to second language teacher education [M]. New York: Cambridge University Press, pp. 20 – 29, 2009.

[109] Freeman, D., & Johnson, K. E. Reconceptualizing the knowledge-base of language teacher education [J]. TESOL Quarterly, 1998, 32(3): 397 – 417.

[110] Lee, J., Murphy, J., & Baker, A. "Teachers are not empty vessels": A reception study of Freeman and Johnson's (1998) reconceptualization of the knowledge base of second language teacher education [J]. TESL Canada Journal, 2015, 33(1): 1 – 21.

[111] Johnson, K. E., & Golombek, P. R. Informing and transforming language teacher education pedagogy [J]. Language Teaching Research, 2018, OnlineFirst, 1 – 12.

[112] Faez, F., & Valeo, A. TESOL teacher education: Novice teachers' perceptions of their preparedness and efficacy in the classroom [J]. TESOL Quarterly, 2012, 46(3): 450 – 471.

[113] Farrell, T. S. C. English language teacher socialisation during the practicum [J]. Prospect, 2001, 16(1): 49 – 62.

[114] Farrell, T. S. C. 'Here's the book, go teach the class': ELT practicum support [J]. RELC Journal, 2008, 39(2): 226 – 241.

[115] Phairee, C., Sanitchon, N., Suphanangthong, I., Graham, S., Prompruang, J., Groot, F. O. D., et al. The teaching practicum in Thailand: Three perspectives [J]. TESOL Quarterly, 2008, 42(4): 655 – 659.

[116] Graves, K. The curriculum of second language teacher education. In A. Burns & J. C. Richards

(eds). The Cambridge guide to second language teacher education [M]. New York: Cambridge University Press, pp. 115 – 124, 2009.

[117] Huling, L. Early field experiences in teacher education [J]. ERIC Digest, 1998 (12): 1 – 7.

[118] Villegas, A. M., & Lucas, T. Educating culturally responsive teachers: A coherent approach [M]. New York: State University of New York Press, 2002.

[119] Pence, H. M., & Macgillivray, I. K. The impact of an international field experience on preservice teachers [J]. Teaching and Teacher Education, 2008, 24(1): 14 – 25.

[120] Thomsett, J., Leggett, B., & Ainsworth, S. TESOL in context: Authentic workplace learning for pre-service teachers [J]. TESOL in Context, 2011, 21(2): 4 – 22.

[121] Gan, Z. Learning to teach English language in the practicum: What challenges do non-native ESL student teachers face? [J]. Australian Journal of Teacher Education, 2013, 38(3): 6–32.

[122] Gao, X., & Benson, P. 'Unruly pupils' in pre-service English language teachers' teaching practicum experiences [J]. Journal of Education for Teaching, 2012, 38(2): 127 – 140.

[123] Miller, J. Identity construction in teacher education. In Z. Hua, P. Seedhouse, L. Wei, & V. Cook (eds.). Language learning and teaching as social inter-action [M]. New York: Palgrave MacMillan, 2007: 148 – 162.

[124] Nguyen, H. T. M. Models of mentoring in language teacher education [M]. Switzerland: Springer, 2017.

[125] Nguyen, M. H., & Brown, J. Influences on preservice writing instruction during the secondary English as an additional language practicum in Australia [J]. Australian Journal of Teacher Education (Online), 2016, 41(8): 84 – 101.

[126] Le Cornu, R. Professional experience: Learning from the past to build the future [J]. Asia Pacific Journal of Teacher Education, 2016, 44(1): 80 – 101.

[127] Nguyen, M. H. Negotiating contradictions in developing teacher identity during the EAL practicum in Australia [J]. Asia-Pacific Journal of Teacher Education, 2017, 45(4): 399 – 415.

[128] Callaghan, J. Methodological Reflections on a Study of how ESOL Teachers Construct Professional Identities at the Juncture of Multiple, Ill-defined and Conflicting Agendas, unpublished MA dissertation, University of Leeds, UK, 2006.

[129] Canagarajah, S. Translingual Practice: Global Englishes and Cosmopolitan Relations [M]. New York/Abingdon: Routledge, 2013.

[130] Golombek, P., & Doran, M. Unifying cognition, emotion, and activity in language teacher

professional development [J]. Teaching and Teacher Education, 2014(39): 102 – 111.

[131] Nguyen, M. H. ESL teachers' emotional experiences, responses and challenges in profes sional relationships with the school community: Implications for teacher education. In J. d. D.M. Agudo (ed.), Emotions in second language teaching: Theory, research and teacher education [M]. Cham: Springer, 2018: 243 – 257.

[132] Lasky, S. A sociocultural approach to understanding teacher identity, agency and professional vulnerability in a context of secondary school reform [J]. Teaching and Teacher Education, 2005, 21(8): 899 – 916.

[133] Singh, G., and J. C. Richards. Teaching and learning in the language teacher education course room: A critical sociocultural perspective [J]. RELC Journal, 2006, 37 (2): 149 – 75.

[134] Premier, J. A., & Miller, J. Preparing pre−service teachers for multicultural classrooms [J]. Australian Journal of Teacher Education, 2010, 35(2): 34 – 48.

[135] de Courcy, M. I thought it would be just like mainstream: Learning and unlearning in the TESOL practicum [J]. TESOL in Context, 2011, 21(2): 23 – 33.

[136] Engin, M. Questioning to scaffold: An exploration of questions in pre−service teacher training feedback sessions [J]. European Journal of Teacher Education, 2013, 36(1): 39 – 54.

[137] Nguyen, M. H., & Parr, G. Mentoring practices and relationships during the EAL practicum in Australia: Contrasting narratives. In A. Fitzgerald, G. Parr, & J. Williams (eds), Re−imagining professional experience in initial teacher education [M]. Singapore: Springer, 2018: 87 – 105.

[138] Yuan, R., & Lee, I. The cognitive, social and emotional processes of teacher identity construction in a pre−service teacher education programme [J]. Research Papers in Education, 2014: 1 – 23.

[139] Dang, T. K. A. Identity in activity: Examining teacher professional identity formation in the paired−placement of student teachers [J]. Teaching and Teacher Education, 2013(30): 47 – 59.

[140] Atay, D. Beginning teacher efficacy and the practicum in an EFL context [J]. Teacher Development, 2007, 11(2): 203 – 219.

[141] Trent, J. From learner to teacher: Practice, language, and identity in a teaching practicum [J]. Asia−Pacific Journal of Teacher Education, 2013, 41(4): 426 – 440.

[142] Feiman−Nemser, S. Teacher learning: How do teachers learn to teach? In M. Cochran Smith, S. Feiman−Nemser, D. J. McIntyre, & K. Demers (eds). Handbook of research on teacher education: Enduring questions in changing contexts [M]. 3rd ed. New York: Routledge and the Association of Teacher Educators, 2008: 697 – 705.

[143] Haniford, L. C. Tracing one teacher candidate's discursive identity work [J]. Teaching and Teacher Education, 2010, 26(4): 987 - 996.

[144] Nguyen, H. T. M., & Loughland, T. Pre-service teachers' construction of professional identity through peer collaboration during professional experience: A case study in Australia [J]. Teaching Education, 2018, 29(1): 81 - 97.

[145] Waters, A. Expertise in teacher education. In K. Johnson (ed.). Expertise in second language learning and teaching [M]. New York: Palgrave MacMillan, 2005: 210 - 229.

[146] Nguyen, H. T. M., & Hudson, P. Peer group mentoring: Preservice EFL teachers' collaborations for enhancing practices. In A. Honigsfeld & M. G. Dove (eds). Co-teaching and other collaborative practices in the EFL/ESL classroom: Rationale, research, reflections, and recommendations [M]. Charlotte: Information Age Publishing Inc, 2012: 231 - 240.

[147] Riesky, R. How English student teachers deal with teaching difficulties in their teaching practicum [J]. Indonesian Journal of Applied Linguistics, 2013, 2(2): 260 - 272.

[148] Ahn, K. Learning to teach under curriculum reform: The practicum experience in South Korea. In K. E. Johnson & P. R. Golombek (eds). Research on second language teacher education: A sociocultural perspective on professional development [M]. New York: Routledge, 2011: 239 - 253.

[149] Dang, T. K. A., & Marginson, S. Global learning through the lens of Vygotskian sociocultural theory [J]. Critical Studies in Education, 2013, 54(2): 1 - 17.

[150] Dang, T. K. A., Nguyen, H. T. M., & Le, T. T. T. The impacts of globalisation on EFL teacher education through English as a medium of instruction: An example from Vietnam [J]. Current Issues in Language Planning, 2013, 14(1): 1 - 21.

[151] Borko, H., Liston, D., & Whitcomb, J. A. Genres of empirical research in teacher education [J]. Journal of Teacher Education, 2007, 58(1): 3 - 11.

[152] Barkhuizen, G., & Borg, S. Editorial: Researching language teacher education [J]. Language Teaching Research, 2010, 4(3): 237 - 240.

[153] Burton, J. A cross-case analysis for teacher involvement in TESOL research [J]. TESOL Quarterly, 1998, 32(3): 419 - 446.

[154] Borg, S. Teacher cognition and language education: Research and practice [M]. London: Continuum, 2006.

[155] Heath, S. B. Ways with words: Language, life, and work in communities and classrooms [M].

New York: Cambridge University Press, 1983.

[156] Schieffelin, B. B., & Ochs, E. (eds). Language socialization across cultures [M]. New York: Cambridge University Press, 1986.

[157] Ratner, C. Vygotsky's sociohistorical psychology and its contemporary applications [M]. New York: Plenum, 1991.

[158] Lantolf, J. P. Sociocultual theory and L2: State of the art [J]. Studies in Second Language Acquisition, 2006, 28(1): 67–109.

[159] Frawley, W., & Lantolf, J. P. Second language discourse: A Vygotskyan perspective [J]. Applied Linguistics, 1985, 6(1): 19–44.

[160] Hawkins, M. R. (ed). Language learning and teacher education: A sociocultural approach [M]. Cleverdon: Multilingual Matters Ltd, 2004.

[161] Lantolf, J. P., & Poehner, M. E. (eds). Sociocultural theory and the teaching of second languages [M]. London: Equinox Publishing Ltd, 2008.

[162] Vygotsky, L. S. The collected works of L.S. Vygotsky (Vol. 1) [M]. New York: Plenum Press, 1987.

[163] Le, V. C., & Barnard, R. Curricular innovation behind closed classroom doors: A Vietnamese case study [J]. Prospect, 2009, 24(2): 20–33.

[164] Lee, J. C.-K., Huang, Y. X.-H., Law, E. H.-F., & Wang, M.-H. Professional identities and emotions of teachers in the context of curriculum reform: A Chinese perspective [J]. Asia-Pacific Journal of Teacher Education, 2013, 41(3): 271–287.

[165] Lee, J. C.-K., & Yin, H.-B. Teachers' emotions and professional identity in curriculum reform: A Chinese perspective [J]. Journal of Educational Change, 2011, 12(1): 25–46.

[166] Johnson, K. E., & Dellagnelo, A. K. How 'sign meaning develops': Strategic mediation in learning to teach [J]. Language Teaching Research, 2013, 17(4): 409–432.

[167] Contijoch, M. D. C., Burns, A., & Candlin, C. N. Feedback in the mediation of learning in online language teacher education. In L. England (ed), Online language teacher education: TESOL perspectives [M]. London: Routledge, 2012: 22–38.

[168] McNeil, L. Understanding and addressing the challenges of learning computer-mediated Dynamic Assessment: A teacher education study [J]. Language Teaching Research, 2018, 22(3): 79–96.

[169] Beatty, I. D., & Feldman, A. Viewing teacher transformation through the lens of culturalhistorical

activity theory (CHAT) [J]. Education as Change, 2012, 16(2): 283 - 300.

[170] Yamagata-Lynch, L. C. Activity systems analysis methods for understanding complex learning environments [M]. New York: Springer, 2010.

[171] Arshavskaya, E. Analyzing mediation in dialogic exchanges in a pre-service second language (L2) teacher practicum blog: A sociocultural perspective [J]. System, 2014(45): 129 - 137.

[172] Tajeddin, Z., & Aryaeian, N. A collaboration-mediated exploration of nonnative L2 teachers' cognition of language teaching methodology [J]. Australian Journal of Teacher Education, 2017, 42(6): 81 - 99.

[173] Grossman, P. L., Smagorinsky, P., & Valencia, S. Appropriating tools for teaching English: A theoretical framework for research on learning to teach [J]. American Journal of Education, 1999, 108(1): 1 - 29.

[174] Shulman, L. Knowledge and teaching: Foundations of the new reform [J]. Harvard Educational Review, 1987, 57 (1): 1 - 22.

[175] Bolin, G. The forms of value: Problems of convertibility in field theory [J]. Triple C, 2012, 10 (1): 33 - 41.

[176] Cochran-Smith, M. Teacher educators as researchers: Multiple perspectives [J]. Teaching and Teacher Education, 2005(21): 25 - 219.

[177] Pennington, M., and J. C. Richards. Teacher identity in language teaching: Integrating personal, contextual, and professional factors [J]. RELC Journal, 2016, 47 (1): 5 - 23.

[178] Sacks, H. On the analysability of stories by children, in R. Turner (ed.). Ethnomethodology: Selected Readings [M]. Harmondsworth: Penguin Books, 1974: 216 - 32.

[179] Hester, S., & P. Eglin. Membership categorization analysis: An introduction. In S. Hester and P. Eglin (eds). Culture in Action: Studies in Membership Categorization Analysis [M]. Washington, D.C.: University Press of America, 1997: 1 - 24.

[180] Stokoe, E. Moving forward with membership categorization analysis: Methods for systematic analysis [J]. Discourse Studies, 2012, 14 (3): 277 - 303.

[181] Davies, A., The native speaker in applied linguistics. In A. Davies and C. Elder (eds). The Handbook of Applied Linguistics [M]. Oxford: Blackwell, 2004: 51 - 430.

[182] Leung, C., R. Harris and B. Rampton. The idealised native speaker, reified ethnicities, and classroom realities [J]. TESOL Quarterly, 1997, 31 (3): 543 - 560.

[183] Rampton, B. Language in Late Modernity: Interaction in an Urban School, Cambridge:

Cambridge University Press, 2006.

[184] Moussu, L., and E. Llurda. Non-native English-speaking English language teachers: History and research [J]. Language Teaching, 2008, 41 (3): 48‑315.

[185] Phillipson, R. Linguistic Imperialism [M]. Oxford: Oxford University Press, 1992.

[186] Braine, G. Nonnative Speaker English Teachers: Research, Pedagogy, and Professional Growth [M]. New York: Routledge, 2010.

[187] Kumaravadivelu, B. The decolonial option in English teaching: Can the subaltern act? [J]. TESOL Quarterly, 2016,50 (1): 66‑85.

[188] Kachru, B. B. Standards, codification and sociolinguistic realism: The English language in the outer circle. In R. Quirk and H. G. Widdowson (eds). English in the World: Teaching and Learning the Language and Literatures [M]. Cambridge: Cambridge University Press, 1985: 11‑30.

[189] Valmori, L., and P. I. De Costa. How do foreign language teachers maintain their proficiency? A grounded theory investigation [J]. System, 2016(57): 98‑108.

[190] Pedrazzini, L., and A. Nava 'Researching ELF identity: A study with non-native English teachers. In A. Archibald, A. Cogo and J. Jenkins (eds). Latest Trends in ELF Research [M]. Newcastle: Cambridge Scholars Publishing, 2011: 84‑269.

[191] Young, T. J., and S. Walsh. Which English? Whose English? An investigation of "nonnative" teachers' beliefs about target varieties [J]. Language, Culture and Curriculum, 2010, 23 (2): 37‑123.

[192] Dewey, M. ELF, teacher knowledge, and professional development. In H. Bowles and A. Cogo (eds). International Perspectives on English as a Lingua Franca [M]. Basingstoke: Palgrave Macmillan, 2015: 93‑176.

[193] Swan, A. Redefining English language teacher identity. In A. Swan, P. J. Aboshiha and A. Holliday (eds). (En)Countering Native Speakerism: Global Perspectives [M]. Basingstoke: Palgrave MacMillan, 2015: 59‑74.

[194] Seidlhofer, B. ELF-informed pedagogy: From code-fixation towards communicative awareness. In P. Vettorel (ed.). New Frontiers in Teaching and Learning English [M]. Newcastle upon Tyne: Cambridge Scholars Publishing, 2015: 19‑30.

[195] Golombek, P., and S. R. Jordan. Becoming "black lambs" not "parrots": A poststructuralist orientation to intelligibility and identity [J]. TESOL Quarterly, 2005, 39 (3): 33‑513.

[196] Luk, J. C. M., and A. M. Y. Lin Classroom Interactions as Cross-cultural Encounters: Native Speakers in EFL Lessons [M]. Mahwah, NJ: Lawrence Erlbaum Associates, 2008.

[197] Tsui, A. B. M. Complexities of identity formation: A narrative inquiry of an EFL teacher [J]. TESOL Quarterly, 2007, 41 (4): 657－680.

[298] Valmori, L., and P. I. De Costa. How do foreign language teachers maintain their proficiency? A grounded theory investigation [J]. System, 2016(57): 98－108.

[199] Markus, H. R., & P. Nurius. Possible selves [J]. American Psychologist, 1986, 41 (9): 954－969.

[200] Kubanyiova, M. Possible selves in language teacher development. In Z. Dörnyei and E. Ushioda (eds). Motivation, Language Identity and the L2 Self [M]. Bristol: Multilingual Matters, 2009: 314－332.

[201] Holliday, A., and P. Aboshiha. The denial of ideology in perceptions of "non-native speaker" teachers' identity [J]. TESOL Quarterly, 2009,43 (4): 669－689.

[202] Choi, T.-H. Curriculum Innovation through Teacher Certification: Evaluation of a Government Intervention and its Effects on Teacher Development and English Language Pedagogy in South Korea, unpublished PhD thesis, King's College London, UK, 2013.

[203] Jenks, C. "Your pronunciation and your accent is very excellent" : Orientations of identity during compliment sequences in English as a Lingua Franca encounters [J]. Language and Intercultural Communication, 2013, 13 (2): 165－181.

[204] Baker, W. Culture and Identity through English as a Lingua Franca: Rethinking Concepts and Goals in Intercultural Communication [M]. Berlin/Boston: De Gruyter Mouton, 2015.

[205] Thomas, A. J., Hacker, J. D., & Hoxha, D. Gendered racial identity of Black young women [J]. Sex Roles: A Journal of Research, 2011, 64(7－8): 530－542.

[206] Pillen, M., Beijaard, D., & Brok, P. D. Tensions in beginning teachers' professional identity development, accompanying feelings and coping strategies. European Journal of Teacher Education, 2013(36): 240－260.

[207] Varghese, M. M., Motha, S., Trent, J., Park, G., & Reeves, J. Language teacher identity in multilingual settings [J]. TESOL Quarterly, 2016(50): 545－571.

[208] McKeon, F., & Harrison, J. Developing pedagogical practice and professional identities of beginning teacher educators [J]. Professional Development in Education, 2010, 36(1－2): 25－44.

[209] Kubota, R., & Fujimoto, D. Racialized native speakers: Voices of Japanese American English language professionals. In S. A. Houghton & D. J. Rivers (eds). Native-speakerism in Japan:

Intergroup dynamics in foreign language education [M]. Clevedon: Multilingual Matters, 2013: 196 - 206.

[210] Gee, J. P. Identity as an analytic lens for research in education [J]. Review of Research in Education, 2000(25): 99 - 125.

[211] Cook, V. Going beyond the native speaker in language teaching [J]. TESOL Quarterly, 1999, 33 (2): 185 - 209.

[212] Wenger, E. Communities of practice: Learning, meaning, and identity. Cambridge: Cambridge University Press, 1998.

[213] Connelly, F. M., & Clandinin, D. J. Shaping a professional identity: Stories of education practice [M]. Althouse Press, 1999.

[214] Celic, C., & Seltzer, K. Translanguaging: A CUNY—NYSIEB guide for educators [M]. New York: The Graduate Center, 2011.

[215] Duff, P. A., & Uchida, Y. The negotiation of teachers' sociocultural identities and practices in postsecondary EFL classrooms [J]. TESOL Quarterly, 1997(39): 102 - 111.

[216] Golombek, P. R., & Doran, M. Unifying cognition, emotion, and activity in language teacher development [J]. Teaching and Teacher Education, 2014, 31(3): 451 - 486.

[217] Morris—Suzuki, T. Re—inventing Japan: Time, space, nation [M]. Armonk: ME Sharpe, 1997.

[218] Woods, D., and H. Çakir 'Two dimensions of teacher knowledge: The case of communicative language teaching [J]. System, 2011, 39 (3): 381 - 390.

[219] Kanno, Y., and C. Stuart. 'Learning to become a second language teacher: Identities—inpractice [J]. The Modern Language Journal, 2011, 95 (2): 236 - 252.

[220] Clandinin & Connelly. Narrative Inquiry: Experience and Story in Qualitative Research [M]. San Francisco: Jossey—Bass, 2000.

[221] Lee, I. Becoming a writing teacher: Using "identity" as an analytic lens to understand EFL writing teachers' development [J]. Journal of Second Language Writing, 2013, 22(3): 330 - 345.

[222] Mishler , E. G. Storylines: Craft Artists' Narratives of Identity [M]. Cambridge, MA: Harvard University Press, 1999.

[223] Farrell, T. S. C. Exploring the professional role identities of experienced ESL teachers through reflective practice [J]. System, 2011, 39(1): 54 - 62.

[224] Volkmann , M. J. and Anderson , M. A. Creating professional identity: Dilemmas and metaphors of a first— year chemistry teacher [J]. Science Education, 1998(82) : 293 - 310.

[225] Lave, J., & Wenger, E. Situated learning: Legitimate peripheral participation [M]. New York: Cambridge University Press, 1991.

[226] Freeman, D. Educating second language teachers [M]. Oxford University Press, 2016.

[227] McMillan & Rivers. The practice of policy: Teacher attitudes toward "English only" [M]. System, 2011, 39(2): 251 – 263.

[228] Ellis, R. Editorial [J]. Language Teaching Research, 2010, 14(2): 125 – 127.

[229] Oranje, J. & Smith, L. F. Language teacher cognitions and intercultural language teaching: The New Zealand perspective [J]. Language Teaching Research, (2018), 22(3): 310 – 329.

[230] Misfud, D. Professionalidentities in initial teachereducation: The narratives andquestions for teacher agency [M]. Palgrave, 2018.

[231] Nagatomo, D. H. Identity, gender and teaching English [M]. De Gruyter, 2016.

[232] Bourdieu, P. The Field of Cultural Production [M]. Cambridge: Polity Press, 1993.

[233] Edwards, E. The ecological impact ofaction research on language teacher development: A review of the literature [J]. Educational Action Research, 2021, 29(3): 396 – 413.

[234] Holland, D. C., W. S. Lachicotte, D. G. Skinner 7 W. C. Cain. Identity and Agency in Cultural Worlds, Cambridge [M]. MA: Harvard University Press, 1998.

[235] Penuel, W. R., & Wertsch, J. V. Vygotsky and identity formation: A sociocultural approach [J]. Educational Psychologist, 1995, 30(2): 83 – 92.

[236] Motteram, G., & Dawson, S. Resilience and Language Teacher Development in Challenging Contexts: Supporting Teachers Through Social Media [M]. London: British Council, 2019.

[237] Erikson, R., and J. Goldthorpe. The Constant Flux: A Study of Class Mobility in Industrial Societies [M]. Oxford: Oxford University Press, 1992.

[238] Smith, R. Mentoring Teachers to Research Their Classrooms: A Practical Handbook [M]. New Delhi, India: The British Council, 2020.

[239] Holborow, M. Language and Neoliberalism [M]. Abingdon: Routledge, 2015.

[240] Coté, J. Identity studies: How close are we to developing a social science of identity? – An appraisal of the field [J]. Identity: An International Journal of Theory and Research, 2006, 6 (1): 3 – 25.

[241] Gray, J. The Construction of English: Culture, Consumerism and Promotion in the ELT Global Coursebook [M]. Basingstoke: Palgrave Macmillan, 2010.

[242] Motha, S. Decolonizing ESOL: Negotiating linguistic power in US public school classrooms [J].

Critical Inquiry in Language Studies, 2006, 3(2 - 3): 75 - 100.

[243] Higgins, C., & E. Ponte. Legitimating multilingual teacher identities in the mainstream classroom [J]. The Modern Language Journal, 2017(101): 15 - 28.

[244] Wright, T., & Bolitho, R. (2007). Trainer Development. www.lulu.com (last accessed 18 July 2020).

[245] Akkerman, S. F., & Meijer, P. C. A dialogical approach to conceptualizing teacher identity [J]. Teaching and Teacher Education, 2011, 27(2): 308 - 319.

[246] Engeström, Y., & Sannino, A. Studies of expansive learning: Foundations, findings and future challenges [J]. Educational Research Review, 2010, 5(1): 1 - 24.

[247] Kagan, D. M. Professional growth among preservice and beginning teachers [J]. Review of Educational Research, 1992, 62(2): 129 - 169.

[248] Horner, K., and J. Bellamy. Beyond the micro - macro interface in language and identity research. In S. Preece (ed.). Routledge Handbook of Language and Identity [M]. Abingdon: Routledge, 2016: 34 - 320.

[249] Clarke, M. The ethico—politics of teacher identity [J]. Educational Philosophy & Theory, 2009, 41(2): 185 - 200.

[250] Davies, A. The native speaker in applied linguistics. In A. Davies and C. Elder (eds). The Handbook of Applied Linguistics [M]. Oxford: Blackwell, pp. 430 - 51, 2004.

[251] Jaspers, J. Stylizing standard Dutch by Moroccan boys in Antwerp [J]. Linguistics and Education, 2006, 17 (2): 56 - 131.

[252] Mockler, N. Beyond 'what works': Understanding teacher identity as a practical and political tool [J]. Teachers and Teaching: Theory and Practice, 2011, 17(5): 517 - 528.

[253] Harvey, D. Seventeen Contradictions and the End of Capitalism [M]. Oxford: Oxford University Press, 2014.

[254] Lunenberg, M., Korthagen, F., & Swennen, A. The teacher educator as a role model [J]. Teaching and Teacher Education, 2007(23): 586 - 601.

[255] Miller, J. Identity construction in teacher education. In Z. Hua, P. Seedhouse, L. Wei, & V. Cook (eds). Language learning and teaching as social inter—action [M]. New York: Palgrave Macmillan, 2007: 148 - 162.

[256] Holborow, M. Language and Neoliberalism [M]. Abingdon: Routledge, 2015.

[257] Block, D, J. Gray & M. Holborow. Neoliberalism and Applied Linguistics [M]. London:

Routledge, 2012.

[258] Li, L. Social Interaction and Teacher Cognition [M]. Edinburgh: Edinburgh University Press, 2017.

[259] Yazan, B. A conceptual framework to understand language teacher identities [J]. Second Language Teacher Education, 2018, 1(1): 21 – 48.

[260] Malm, B. On the complexities of educating student teachers: Teacher educators' views on contemporary challenges to their profession [J]. Journal of Education for Teaching, 2020, 46(3): 64 – 351.

[261] Pereira, F., Lopes, A., & Marta, M. Being a teacher educator: Professional identities and conceptions of professional education [J]. Educational Research, 2015, 57(4): 69 – 451.

[262] Yuan, R., & Lee, I. Pre-service teachers' changing beliefs in the teaching practicum: Three cases in an EFL context [J]. System, 2014(44): 1 – 12.

[263] Peercy, M. M., & Sharkey, J. Missing a S-STEP? How self-study of teacher education practice can support the language teacher education knowledge base [J]. Language Teaching Research, 2020, 24(1): 15 – 105.

[264] Lave, J., and E. Wenger. Situated Learning: Legitimate Peripheral Participation [M]. Cambridge: Cambridge University Press, 1991.

[265] Kubanyiova, M. Teacher Development in Action: Understanding Language Teachers' Conceptual Change [M]. Basingstoke: Palgrave, 2016.

[266] Lantolf, J. P. Sociocultural theory and second and foreign language learning: An overview of sociocultural theory. In K. van Esch & O. S. John (eds). New insights into foreign language learning and teaching [M]. Berlin: Peter Lang, 2004: 13 – 34.

[267] Beijaard, D., Meijer, P. C., & Verloop, N. Reconsidering research on teachers' professional identity [J]. Teaching and Teacher Education, 2004(20): 107 – 128.

[268] Liddicoat, A. Sexual identity as linguistic failure: Trajectories of interaction in the heteronormative language classroom [J]. Journal of Language, Identity, and Education, 2009, 8 (2 – 3): 191 – 202.

[269] Danielewicz, J. Teaching Selves: Identity, Pedagogy, and Teacher Education [M]. New York: State University of New York Press, 2001.

[270] Korobov, N., & M. Bamberg. "Strip poker! They don't show nothing": Positioning identities in adolescent male talk about a television game show. In M. Bamberg, A. De Fina and D. Schiffrin (eds). Selves and Identities in Narrative [M]. Amsterdam: John Benjamins, 2007:

253 - 272.

[271] Xu, H. Imagined community falling apart: A case study on the transformation of professional identities of novice ESOL teachers in China [J]. TESOL Quarterly, 2012, 46 (3): 568 - 578.

[272] Wyatt, M. Practical knowledge growth in communicative language teaching [J]. TESLEJ, 2009, 13 (2): 1 - 23.

[273] Miller, E. R., & Gkonou, C. Language teacher agency, emotion labor and emotional rewards in tertiary-level English language classes [J]. System: An International Journal of Educational Technology and Applied Linguistics, 2018(79): 49 - 59.

[274] Gómez-Vásquez, L. Y., & Guerrero Nieto, C. H. Non-native English speaking teachers' subjectivities and Colombian language policies: A narrative study [J]. Profile, 2018, 29(2): 51 - 64.

[275] De Costa, P., & B. Norton. Introduction: Identity, transdisciplinarity, and the good language teacher [J]. The Modern Language Journal, 2017(101): 3 - 14.

[276] Gallardo, M. Negotiating identity in modern foreign language teaching [M]. Cham: Springer, 2019.

[277] Kalaja, P., Barcelos, A. M. F., Aro, M., & Ruohotie-Lyhty, M. Beliefs, agency and identity in foreign language learning and teaching [M]. Cham: Palgrave, 2016.

[278] Johnson, K. E. Studying language teacher cognition: Understanding and enacting theoret ically consistent instructional practices [J]. Language Teaching Research, 2018, 22(3): 259 - 263.

[279] Nagatomo, D. H. Identity, gender and teaching English [M]. New York: De Gruyter, 2016.

[280] Price, G. English for all? Neoliberalism, globalization, and language policy in Taiwan [J]. Language in Society, 2014, 43(5): 567 - 589.

[281] Borg, S. Teacher cognition and language education: Research and practice [M]. London: Con tinuum, 2006.

[282] Atay, D. Beginning teacher efficacy and the practicum in an EFL context [J]. Teacher Devel opment, 2007, 11(2): 203 - 219.

[283] Rivers, D. J. Resistance to the known: Counter-conduct in language education [M]. New York: Palgrave Macmillan, 2014.

[284] Varghese , M. , Morgan , B. , Johnston , B. , & Johnson , A. Theorizing language teacher identity: Three perspectives and beyond [J]. Journal of Language, Identity, and Education, 2005, 4 (1): 21 - 44 .

[285] Crookes, G. A practicum in TESOL: Professional development through teaching practice [M].

Cambridge: Cambridge University Press, 2003.

[286] Gao, X., & Benson, P. 'Unruly pupils' in pre-service English language teachers' teaching practicum experiences [J]. Journal of Education for Teaching, 2012, 38(2): 127 - 140.

[287] Teemant, A. Reframing the space between: Teachers and learners in context [J]. Language Teaching Research, 2020, 24(1): 82 - 93.

[288] Vanassche, E., & Kelchtermans, G. A narrative analysis of a teacher educator's professional learning journey [J]. European Journal of Teacher Education, 2016, 39(3): 67 - 355.

[289] Stranger-Johannessen, E., and B. Norton. The African storybook and language teacher identity in digital times [J]. The Modern Language Journal, 2017(101): 45 - 60.

[290] Darling-Hammond, L., & Baratz-Snowden, J. A good teacher in every classroom: Preparing the highly qualified teachers our children deserve [J]. Educational Horizons, 2007, 85(2): 111 - 132.

后记

随着本书的前言为读者描绘了一幅外语教师在全球化背景下身份认同与专业发展的画卷，我们一同踏上了这场探寻与反思的旅程。在撰写本书的过程中，我们深感外语教师所面临的挑战之多、责任之重，但同时也看到了无数外语教师在困境中不懈追求、勇往直前的身影。

作为本书的结语，我们希望借此机会向所有为外语教育事业默默奉献的教师们表达最诚挚的敬意。你们用智慧和汗水培养了一代又一代的学生，让他们在语言的海洋中遨游，在文化的交流中成长。你们的辛勤耕耘为外语教育事业的繁荣发展奠定了坚实的基础。

当我们深入探讨了外语教师的身份认同与专业发展，并为其所经历的挑战与机遇感到动容时，我们也不得不思考这背后更深层次的意义。外语教师，作为连接不同文化、不同世界的桥梁，他们的工作不仅仅是语言的教授，更是文化的传播。

在全球化的浪潮中，外语教师承载着推动跨文化交流、促进世界和平与发展的重要使命。他们的工作关乎个人的成长与发展，更关乎整个社会的文明进步与和谐稳定。因此，我们对外语教师的尊重与感激，应当超越职业本身，上升到对人类文明与和平的珍视与追求。

同时，我们也应当意识到，外语教师的专业发展并非一蹴而就的。它需要持续的学习、不断的探索、勇敢的尝试和坚定的信念。在这个过程中，外语教师需要克服各种困难，包括技术更新的挑战、教学方法的革新、政策环境的变化等。然而，这些挑战和困难使得外语教师不断超越自我、突破自我，最终成为推动外语教育事业不断向前的重要力量。

回顾本书的撰写过程，我们深感研究之不易。从对外语教师身份建构的理论框架的梳理，到实践案例的深入挖掘，再到社会环境对外语教师影响的分析，每一步都凝聚了我们的心血和汗水。然而，这些研究过程让我们更加深入地理解了外语教师的角色定位和发展方向，也为未来的研究提供了有益的参考。

同时，我们也要感谢所有为本书提供支持和帮助的人。感谢专家学者们的悉心指导，感谢同行们的热烈讨论，感谢学生们的积极参与。你们的宝贵意见和建议让本书得以不断完善和提升。

展望未来，外语教育事业依然充满机遇和挑战。我们期待更多的外语教师能够关注自身的身份认同和专业发展，不断提升自己的综合素质和能力水平。同时，我们也希望政府和社会各界能够给予外语教育事业更多的关注和支持，为外语教师提供更多的发展机会和平台。

因此，我们呼吁全社会更加关注外语教师的成长与发展，为他们提供更多的支持与帮助。政府应当制定更加有利于外语教师发展的政策与制度，学校应当为外语教师提供更加广阔的发展平台与空间，社会应当给予外语教师更多的理解与尊重。

最后，愿本书能够为广大外语教师提供有益的启示和帮助，引领大家在教学的道路上不断前行，共同开创外语教育事业的美好未来。让我们携手并进，为培养更多具有国际视野和跨文化交际能力的人才而努力奋斗！